Maria Buchen

LAND UND LEUTE

Veröffentlichungen zur Volkskunde
Herausgegeben von Wolfgang Brückner

MARIA BUCHEN

Eine fränkische Wallfahrt

Herausgegeben von Wolfgang Brückner unter Mitarbeit von
Christoph Daxelmüller, Alois Döring, Hans Dünninger,
Fred Rausch, Hans-Theo Ruf, Erich Wimmer

Echter Verlag Würzburg

Josef Dünninger gewidmet

© 1979 Echter Verlag Würzburg
Gesamtherstellung: Fränkische Gesellschaftsdruckerei Würzburg
ISBN 3 429 00586 8

Inhalt

Vorwort des Herausgebers   7

Das Gnadenbild

Das Buchener Vesperbild und die
Pieta-Wallfahrten   9
(Erich Wimmer)

    Kunstgeschichtlicher Befund – Frömmigkeitsgeschichtlicher Hintergrund – Bildfindung der Pieta – Typologie des Vesperbildes – Wallfahrt und Schmerzensmutter – Das Vesperbild auf Bildstöcken in Franken

Das Gnadenbild und sein Altar. Wandel der
Präsentation und der devotionalen Wiedergaben   21
(Wolfgang Brückner)

    Bildzeugnisse und Wallfahrtssignatur – Die frühesten Wallfahrtsbildchen und ihre Abkömmlinge – Neue Typen im 19. und 20. Jahrhundert – Das bekleidete Gnadenbild im alten Altaraufbau – Die Veränderungen der Gnadenbild-Präsentation

Legende und Wallfahrtsursprung

Textzeugnisse des 16. bis 18. Jahrhunderts   37
(Hans-Theo Ruf)

    Die Klosterüberlieferung von 1726 – Die älteste erhaltene Legendenfassung von 1591 – Verschollene Quelle und Ursprungsdatierung 1395 – Buchen in der marianischen Legendenliteratur des Barock

Das Baummotiv. Baumkult und Brauch
an Marienbildbäumen   46
(Hans Dünninger)

    Maria unterm Baum, Maria im Baum – Wunderbar aufgefundene Marienbilder – Marienbäume mit Devotionalkopien und anderen Besonderheiten – Hervorstechende Bäume – Marienbäume und heilige Quellen – Heilbrauch bei Bäumen und Holzreliquien – Kirchliche Maßnahmen und Einbezug in Kirchen – Eingewachsene Bilder und Maria Buchen

Das Judenmotiv.
Frevelsagen in Franken und ihre Entstehung   59
(Fred Rausch)

    Würzburger Frevelorte und ihre antisemitischen Wandersagen – Historische Einordnungsversuche zu Iphofen, Röttingen, Lauda – Der Antisemitismus des Hochmittelalters – Die vier Würzburger Judenverfolgungen zwischen 1147 und 1348 – Die Lage der Würzburger Hochstifts-Juden im 15. Jahrhundert und die Anfänge der Kirche Maria Buchen – Judenzwist im 16. Jahrhundert und die älteste Legendenfassung – Antisemitismus in Maria Buchen und sein Ende

Das verletzte Kultbild   77
(Wolfgang Brückner)

    Kultfrevellegenden und ihre Erforschung – Traditionsvermittlung der Gegenreformation – Relative Chronologie verletzter Christus- und Marienbilder – Erzählmotivationen: Ostkirchliche Judenmission, Bilderstreit, Ketzerprobleme – Frevelstatistik in Mitteleuropa – Das Marienthema und die Buchenlegende

Wunderbare Ortsweisung und Verortung
von Legenden 89
(Wolfgang Brückner)
: Offenbarung heiliger Orte – Erzählanlaß und Legendenwachstum – Motivkumulationen – Maria Buchen als Kristallisationsbeispiel – Tradierungsfragen und literarische Formung

Geschichtliche Nachrichten

Kirchenbau und Ablaß 95
(Hans-Theo Ruf)
: Die Klosterüberlieferung von 1726 – Datierung des Ablaßbriefes von 1430/34 – Kirchweihe und Nachrichten des 15. Jahrhunderts – Wallfahrtsaufschwünge des frühen und späten 17. Jahrhunderts

Kapuzinerorden und Wallfahrt 99
(Alois Döring)
: Kapuzinerklöster an Wallfahrtsorten – Fränkische Kapuziner-Wallfahrten – Gründung des Kapuzinerhospizes Maria Buchen 1726 – Die Einsiedelei – Neuer Konventsbau und Klostererhebung 1742/45 – Die Säkularisation 1803/36 – Die Rückkehr der Kapuziner 1836/49 – Wallfahrts- und Pfarrseelsorge – Pflege des Wallfahrtskultes

Wallfahrt einst und jetzt 113
(Alois Döring)
: Zulauf von Prozessionen – Prozessionsordnungen und Walltermine – Die Langenprozeltener Schiffsprozession – Die Fuldaer Wallfahrt – Autobus-Wallfahrten – Wallfahrt der Heimatvertriebenen und Exilpolen

Wallfahrtskirche und Dankzeichen

Die Wallfahrtskirche und ihre Umgebung 127
(Wolfgang Brückner)
: Geistige und geographische Voraussetzungen – Bautätigkeit – Freialtar und religiöse Denkmale – Pilgerwirtschaft und Verkaufsstände

Votationen und Votivbilder 137
(Christoph Daxelmüller)
: Erscheinungsformen religiöser Bildersprache – Indirekte Zeugnisse der älteren Buchener Votivtafeln – Wachsvotive und Weihegaben – Die Huttentafel – Die heutige Votivwand – Zu den unbekannten Tafelmalern – Votationsanlässe – Die Gnadenbildgestalt – »Moderne« Tafeln und Bildweihungen

Anmerkungen 160

Nachwort

Eine theologische Sicht der Buchen-Wallfahrt 166
(Joachim Korbacher)

Anhang

Chronologische Tabelle der Buchener Wallfahrtsgeschichte 166

Archivalische Quellen 167

Literaturverzeichnis 168

Bildnachweis 175

Vorwort

Das Buch ist ein Spiegel der seit vielen Jahren in der Volkskundlichen Abteilung des Instituts für deutsche Philologie an der Universität Würzburg betriebenen Forschungen zur fränkischen und zur vergleichenden Frömmigkeitsgeschichte. Es ist darum Josef Dünninger, dem einstigen Seminarvorstand, gewidmet, verbunden mit herzlichen Wünschen für seine weitere Genesung von schwerer Krankheit. Er hat als erster in seiner Edition historischer Sagen aus Franken auf die früheste Fassung der Ursprungslegende von Maria Buchen zurückgegriffen, während ich selbst zur gleichen Zeit deren Autor, den Frankfurter Domherrn Valentin Leucht, in größeren Zusammenhängen für die Volkskunde bekannt machen konnte.

Die Verfasser der hier vorgelegten Beiträge über Maria Buchen sind alle ihrer Herkunft, wissenschaftlichen Ausbildung oder jetzigen Tätigkeit nach mit dem Würzburger Institut verbunden. Maria Buchen und die sich an seine Wallfahrt knüpfenden Fragen und Probleme haben, wie unsere Nachweise belegen, die Autoren zumeist schon früher beschäftigt. Also lag es nahe, die verschiedenen Ansätze auf ein gemeinsames Ziel zu lenken, um beispielhaft zu zeigen, was historische Volkskunde auf dem Felde der religiösen Überlieferungsforschung heute zu leisten versucht.

Nur die Möglichkeit der unmittelbaren Publikation aber beflügelt derartige Teamarbeit. Konkreter Anlaß war zunächst die Feier des 250jährigen Jubiläums der Betreuung Maria Buchens durch den Kapuzinerorden im Jahre 1976. Natürlich konnte es nicht unser Ziel sein, eine Pilgerfestschrift zu verfassen, zumal wir uns die Aufgabe dieses Buches selbst gestellt haben. Dennoch darf dankbar vermerkt werden, daß wir über die ideelle Unterstützung des Kapuzinerklosters von Maria Buchen hinaus Hilfe erhalten haben, indem das Wallfahrtswerk e. V. und die Stadt Lohr durch Subskriptionen den Druck ermöglichten. Die vorliegende Schrift ist nicht bloß für den kleinen Zirkel der Kenner, Fachkollegen und Studenten bestimmt, sondern wendet sich bewußt auch an eine breitere interessierte Öffentlichkeit.

Maria Buchens Legende und Geschichte vermögen nämlich besonders gut die historische Gebundenheit kultureller Überlieferungen deutlich zu machen. Darum stellen wir eine Reihe von Einzelstudien zu den Motiven der Ursprungssage in den Mittelpunkt. Auch der historisch weniger vorgebildete Leser soll sehen lernen und erkennen können, daß religiöse Traditionen stets dem Wandel unterworfen waren und selbst ein Stück Geschichte darstellen. Dies tut dogmatischen Wahrheiten der kirchlichen Lehre keinen Abbruch. Darum vermag Wallfahrt zu besonderen Pilgerzielen dennoch weiter zu bestehen, denn ihr Vollzug ist Zeichen für den »homo viator«, den Menschen auf dem Wege, so wie sich Kirche auf dem letzten Konzil wieder als »Volk Gottes unterwegs« definiert hat.

Dies geschieht unabhängig von vergangenen, vielleicht hie und da noch möglichen Meinungen. Kirchen- oder Wallfahrtsgeschichte ist vergleichbar dem Leben jedes einzelnen Menschen, wo auch nichts geradlinig verläuft oder nachträglich ungeschehen gemacht werden kann. Hier wie dort gibt der Blick zurück dem Blick nach vorn erst Richtung. Dies gilt nicht weniger für den Wandel der Frömmigkeitsstile. Anhand spärlicher Zeugnisse vermögen wir oft nur bis ins vorige Jahrhundert zurückzugreifen, aber dort zum Teil noch die Nachwirkungen älterer Formen zu verspüren. In unseren Tagen ist manches davon »museal« geworden, das heißt allein aus denkmalspflegerischer Kulturpietät oder gar bloß mit dem Blick auf die Tourismus-Bedürfnisse unserer Freizeitgesellschaft bewahrt. Wir suchen deshalb die einstigen Lebenszusammenhänge darzustellen und dem Leser diese Vergangenheit nahezubringen. Der Seelsorger allerdings wird sich von seinen pastoralen Gegenwartsproblemen her eigene Gedanken machen. Wir können nur gewissenhafte Beobachter bleiben.

Die Reihe, in der dieses Buch erscheint, heißt »Land und Leute«. Frömmigkeitsgeschichte vermittelt einen besonders guten Einblick in die geistigen Prägungen einer Landschaft und seiner Bewohner. Wer etwas von Franken und der historisch gewachsenen Eigenart seiner Menschen begreifen will, wird das unter anderem an Maria Buchen erfahren können.

Würzburg, im Sommersemester 1978

Wolfgang Brückner

Das Gnadenbild

Das Buchener Vesperbild und die Pieta-Wallfahrten

Kennzeichnend für viele Gnadenbilder in Franken ist das kleine Format. Vor allem gaben eine Reihe von kleinen Vesperbildern in Bildstöcken und an Bildbäumen im späten Mittelalter Anstoß zu neuen marianischen Wallfahrten. Neben Maria Buchen ist in Unterfranken an Dettelbach, Eckartshausen, Hessenthal und wohl auch Schmerlenbach zu denken. Die Pieta von Maria Buchen stellt mit einer Höhe von 23 cm die kleinste von allen dar. Solche Bilder hebt aus den übrigen weniger eine besondere künstlerische Bedeutung hervor, vielmehr haben andere Momente sie zu Kultobjekten werden lassen: »Manche der Bilder, und selten sind es Werke der großen Kunst, eher bescheidene Werke, vergessen, verloren und wiedergefunden, haben ein besonderes Schicksal, wie sie gefunden wurden und wie das besondere Vertrauen sich ihnen zuwandte ...« (J. Dünninger, S. 9).

In seiner künstlerischen Konzeption und Gestaltung ist das Gnadenbild von Maria Buchen engstens verwandt mit der Pieta von Schmerlenbach: kleiner Christuskörper, Lage des Leichnams Jesu, starke Betonung der Wundmale wie der Blutstraube aus der Seitenwunde, Armhaltung der Figuren. Bei der Maria Buchener Gruppe stützt lediglich die Rechte der Mutter den Rücken des toten Sohnes ab, wie es bei den frühesten Vesperbildern üblich war, während die rechte Hand der Schmerlenbacher Muttergottes stützend unter den Nacken des Sohnes greift. Verwandt sind auch die unproportional großen Köpfe. Der Gesichtsausdruck der Mutter unterscheidet sich: Nicht »angsterfüllte Augen sind starr auf das Antlitz des toten Sohnes gerichtet« wie in Schmerlenbach; gesammelt und gefaßt im Leid senkt die Maria von Buchen das Haupt. Doch im übrigen könnte, was Elisabeth Roth (S. 4) von der Schmerlenbacher Pieta sagt, weitgehend auch für das Gnadenbild von Maria Buchen gelten: »Der Kontrast zwischen einfacher, aber ausdrucksstarker plastischer Gestaltung und bedeutsamer künstlerischer Bemalung gibt der Schmerlenbacher Pieta ihr besonderes Gepräge. Es gilt noch das Gesetz von der Proportion der inneren Bedeutung, nicht die Wirklichkeit oder ein normatives Schönheitsideal. So ist der Kopf Mariens, dem die elementarste seelische Aussage zukommt, unverhältnismäßig groß, das gleiche gilt für die Wundmale Christi, besonders die Seitenwunde, die ›Blutstraube‹ der Mystiker, aus der stark überdimensionierte Tropfen quillen.«

Die Schmerlenbacher Pieta wird seit ihrer Restaurierung »um 1380« datiert. Die Entstehung des Gnadenbildes von Maria Buchen ist – entsprechend der zeitlichen Abfolge der Vesperbild-Typen ebenfalls in der zweiten Hälfte des 14. Jahrhunderts anzusetzen. Dafür spricht sich auch der Münchner Kunsthistoriker Alfred Schädler aus.[1] Adolf Feulner hatte die Pieta von Maria Buchen 1914 in den Kunstdenkmälern (S. 53) als »ziemlich handwerkliche Arbeit« der ersten Hälfte des 15. Jahrhunderts zugerechnet.[2] Ganz auszuschließen wäre eine spätere Datierung auch heute noch nicht, wenn man eine Stilretardierung, ein zeitliches Nachhinken also, einfacher handwerklicher Meister – in der Regel wenigstens 50 Jahre – hinter den epochemachenden Stilentwicklungen ansetzt.

Frömmigkeitsgeschichtlicher Hintergrund

Wenn wir nach den Anfängen des Vesperbildes fragen, bedarf es einer kurzen Vergegenwärtigung der geistigen, religiösen und sozialen Situation jener Zeit.[3] Spätestens seit dem 12. Jahrhundert verlieren religiöse Gehalte mehr und mehr ihre liturgisch-strengen Formen und werden in lebendige Beziehung zu den Mühen, Schmerzen und auch Freuden des menschlichen Lebens gesetzt und so erst für breite Schichten der Bevölkerung Wirklichkeit. Im 13. Jahrhundert erhält diese Frömmigkeitshaltung ihre stärksten Impulse von den Bettelorden, besonders von den Franziskanern. Volle Oberhand gewinnt sie in den Wirren und Heimsuchungen des 14. Jahrhunderts, die zu den großen bürgerlich-städtischen Laienbewegungen führen.

Jüngst hat man das Aufkommen des Vesperbildes direkt mit der Geißlerbewegung in Zusammenhang gebracht und im frühen expressiven Typus einen Protest gegen die drückenden sozialen Zustände der Zeit sehen wollen. Die Marienpassion überhaupt sollte von den Geißlern »als Zeugnis für die gequälten Bauern und die Armen in den Städten gewertet« worden sein. Schließlich wurde jedoch »das ehemals Aufrührerische umgebogen in die kirchlich organisierte Wallfahrtsbewegung«[4].

Die Ablösung liturgisch-objektiver Formen, stärker einsetzend schon im 12. Jahrhundert – durch persönlich-subjektive Auseinandersetzung mit religiösen Gehalten, das darin gegründete neue Interesse für das Leben, Leiden und Sterben Christi mußte auch Maria als Mutter und Leidensgefährtin Jesu neu ins Blickfeld bringen. In diesem Zusammenhang ist der Wandel des Marienbildes im Mittelalter zu sehen: von der symbolisch-allegorischen Sicht in romanischer Zeit über die frühgotische Auffassung von Maria als Herrin und »vrouwe« hin zur Mater dolorosa, zur Mutter des Gekreuzigten, zur Schmerzensmutter, zur Mutter der Barmherzigkeit. Die Vorstellung vom Mitleiden Mariä, die Compassio-Frömmigkeit ist konsequente Synthese der beiden beherrschenden Frömmigkeitsströmungen der Zeit: der Marienverehrung und der Passionsfrömmigkeit.

1 Das Gnadenbild von Maria Buchen, Holz, 230 mm groß, eine handwerkliche Arbeit aus der zweiten Hälfte des 14. Jahrhunderts, im heutigen Tabernakel.

Die ersten literarischen Zeugnisse hierfür, die im Abendland ohne eigentliche Tradition im 12. Jahrhundert erscheinen (im Osten sind »Marienklagen« seit dem 4. Jh. bekannt) haben die Gestalt der Mater dolorosa schon weit ausgebildet. Zeugnisse des 13. Jahrhunderts differenzieren die Vorstellung; später bleiben nur noch einzelne Motive und Züge hinzuzufügen. Ein bis in unsere Zeit gültiges Zentralbild mußte erst noch gefunden werden: das Vesperbild.

Bildfindung der Pieta

Im Vesperbild erfährt die Compassio-Frömmigkeit ihren intensivsten und zugleich intimsten Ausdruck. Vesperbild wird die Darstellung Mariens mit dem toten Sohn auf dem Schoß in Deutschland genannt nach der Tageszeit, zu der die Kreuzabnahme und im Anschluß daran unsere Bildsituation gedacht ist. Notre Dame de piétat (lat. Imago beatae virginis de pietate = Unsere Frau vom Mitleid) heißt das Bild in Frankreich; auf italienisch kurz: Pietà.
Wie andere Andachtsbilder, d. h. Bildvorwürfe, die über einen historischen Geschehensablauf hinausweisen (z. B. Schmerzensmann = Imago pietatis, Jesus-Johannes-Gruppe, Schutzmantelmadonna), gilt die Pieta allgemein als Bildschöpfung der Mystik. Wo und zu welcher Zeit genau und auf welche Weise die Bildfindung geschah, ist nicht mit Sicherheit zu sagen. Aus dem Anfang des 14. Jahrhunderts stammen die frühesten Zeugnisse.

Es gibt eine Reihe von Herleitungshypothesen: 1. »Dichterische Wurzel« (Pinder 1920). Doch läßt sich keine direkte und eindeutige sprachliche Formulierung in den Marienklagen usw. finden, welche die plastische Formung vorwegnimmt. – 2. Verbindung mit dem Erbärmdebild: »Die Marienklage, ja die allerorts aufflammende Marienverehrung stieß auf die alte imago pietatis, deutlicher: Die Muttergottes hat sich in die imago pietatis hineingedrängt zwischen den stehenden Christusleib und die Grabkufe« (Bauerreiß, Sepulcrum, S. 60). – 3. Momentaufnahme im Ablauf des Kreuzigungsgeschehens, d. h. Herauslösung aus der Beweinungsszene (Swarzenski 1924). – 4. Gegenbild zur Madonna mit Kind: Vesperbild mit dem kindhaft kleinen Christus! (Panofsky, Swarzenski, Kalinowski, Krönig).

Zur Typologie des Vesperbildes

Walter Passarge (S. 91) stellt sechs Haupttypen des Vesperbildes heraus: 1. Maria mit dem aufrecht gehaltenen Christus (treppenförmiger Diagonaltyp). a) monumentale Form (erste Hälfte und Mitte 14. Jh.): z. B. Veste Coburg, Scheuerfeld. b) intime Fassung (zweite Hälfte 14. Jh.). c) mittelrheinisch-westfälische Umgestaltung (Beginn 15. Jh.): z. B. Vesperbild aus Boppard oder Oestrich im Liebighaus in Frankfurt; Vesperbild aus Unna. 2. Maria mit dem kindhaft kleinen Christus (zweite Hälfte 14. Jh.): z. B. Frankfurt, Privatbesitz, mittelrheinisch. 3. Maria mit dem waagrecht liegenden Christus (Horizontaltyp) (erste Hälfte 15. Jh.): z. B. sogenannte Schöne Vesperbilder. 4. Maria mit dem nach vorn gedrehten Christus (zweite Hälfte 15. Jh.): z.B. Tegernseer Vesperbild. 5. Maria mit dem diagonal liegenden Christus (Ende 15. und Anfang 16. Jh.): z. B. Eichenholzgruppe im Westfälischen Landesmuseum Münster. 6. Maria mit dem zu Boden gesunkenen Christus (Anfang 16. Jh.): z. B. Riemenschneider-Pieta von Hof Lilach. – Karl Kolb versucht neuerdings für Franken die Typologie über das Mittelalter hinaus weiterzuführen und auch barocke und nachbarocke Vesperbilder zu gruppieren (Madonnenland 1970; Franken-Madonnen 1975).

Seit dem späten Mittelalter herrscht in Franken ein Typus vor, der vor allem durch den zum Beschauer gedrehten Christuskörper und dessen herabhängende Rechte gekennzeichnet ist (vgl. Typ 4 nach Passarge). Er wird gelegentlich als »Fränkisches Vesperbild« apostrophiert. Daneben wurden lokale Formen wie die Dettelbacher Pieta (Horizontallage, herabhängende Rechte des Christuskörpers, Maria hält mit ihrer linken Hand die Linke des Sohnes) vorbildlich, häufig kopiert und so gewissermaßen typusbildend.

Passarges Typen 1b und 2 sind nicht scharf zu trennen. Sie werden die beliebtesten Formen in der

2 Das Gnadenbild von Maria Buchen mit Krone, 1896.

Vesperbilder in Franken

zweiten Hälfte des 14. Jahrhunderts. Bekannte Beispiele sind in Erfurt: Städt. Museum und Dommuseum. Frieda Carla Schneider (1931), die auf Passarges Typenschema aufbaut, nennt an weiteren Beispielen für diesen sogenannten »Steilsitztyp, gemilderte Form«: Rheinland, Bonner Prov. Museum; Fritzlar, St. Peter, um 1375; Köln, St. Andreas, um 1350; Rheinland, Bayer. Nat. Museum, München, um 1400; Schwaben, Bayer. Nat. Museum, 1370–90; sowie drei fragmentarische Gruppen aus Süddeutschland. Passarge (S. 36) charakterisiert diesen Typus wie folgt: »Von der Mitte des Jahrhunderts ab gewinnt dann vor allem in West- und Südwestdeutschland ein dem genannten [monumentalen Diagonaltyp] eng verwandter Typus steigende Bedeutung, der durchweg in kleinem, zum mindesten unterlebensgroßen Format auftritt und den Körper des toten Christus knabenhaft klein bildet, die heroische Pathetik der Urgestalt ins Bürgerlich-Intime wandelnd.« Diesem Typus gehört das Vesperbild von Maria Buchen an.

Wallfahrt und Schmerzensmutter

Eine der Ursachen, daß die Pieta so schnelle und weite Verbreitung fand, ist der Umstand, daß sie früh zum Wallfahrtsbild, zum Gnadenbild wurde. Romuald Bauerreiß, der als erster eine Chronologie und Entwicklungsübersicht der Wallfahrtstypen zu geben unternahm, setzt – nicht unwidersprochen – die große Zeit, die erste Welle der Pieta-Wallfahrten, zwischen 1350 und 1450 an, nach dem ersten Abklingen der Hostien-, Blut- und Salvatorwallfahrten: »Die Muttergotteswallfahrt kannte – wohl zu scheiden von der Muttergottesverehrung überhaupt – ursprünglich fast nur die Darstellung der Gottesmutter mit dem Mann der Schmerzen auf ihrem Schoß, die Pieta« (Bauerreiß, Pie Jesu, S. 116). Die frühesten wie auch die meisten Vesperbildwallfahrten finden wir in Franken. Die Situation in der Diözese Würzburg umschreibt Josef Dünninger (S. 10): »Mehr als drei Viertel der Gnadenstätten der Diözese haben marianischen Charakter. Man kann noch weitergehen und sagen, daß unter den mariani-

3 Vesperbilder in Franken

(von links nach rechts)
Würzburg, *Dom, Holz, Mitte 14. Jahrhundert.*
Hessenthal, *Wallfahrtskirche, Gnadenbild, um 1450.*
Volkach, *Kirchberg, Gnadenbild, Holz, um 1400.*
Haßfurt, *Ritterkapelle, Gnadenbild, Stein, Anfang 14. Jahrhundert.*
Würzburg, *Franziskanerkirche, Stein, um 1630, B. Grohe zugeschrieben.*
Kälberau, *Wallfahrtskirche, barock.*
Bad Mergentheim, *Hausmadonna, barock.*
Würzburg, *Käppele, Gnadenbild, Holz, um 1650.*

schen Themen der Diözese Würzburg dem von ›Mariä Schmerz‹ eine besondere Bedeutung zukommt, daß Wallfahrten mit dem Vesperbild als Gnadenbild an erster Stelle stehen. Die Andacht zur marianischen Passion, zur trauernden Mutter mit dem toten Sohn auf dem Schoß, steht voran, mögen auch die mütterlichen Bilder, Maria mit dem Kind auf dem Arm, nicht wenige sein. Wenn auch das ausgehende Mittelalter die Hauptzeit der Entstehung solcher Vesperbildwallfahrten ist, so haben doch auch spätere Zeiten, die manche neue marianische Themen hinzubringen, noch eine besondere Neigung zum Vesperbildthema, wofür nicht nur eine Wallfahrt wie die zum Käppele von Würzburg Zeugnis gibt, sondern auch andere Denkmäler der Volksfrömmigkeit, wie der Bildstock oder die Vesperbilder an Haus und Hoftor zeigen.«

In Zahlen ausgedrückt: Von den 42 marianischen Gnadenstätten, die Dünninger beschreibt, sind 15, also mehr als ein Drittel, Vesperbild-Wallfahrten. Die folgende Aufstellung verzeichnet – Ober- und Mittelfranken zunächst ausgenommen – fränkische, auch mittelrheinische Vesperbild-Wallfahrten. In der Klammer ist, wenn nichts anderes vermerkt, die Datierung des Gnadenbildes angegeben:

Aschaffenburg, Sandkirche (2. H. 14. Jh.) – Cochem (Pieta vorher auf dem Engelberg bei Großheubach, dann Bornhofen/Rhein) – Dettelbach (um 1500) – Dieburg bei Darmstadt (gesicherte Nachrichten einer Wallfahrt seit 1491) – Eckartshausen bei Schweinfurt (ca. 1450) – Frankfurt, Liebfrauenberg (1. V. 15. Jh.) – Hammelburg, Maria Steintal (2. Gnadenbild) – Haßfurt, Ritterkapelle (1. H. 15. Jh.) – Heilbronn (frühes 15. Jh., heute in Straubing) – Hessenthal (15. Jh.) – Laudenbach bei Bad Mergentheim, Bergkirche (Mitte 16. Jh.) – Machtilshausen, Kreuzkapelle (zweites Gnadenbild, barock) – Mainz, St. Quintin (früher Agnes-Kloster) – Maria Buchen (um 1400) – Maria Limbach (zweites Gnadenbild, 1. H. 15. Jh.) – Maria Sondheim (heutiges Gnadenbild, 2. H. 15. Jh.) – Marienthal/Rheingau (Mitte 14. Jh., heute in Geisenheim) – Mellrichstadt, Marienkapelle auf dem Grossenberg – Neuses am Raueneck (um 1500) – Schmerlenbach (um 1380) – Schönau an der Saale (Vesperbild aufgestellt 1701) – Volkach, Kirchberg (Gnadenbild um 1400) – Würzburg, Käppele (Bildstock um 1640); Dom (um 1400).

Ein anderes Bild ergibt sich schon in Ober- und Mittelfranken – wobei zunächst der geringere Bestand an Wallfahrtsorten überhaupt ins Auge fällt wegen des Einschlusses protestantischer Territorien. In der Diözese Bamberg wird das Wallfahrtsgeschehen beherrscht von Vierzehnheiligen und Gößweinstein. An Wallfahrten zur Schmerzhaften Mutter bzw. an bekannten Vesperbildern sind zu nennen: Bamberg, St. Martin (freudvolles Vesperbild, Mitte 14. Jh., 1617 aus Widdern/Württemberg) – Eggenbach/Itzgrund (1678/79 steinerne Feldkapelle) – Lichtenfels, Pfarrkirche (Pieta früher auf dem nahen Ottenberg, dort um 1715 aufgestellt, »dem Dettelbacher Gnadenbild ganz gleichförmig«). – Für die Diözese Eichstätt ist vor allem das berühmte Vesperbild von St. Walburg zu Eichstätt zu nennen (14. Jh., im Typ Maria Buchen verwandt). Bei Großaurach wird die ›Schmerzhafte Muttergottes im Wiesetgrunde‹ verehrt.

Für Altbayern zeigt eine erste Orientierung, daß dort die Zahl der Vesperbild-Wallfahrten geringer war und ist. Torsten Gebhard (S. 96, 99 ff.) meint den eigentlichen Aufschwung der Wallfahrten zur Schmerzhaften Mutter in Altbayern erst in nachmittelalterlicher Zeit ansetzen zu dürfen. Die heute noch bestehenden stammen vornehmlich aus der Barock- und Nachbarockzeit. Die Schmerzhafte Mutter wird hier häufiger durch die Trauernde Maria unter dem Kreuz oder die Schwertmadonna repräsentiert.

Ausgangspunkt und Zentrum des Vesperbild-Kultes waren die deutschen Lande, doch hatte er weit über Europa hin seine Ausstrahlung. Über die Verbreitung des Vesperbildes und besonders von Vesperbild-Wallfahrten etwa in Frankreich eine Aus-

4 Bildstock in Wiesenfeld, Stein, 1659, mit dem Gnadenbild von Maria Buchen.

5 (auf S. 18) Rückseite des Bildstocks Abb. 4 mit einem Gnadenbild der Consolatrix afflictorum = Trösterin der Betrübten.

sage zu machen, ist schwierig wegen des Kontinuitätsbruches zur mittelalterlichen Frömmigkeit in der Französischen Revolution und wegen des Aufkommens und der Pflege ganz neuer Kulte im 19. Jahrhundert, besonders von marianischen Erscheinungen (Lourdes, La Salette). Immerhin konnte sich etwa ganz in der Nähe von Lourdes die Wallfahrt zur Notre Dame de Piétat bei Séméac halten, zu einem Vesperbild des 16. Jahrhunderts, das – wunderbares Auffindungsmotiv – von einem Bauern aus der Ackererde gepflügt worden sein soll. In Italien kommen Vesperbild-Wallfahrten häufiger in den Alpenregionen, auch in Oberitalien noch, sonst nur vereinzelt vor. Im übrigen Italien ist die »Addolorata« meist als »Schmerzensmutter«, in Form eines gemalten Halbfigurenbildes, vielfach mit einem oder sieben Schwertern in der Brust, dargestellt. – Schwertmadonna ist in der Regel auch die »Dolorosa« in Spanien.

Das Vesperbild auf Bildstöcken in Franken

»Viele gemeinsame Züge weisen die marianischen Wallfahrten Frankens auf, vor allem die am Ausgang des Mittelalters entstandenen, oft mit kleinen Vesperbildern, die auf Bildstöcken, im Heiligenhäuschen oder an Bäumen standen, bevor sie in Kirchen und Kapellen neu geborgen wurden.« Was Josef Dünninger (S. 36) hier für Eckartshausen bei Schweinfurt schreibt, lenkt unsere Gedanken wieder zurück nach Maria Buchen. Es geht uns aber nicht um Bildstöcke als Ausgangspunkt für eine Wallfahrtsentwicklung, sondern gewissermaßen um die Umkehrung, um die »Reproduktion« von Wallfahrtsbildern auf Bildstöcken. Solche Bildstöcke säumen Wallfahrtswege als Wegemarken, bieten oft Orientierung an Weggabelungen und kennzeichnen die Andachtsstationen. Auch abseits von Wallfahrtswegen konnte ein bestimmtes Gnadenbild als Vorwurf für einen Bildstock – etwa als Votivbildstock – gewählt werden.

Eindeutig kann eine Zuweisung solcher »Wallfahrtsstöcke« etwa nach Vierzehnheiligen (Kinderkranz oder Vierzehn Nothelfer mit Attributen) oder nach Walldürn (Blutbild) erfolgen. Schwieriger ist sie bei den marianischen, insbesondere bei den vielen Vesperbild-Wallfahrten in Franken. Kaum kann die Zuweisung allein durch die Typuseigenart erfolgen. Vielfach ist der Typus – sei es mangels einer direkten Vorlage, sei es aus Mangel an artifizieller Fertigkeit – ungenau oder verändert. Dies gilt in auffälliger Weise auch für Gnadenbilder auf den Andachtsbildchen. Zweifelsfreie Bestimmung erlauben hier eigentlich nur Inschriften oder der Standort an herkömmlichen, viel begangenen Wallfahrtswegen. Dennoch möchten wir annehmen, daß im Umkreis und im Einzugsgebiet einer Vesperbild-Wallfahrt die Pieta auf den Bildstöcken das jeweilige Gnadenbild, wenn auch nicht »richtig« darstellt, so doch häufiger intendiert (J. Dünninger / B. Schemmel, S. 33–40). Daß Vesperbilder am Gnadenort mitgenommen und zu Hause in Bildstöcke gestellt wurden, bezeugt folgende Geschichte: »Am Ortsoigang von Klonoustem woar friher e Akziskäusje, on dem stond en Bildstock, die woinende Maria mim toude Heiland. Den hot de Großvater von moin Moun, wal er e Gelübde gedon hot, uf em Rücke vun Hessetal im Spessart bis noi noch Klonoustem getroche.«[5]

Aus einer Anzahl von Pieta-Bildstöcken im Umkreis von Maria Buchen, insbesondere auf Steinfelder Gebiet, wohin Maria Buchen pfarrt, können zwei eindeutig und weitere mit Wahrscheinlichkeit der Wallfahrt zugewiesen werden: 1. Wiesenfeld: im Ort gegenüber dem Gasthof »Adler«. Der Bildstock trägt die Jahrzahl 1659. Die Inschrift im Aufsatzbogen über der Pieta lautet: »Warhaffte Abbildung des miraculosen Bildts zu der Buchenwalfart«; darunter: »O Mensch stehe stil und sihe mich an/ Bedenckh deine sünd sein schuldig dran/ daß mein sohn für dich geliden den Todt/ Bitt ihn daß er dir/ Helffe aus noth.« – 2. Oberhalb der Jägersmühle bei Hausen (an der Straße Maria Buchen – Zellingen). Der Bildstock trägt die Jahrzahl 1726. Links unten am Sockel ist »Ave Lohr«, auf der rechten Seite »Buchen/kirch« eingeschrieben. – 3. Ein Bildstock in Halsbach weist gewisse Ähnlichkeit mit dem Bild von Wiesenfeld (s. Nr. 1) auf. Er steht in der Dorfmitte und zeigt neben dem Vesperbild die Patrona Franconiae.

Bei den Bildstöcken, die den Stationsweg (Kreuzwegstationen) von Sendelbach nach Maria Buchen säumen, darf man aus dem Standort auf den direkten Bezug zur Wallfahrt schließen: 4. Nach der VI. Station, rechter Hand auf dem Weg nach Maria Buchen: Steinschaft mit Standplatte; darauf ein dem älteren Gnadenbildschrein nachempfundener Holzkasten – heute mit Schönstatt-Madonna. Der Schaft trägt noch die Inschrift: »Schmerzhafte Mutter bitt für uns.« 5. Ein Stück Wegs nach der letzten Station, linker Hand, neugotisch ornamentierter Steinschaft mit Holzaufsatz wie Nr. 4, enthaltend Vesperbilddarstellung, Typ: Maria mit dem zu Boden gesunkenen Christus. 6. Weiter auf der Höhe, rechts, vor dem Abstieg zur Wallfahrtskirche. Die Maria Buchen zugewandte Seite des Bildstockaufsatzes trägt ein Pieta-Relief; Typ wieder: Maria mit dem zu Boden gesunkenen Christus – vor Kreuz mit Strahlen. Das nach Sendelbach weisende Relief stellt die Verkündigung dar. Der Bildstock trägt die Jahreszahl 1900 und soll in diesem Jahr von Wallfahrern errichtet worden sein. Ein weiterer Pieta-Bildstock (Nr. 7), der wegen seines Standortes mit der Buchener Wallfahrt in Verbindung gebracht werden kann, steht in Steinbach an der Schule. Wallfahrten von weiter her kamen vielfach per Schiff bis Steinbach und gingen dann durch das Buchental. Der Bildstock steht auf dem Weg zwischen Schiffsanlegestelle und Wallfahrtspfad.[6]

Erich Wimmer

6 *Das Gnadenbild von Maria Buchen in der Ädikula, 1883 als der »Kleine Tempel« für das alte Bild geschaffen.*

Das Gnadenbild und sein Altar

Wandel der Präsentation und der devotionalen Wiedergaben

Bildzeugnisse des unscheinbaren Gnadenbildes und seiner Aufstellung sind in der Vergangenheit rar und tauchen sehr spät auf. Erst seit dem Ende des vorigen Jahrhunderts besitzen wir einige Fotografien des in seinen heutigen Aufbauten aus dem ersten Viertel des 18. Jahrhunderts stammenden Gnadenaltars. Seit dem zweiten Drittel des 19. Jahrhunderts datiert die Masse der überlieferten kleinen Andachtsbilder mit dem Versuch genauerer Wiedergaben der besonderen lokalen Situation, der spezifischen Ortseigentümlichkeit. Alle anderen Darstellungen aus früherer Zeit gehen nicht auf den Augenschein zurück, sondern bilden lediglich den ikonographischen Typus eines Vesperbildes ab, so daß ohne Beischrift oder zusätzliches Attribut schwerlich entschieden werden kann, wann eine Pieta Maria Buchen zugeordnet werden darf, d. h. auf diesen und keinen anderen Ort bezogen sein will.

Das Problem ist oben schon am Beispiel fränkischer Bildstöcke im Einzugsbereich der Wallfahrt deutlich gemacht worden. Es begegnet auch bei den Legendenillustrationen der gedruckten Textzeugnisse seit dem Ende des 16. Jahrhunderts, und es kehrt wieder auf den Legendenbildern seit dem 18. Jahrhundert, die zugleich frühester und zunächst einziger Wallfahrts-Bildchen-Typ für Maria Buchen gewesen zu sein scheinen, ja selbst die Votivtafelmaler haben sich schwer getan mit der Darstellung des Gnadenbildes, wie unten ein eigenes Kapitel zeigt.

Kurz: Gnadenbild und auch Wallfahrt waren zu klein, um ein unverwechselbares Bildzeichen zu prägen, eine eigene Signatur entwickeln zu lassen, die allein für Maria Buchen und sonst keinen Ort auf der Welt stehen konnte, wie das – zumal in nachmittelalterlicher Zeit – die großen Wallfahrtsorte hervorgebracht haben: in Franken Vierzehnheiligen mit dem Kinderkranz und Walldürn mit dem Blutbild, in Bayern Altötting mit der besonderen Skapulierbekleidung seines Gnadenbildes, in Österreich Maria Zell mit der Kombination aus barocker Kegelgestalt und sonderbarer Kirchenarchitektur, in der Schweiz Maria Einsiedeln mit seinem schlank gewandeten Gnadenbild, das sich damit an der Loreto-Madonna orientiert.

1591 ließ der Mainzer Drucker zu der frühest bekannten Legendenüberlieferung in dem Bildergeschichtenbüchlein des Frankfurter Dompredigers Valentin Leucht irgendein Pieta-Bild stellen, dessen Druckstock sich in seiner Offizin vorfand und den er im selben Buch noch mehrfach zur Illustration verwendete. Das oft aufgelegte Mainzer Erbauungsbüchlein »Marianischer Gnadenfluß«, erstmals erschienen 1717, und sein direkter Nachfahre, die »Hand des Herrn«, verfuhren im 18. Jahrhundert nicht viel anders, was die abbildliche Ähnlichkeit des Gnadenbildes anbetrifft, doch immerhin brachten sie einen eigens in ikonographischer Treue für das Kapitel Maria Buchen hergestellten Kupferstich mit der Schmerzensmutter vor einem Baum, um das Hauptmotiv der Ursprungslegende, das ja im Namen des Wallfahrtsortes weiterlebt, abzubilden.

Die frühesten Wallfahrtsbildchen und ihre Abkömmlinge

Die im Wertheimischen Archiv erhaltenen Kirchenrechnungen des 17. und 18. Jahrhunderts vermerken zwar in Würzburg bestellte »Ablaß- oder Verkündigungs-Zettul« (KR 1717) und später öfter Beicht- und Kommunionzettel von Würzburger Buchdruckern (z. B. KR 1779, 1793), aber nichts, was auf Andachtsbildchen mit Darstellungen des Gnadenbildes oder der Legende schließen lassen könnte.

Die frühesten erhaltenen Andachtsbilder des 18. Jahrhunderts bilden zwei auf Seidentüchlein gedruckte Kupferstiche unterschiedlicher Ausführung, aber deutlich voneinander abhängig. Sie bieten als »Wahrhaffte Abbildung der Wunderthätigen Mariae-Bildnuß« den genauen ikonographischen Typus der Pieta, wenn auch sehr klein, weil die Legende dargestellt ist: 1. der in den Baum stechende Frevler, 2. der als Spruchband sichtbare Hilfeschrei des Bildes und 3. das Kapuzinerhospiz samt Kirche im Hintergrund, also nach 1726 und wohl von den Patres inauguriert. Wir dürfen sie als Auftraggeber und Verkäufer dieser damals allerorten beliebten Seiden-Devotionalien vermuten. Die Sammlung Hofmann besitzt je ein Exemplar in weiß und gelb. In Walldürn waren solche Stücke bisweilen rot und hießen Blutseidentüchlein. Man gebrauchte sie sakramentalisch zum Auflegen auf den Körper (Brückner, S. 70–75).

Ohne Kapuziner-Nennung unter der Legenden-Illustration und unter Fortlassung der Hospiz-Wiedergabe und der Darstellung zweier Patres gibt es einen weiteren Kupferstich auf einem vierseitigen Gebetszettel »Würzburg, gedruckt bey Marco Antonio Engmann, 1734«, der in der Legendenfassung Laurentius Lemmer aus dem vorangegangenen Jahrhundert folgt und eine topographisch exakte Wiedergabe des Kirchenneubaues 1701 bietet, ansonsten aber doch in allen anderen Details dem ersten der beiden Seidendrucke entspricht und diesen voraussetzt (allenfalls eine gemeinsame Vorlage verrät), weil in der Kupferplatte rechts oben über der Kirche, wo das Vesperbild sein dreimaliges »o weh« als Spruchstrahl in den freien Himmel spricht, die Laubkrone eines zweiten Baumes oder Nebentriebes deutlich ausgespart ist, während der Stecher den dazugehörigen Stamm genau nach dem Vorbild noch ausgeführt und dann wie abgebrochen und unvollendet gelassen – oder, um die Zeile deutlicher werden zu lassen, wieder getilgt hat. Schließlich bemühte sich dieser Stecher auch den neuen Kirchbau ein wenig exakter abzubilden als auf den parallelen

Legendenbildern der Zeit, die kaum den Vorgängerbau, sondern vielmehr ein zeichnerisch verballhorntes »Irgendwie« von Gotteshaus in den Hintergrund stellten.

Der barocke Historiograph des Bistums Würzburg, Ignatius Gropp, hat im ersten Bande seiner »Collectio novissima«, 1741, S. 33, bei der Beschreibung von Marienheiligtümern für Dettelbach und Maria Buchen nebeneinander zwei Kupferstiche wiedergeben lassen, wobei der für »S: Maria ad Fagum« jener Frühfassung der beiden Seidendrucke entspricht, die auch über das 18. Jahrhundert hinaus bekannt geblieben ist, nur daß bei Gropp Kirche und Kapuziner fortgelassen sind.

Auf dieser anderen Fassung der »kapuzinischen« Seidendrucke steht im Hintergrund wiederum ein unförmiges Kirchlein (ohne Hospiz), aber die Komposition des Ganzen ist klarer, optisch ausgewogener, graphisch und technisch gekonnter trotz, ja gerade wegen des zeitloseren Vorwurfs eines bäuerischen Juden mit Sack und Schechtmesser (gegenüber einem modisch gekleideten mit anachronistischer Wehr). Von diesem Bild waren wohl jene primitiven Holzschnitte einfacher anzufertigen, die im Zeitalter der xylographischen »Klischees« spätestens seit der Mitte des 19. Jahrhunderts bis in die zwanziger Jahre unseres Jahrhunderts die Lohrer Kleindruckereien das Motiv stets neu auflegen und diesen alten Würzburger Gebetszettel mit dem vereinfachten Bild wiederholen ließen.

Nur in einem Falle ist dabei die Kirche realistisch darzustellen versucht worden, doch der Xylograph hat ausgerechnet hier das Gnadenbild abgeändert, weil er die primitive Abschleifung der Vorbilder verkannte und in eine Gewandfalte einen herabhängenden Arm des toten Christus hineinsah, so daß nun der Vesperbild-Typus Dettelbach oder Käppele daraus wurde wie übrigens auch auf allen zu ihrer Zeit geschmacklich anspruchsvolleren Buchener Andachtsbildchen aus Würzburg seit dem Jahrhundertende. Dies geschah spätestens seit dem großen Jubiläum, das sich 1895 an die Jahreszahl 1395 knüpfte, als es im Zuge grundlegender Kirchenrenovierungen seit den achtziger Jahren gewichtige Veränderungen mit und an den Altären und dadurch auch für das Gnadenbild gab.

Neue Typen im 19. und 20. Jahrhundert

Genau im Jubiläumsjahr 1895 ist die erst jüngst wieder entfernte große Tafel des 18. Jahrhunderts mit Bild und Text der Ursprungslegende erneut renoviert worden, nachdem sie bei der Erneuerung von 1859 offenbar ihr heutiges romantisches Aussehen erhalten hatte. Hier stellt sich das plastische Gnadenbild gleichfalls in »Dettelbacher« Weise und dazu als Tafelmalerei vor. Doch bis zum Jahre 1882/83 war das winzige Gnadenbild nicht nur wegen seine Kleinheit und Ferne hoch oben im Altar kaum genau zu sehen, sondern es blieb – wie alle

7   Entstehungslegende: Kupferstich auf Seide, nach 1726.   8   Kupferstich auf einem Gebetszettel von 1734.

9 Kupferstich von Brühl, in: Gropp, Collectio novissima, Band II, Würzburg 1744.

10 Kupferstich auf Seide aus der zweiten Hälfte des 18. Jahrhunderts (Vermischung von Abb. 7 und 9).

barocken Gnadenbilder – versteckt unter einer ständigen Bekleidung und Bekrönung.

»Anno 1882 ließ der Superior der Kapuziner in Maria Buchen, Pater Norbert, den Gnadenaltar aufs neue herrichten. Kunstschreiner Mehling in Rothenfels und Vergolder Driesler in Lohr teilten sich in die Arbeit. Am Vorabend des Festes der sieben Schmerzen Mariens erglänzte der Gnadenaltar erstmals im neuen Schmuck. Das Gnadenbild selbst war zuvor durch den Bildhauer Schiestl, Würzburg, behutsam restauriert worden ... Anno 1883 ließ der Superior, Pater Norbert, in das Gehäuse um das Gnadenbild einen kleinen Tempel anfertigen, in welchem das Bild, seiner bisherigen Bekleidung entledigt, in seiner ursprünglichen Fassung dem Beschauer sichtbar wurde« (Barthels, S. 56f.).

Das Gnadenbild war zuvor als Pieta überhaupt nicht erkennbar. Im Volke hieß es »Buchenkindlein«, und die Andachtbildchen mußten sich an verwandten Gnadenbildern orientieren, wenn sie es unbekleidet darstellen wollten. Kein Wunder also, daß auch der tote Christus im 19. Jahrhundert stets mit herabhängendem Arm wiedergegeben wurde, zuerst um 1830/50 in bunten biedermeierlichen Andenkenbildchen aus dem ungenannten Prager Verlagshause Rudl. Es waren schablonen-kolorierte viel- und verschiedenfarbig ausgegebene Lithographien mit aufgeklebter Goldmetall-Preßbordüre. Sie wurden Vorbild für mehrere Erinnerungszettel aus dem dritten Jahrhundertviertel, und zuletzt noch einmal in der für das 20. Jahrhundert lange Norm gebliebenen Darstellung einer Gesamtansicht des Wallfahrtsortes vom Buchental aus mit dem Idealprospekt einer fest ummauerten, fast französischen Gartenanlage. Die Urausgabe dieses später meist sehr exakt kopierten Bildchens ist laut einem handschriftlichen Vermerk auf dem offenbar frühesten, unkolorierten und ohne Verlagsangabe verausgabten Exemplar »gefertigt vom Lithograph Spiegel in Lohr 1890«. Vom selben Stein gedruckte Exemplare tragen die Verkaufsadresse »M. Mainhart, Kaiserstraße in Würzburg« oder zumeist »I. C. Müller in Würzburg«. Es gab sie auch mit blassem Metallfarbeneffekt und koloriert.

Davon abhängig sind das stark kolorierte und gefirnißte Bildchen aus »München Au. Verlag v. Ant. Götz« und die vielen verschiedenen Arten und Auflagen zeittypischer Devotionalien aus der Nürnberger Andachtsbilderfabrik Franz Schemm, die offenbar sofort nach Erscheinen der neuen Lithographie nach 1890 mit einer Stahlstichkopie auf den inzwischen blühenden Markt kam und diesen in die bekannte Stanzspitzenrahmung Nürnberger Art drucken ließ. Daneben setzte Schemm das gleiche Motiv in bräunlicher Fotografiemanier auf harten Karton, auf Gebetszettel oder als Oval auf Prägedrucke montiert: Silberne Tabernakeltüren neugotischer Klappaltärchen oder weißer Tortenuntersatz. Auch die chromolithographischen Druck- und Stanzprodukte aus vierseitigem Karton mit eingeklebtem Erinnerungsbild der gleichen Foto-Art stammen aus Nürnberg, selbst wenn als Verkaufsadresse einmal »August Höhnlein Sendelbach« erscheint. Die »Oberhirtliche Druckerlaubnis« stammt von dem für Nürnberg zuständigen Generalvikar in Bamberg aus dem Jahre 1903. Sonst zeichnet »Franz Schemm's Kunstanstalt, Nürnberg« für »Druck und Verlag«.

Die künstlerisch anspruchsvolleren schwarz-weiß und farbigen Chromolithographien des großen rheinischen Andachtsbildherstellers B. Kühlen in Mönchen-Gladbach mit einer eindrucksvollen Ansicht der Örtlichkeiten aus der Vogelperspektive und erstmals ikonographischer Treue der Gnadenbildwiedergabe dürften aus der Zeit um den Ersten Weltkrieg herum stammen. Erst kurz vor dem Zweiten Weltkrieg tritt dann auch Karl Jansen aus Kevelaer und Buttenwiesen mit billigen Drucken nach Farbfotos auf den Plan, die zum Teil das Imprimatur von 1939 tragen. Dazwischen gab es verschiedene Andachtszettel mit Schwarz-weiß-Klischees nach Fotografien der heutigen Gnadenbildaufstellung, die seit der Jahrhundertwende existiert, oder auch die beliebten Fotomontagen, meist hergestellt von oder für Direktverkäufer aus der Umgebung: Nikolaus Imhof in Sendelbach, C. Keller in Lohr.

Für uns läßt sich heute nur noch am Wandel der kleinen Wallfahrtsbildchen verfolgen, wie das Gnadenbild im Bewußtsein der Gläubigen gegenwärtig war.

11 Andachtsbildchen von B. Kühlen, Mönchen-Gladbach, Chromolithographie um 1914.

Das bekleidete Gnadenbild im alten Altaraufbau

Es hatte mithin Jahrzehnte gedauert, bis die neue Situation am Gnadenaltar allgemein akzeptiert, jedenfalls bildlich popularisiert worden war. Das gesamte 19. Jahrhundert über, und wahrscheinlich vom Beginn des 18. Jahrhunderts her überkommen, also fast zweihundert Jahre gültig gewesen sein dürfte jener Zustand, den die früheste Fotografie des Gnadenaltars von Schubert und Berning in Lohr festgehalten hat und die ihrer Präparierung nach für ein Klischee im zeitlichen Umfeld des Jubeljahres 1895 angefertigt wurde, von dem wir aber keinerlei Abdrücke mehr besitzen. Ein fotografischer Abzug, der möglicherweise von der gleichen Platte stammt, aber die Votivwand erkennen läßt, ist auf der Rückseite mit 1896 bezeichnet. Trotzdem muß die nicht ganz einfach zu fertigende Aufnahme keineswegs aus diesen Jahren stammen, denn sie läßt deutlich erkennen, daß die Gnadenmadonna vollständig bekleidet ist, was nach den zitierten Quellenauszügen von Barthels im Jahre 1883 – jedenfalls in dieser Form – abgeschafft wurde.

Die Fotografen Schubert und Berning gaben ebenfalls 1896 im postkartengroßen Cabinetformat eine stark retuschierte Alleinaufnahme des unbekleideten, aber gekrönten Gnadenbildes aus. Erst im Jahre 1900 aber erhielt das Bild eine neue, aus Weihegeschenken gefertigte Krone durch den Münchner Hofjuwelier Harrach für 400 Goldmark, so daß es sich hier um das Vorgängerstück handeln dürfte (Barthels, S. 59).

Es gibt ein weiteres Cabinetfoto des Gnadenbildes, das ein eigens dafür vorgesehenes Eindruckfeld für Beschriftungen besitzt, mit dem Stempelaufdruck »1898«. Fotograf ist Franz Schäfer in Lohr. Bis auf Veränderungen im Auszug des Altares, wo – offenbar 1882 – anstelle der Heilig-Geist-Taube vor großem Strahlenkranz ein Medaillon mit Maria Magdalena zu sehen ist, existiert noch die gesamte alte Anordnung. Das Gnadenbild wird allerdings deutlicher auf einer Parallelaufnahme dieser Jahrzehnte im Visitformat. Hier erkennt man klar den im Jahre 1883 angefertigten »kleinen Tempel« um das Gnadenbild im Gehäuse. Diese Ädikula aus vier Säulchen und einem perspektivisch angeordneten Doppelbogen mit Kassettenfeldern stellt eine nur in den Details abgewandelte Miniaturnachahmung des klassizistischen Hauptaltaraufbaus des Würzburger Käppele vom Jahre 1797 dar. Die Ädikula bildet bis auf den heutigen Tag die inzwischen für Buchen signaturhaft gewordene Umrahmung des Gnadenbildes. Allerdings trägt es auf der Fotografie trotz »Entkleidung« zumindest Krone und ein seitlich davon herunterhängendes Velum.

Zur Gnadenbildbekleidung existieren im Inventarakt des Klosterarchivs (IV, 2, 2) zwei späte Nach-

12–14 Der Gnadenaltar und die Veränderungen der Aufstellung des Bildes um 1880, um 1900, seit 1971.

15 *Das Gnadenbild mit Velum in Ädikula und Tabernakel, um 1885.*

richten von 1793 und 1857/58. In den bislang unbenutzt gebliebenen Kirchenrechnungen ist schon für 1686/87 ein solches Inventar erhalten. Von späteren ziehen wir hier nur noch das von 1817/18 heran (KR). 1686 besaß Maria Buchen an »Ornat vor daß Miraculos biltlein«: ein blaues Damaströckchen mit silbernen und goldenen Spitzen, ein weißes Taftkleid mit Blumen und Gelderner Spitzen, dasselbe in blau und ein solches mit silbernen Spitzen, eines in grün und weiß, eines in gelb mit Pfirsichblüten und Silberspitze, ein geblümtes mit Silberspitzen, ein Handtüchlein mit Spitzen (= Ziertaschentuch), ein kleines blaues und ein weißes Velum und ein solches aus blauem Taft.

1687 wird aber auch noch ein Velum mit Gold und Silber und Spitzen »zu dem großen Mariä bildt« genannt. Im 17. und 18. Jahrhundert wurden nämlich nicht nur Gnadenbilder bekleidet.

1793 kennt das Inventar zehn verschiedene »Röcklein«, deren beide ersten und die zwei letzten sich länger erhalten haben dürften, da die übrigen später gestrichen worden sind. Es handelt sich um ein »Röcklein von Silbermour«, ein »blaues mit silberen Blumen und Spitzen«, eines »von silber Stoft mit silberen Spitzen« und eines »von ordinair Stoft und silberen Spitzen«. Die abgegangenen waren offenbar wertvoller aus Damast mit Gold und Silber bestickt, aus roter Seide, aus Goldstoff mit Silberspitzen oder gar aus »Golddrapdor«. Schon 1817/18 existierten nur noch die vier genannten, dazu ein Schleier (wohl das Velum) und zwei vergoldete Silberkronen für Mutter und Kind.

Die letzte Bestandsaufnahme stammt aus dem Jahre 1856/57 und bezieht interessanterweise den Baldachin mit ein, der als weiß beschrieben wird. Das Gnadenbild besaß damals zehn Unterkleider von weißer Leinwand mit Spitzen besetzt und sechs Mäntelchen aus Atlas, Seidensamt, Baumwolle und einfachem Seidenstoff. Hinzu tritt ein »Zugang pro 1857/58«: »Ein neues Mäntelchen von Atlas in rother Farbe und ein Unterfutter von Atlas in weißer Farbe dedizirt von einer Frau zu Sendelbach mit Namen Ruf«. Der Gesamtwert all dieser Positionen wird mit 21 Gulden und 30 Kreuzern angegeben.

Vor dem bis 1965 erhalten gebliebenen Altarblatt als gemalte Buchenbaum-Kulisse erhob sich gleichsam am Baumstamm der Thronus über dem Tabernakel, in welchem das Gnadenbild hinter einem wappenzeltartigen Stoffbaldachin vor einem plastischen Strahlenkranz stand, bis 1883 vollständig bekleidet mit Kegelkleid und Überwurfmantel, darüber gekrönt. Über den »Tabernakel zum Mutter Gottes Bild«, also den Thronus, hören wir in den Kirchenrechnungen erstmals 1720, als ein Karlstädter Schlosser einen Beschlag lieferte. 1729 vermelden sie »für ein so genantes papilion zu aussetzung deß Mutter Gottesbildts zu machen außgeben ... NB der Zeug ist von dem oben legirten Rock darzu gebraucht worden«, wo an entsprechender Stelle steht:

16 Kleines Andachtsbild von Rudl, Prag, kolorierte Lithographie mit Goldmetall-Preßbordüre, 2. Viertel 19. Jahrhundert. Es war Vorbild für spätere Darstellungen.

17 *Lithographisches Andachtsbildchen von Lusser und Jauch aus Altdorf, um 1850.*

»1 Blauwe daffete rock vulgo Anterien genant« (KR 1729, S. 8, 40).

In den Andachtsbildchen taucht die Darstellung des bekleideten Gnadenbildes nach der Mitte des 19. Jahrhunderts auf. Eine der vielen – oft kurzlebigen – lithographischen Betriebe dieser Zeit brachte ein Bild mit neugotischer Bordüre heraus, von denen sich verschiedene Druckvarianten in Metallfarbeneffekten erhalten haben. Das Bild zu einem Text zeigt unten die Wallfahrtskirche, Kapuzinerkloster und Garten, daneben das Ursprungsgeschehen an einer Buche mit dem stechenden Juden und dem Vesperbild. Im oberen Teil schwebt in einem Wolkenloch wie auf Votivtafeln der Thronus des Gnadenaltares mit dem bekleideten Gnadenbild, wobei der Tabernakel zu einem Sockelaufbau zusammengeschrumpft erscheint.

Das ist auf eine Weise »entwickelt«, in der man zuvor schon einmal versucht hatte, einen typischen Darstellungszusammenhang für Maria Buchen zu finden. Das erwähnte früheste kleine Andachtsbild des 19. Jahrhunderts aus Prag zeigt zwar um 1840/50 nicht die damals übliche Gnadenbildbekleidung, bietet aber – wenn auch in den Proportionen verschoben und in den Details vereinfacht – die Tabernakelaufbauten ab, so, als ob es sich hierbei um den Gnadenaltar selbst handeln würde. Darum ist der eigentliche Tabernakel verkleinert, sind der Thronus in die Breite gewachsen und die Putten in die Höhe.

Interessant bleibt nun zu sehen, was aus einer solchen Vorlage indirekter Abhängigkeit werden kann. Eine wohl auch schon um die Jahrhundertmitte auf weißem oder feuerrotem Papier gedruckte Federlithographie, »Würzburg bei A. Sturm«, zeigt Kloster und Kirche und läßt davor fast unscheinbar die Ursprungsszene an steilem Weg und Buchenbaum spielen mit einem biedermeierlich gekleideten Juden in langen Rockschößen und Zylinderhut samt Handelsbündel über der Schulter. Der Himmel aber wird beherrscht von einem aus den Bergen aufsteigenden gemauerten Bildstockhäuschen, dessen Einzelteile alle erkennen lassen, daß sie aus Verformungen der Altaraufbauten herstammen: Die Kreuzigungsgruppe aus dem Tabernakel, die Engel aus den Putten, der Abschlußdeckel aus der Thronuskrone.

Solche in der Volkskunst gängigen Umbildungsprozesse zeigen an, wie sehr man sich im 19. Jahrhundert an eine bestimmte Bildgestalt zu halten versuchte und wie sich auf diese Weise eine Signatur der Wallfahrt, ein typischer Darstellungshinweis auf das Ortseigentümliche dieser sonst so wenig unterscheidbaren Schmerzhaften Muttergottes entwickelte. Veränderungen brachte erst die Jahrhundertwende.

Der Kupferdrucker Sturm (1812–1870) hatte sein Geschäft zwischen 1841 und 1863 betrieben. Das kann man anhand der Würzburger Adreßbücher nachprüfen; leider nicht die Daten von I. C. Müller.

18 Lithographisches Andachtsbildchen von Anton Sturm, aus Würzburg, zwischen 1841/63 verlegt.

Die Veränderungen der Gnadenbild-Präsentation

Ob alle Aufbauten und zusätzlicher Zierat des 18. Jahrhunderts noch im 19. Jahrhundert an Gnadenbild und Altar vorhanden waren, wissen wir nicht. Wertgegenstände sind mit der Säkularisation abhandengekommen und wurden stets schon »umgesetzt«. So steht zu vermuten, daß die aus Votiv- und Weihegaben bestehenden, oben erwähnten Behänge des Gnadenbildes und der sogenannten Altarpyramiden längst nicht mehr existierten. Sie müssen aber ein besonders eindrucksvoller Schmuck gewesen sein, denn im Jahre 1765 vermerkt das Abhörprotokoll zu den Kirchenrechnungen als Punkt 6: »Pfarrer und Pfleger sollen zur bequemlichen und selbst wehlender Zeit auf die Wallfahrt verfügen, die Numismata« heraussuchen, die »zur aufmunderung deren Christgläubigen wallfahrteren dienen können« und »in Pyramiden gleich zu Dettelbach geschicht, sauber gefasset und zur ziert deren altaren, besonders wo das Gnadenbild ist, exponiret werden« (S. 50). 1767 sind dann erstmalig 2 Pyramiden im Inventar der Kirchenrechnungen aufgeführt, 1766 ein entsprechender Rechnungsbetrag erwähnt.

Solche dreieckigen, mit rotem Stoff überzogenen und von Goldrahmen gefaßten Holzständer, auf denen Silbervotive, Taler, Ketten und dergleichen befestigt wurden in schönem Arrangement, besitzen heute noch manche Wallfahrtskirchen (z. B. Walldürn als Torsi). Die Buchener müssen ziemlich groß gewesen sein, wie sich aus den in den Inventaren aufgezählten Details ergibt (z. B. KR 1779, 1782). Gleichzeitig (1781, 1782) werden vier »Spiegelgläserne Piramitten« erwähnt, worunter kleinere Reliquientafeln zu verstehen sein dürften.

1780 werden dem »Joseph Stockmeyer«, Strauß-Händler, für »6 große fetter sträuß zum Miraculohsen Maria Bild bezahlt«, die 1782 und 1784 in den Inventaren erscheinen (KR). Es handelt sich um modische Federbüsche als Dauerschmuck.

Von den überlieferten Kirchenrestaurierungen des 19. Jahrhunderts (1858, 1875, 1897) scheint die letzte erst so grundlegend gewesen zu sein, daß seitdem von jedermann Veränderungen registriert werden mußten. Zwar behauptet ein nachträglicher Akt zur Chronik, »unter P. Norbert dat. 26. Apr. 1883«, daß schon damals eine erste eingreifende Wiederherstellung des Gnadenbildes durch den »Bildhauer Schiestl aus Würzburg« stattgefunden habe, wobei es für den Schreiber des späteren Vermerks nicht mehr zu rekonstruieren blieb, ob 1883 Arme und Füße oder Kopf und Füße ergänzt, bzw. völlig erneuert worden seien. In der Familie Schiestl sollen Kopf und Füße 15 Jahre lang danach aufbewahrt worden sein. Auch bei dem Lohrer Maler Stock, einem Schwiegersohn des restaurierenden Bildhauers, hätten sich die Reste ca. 8 Jahre befunden. Von diesem Matthäus Schiestl, Vater, jedenfalls stammt auch die Neuaufstellung des Bildes im renovierten Gnadenaltar von 1897/98, als die drei Altäre der Wallfahrtskirche vollständig erneuert wurden. Damals erst erhielt der Gnadenaltar sein heutiges aufwendigeres Aussehen in den schmückenden Details, den Säulenfassungen, den aufgesetzten Ornamenten. Ein neuer Tabernakel und wiederum darüber gebauter Thronus für das Gnadenbild, umgeben von Leidenswerkzeuge tragenden Wächterengeln schob sich nun mächtig in den Vordergrund, war auch farblich hell hervorgehoben und in die Breite durch seitliche Anschlußverschalungen mit den Säulenaufbauten verbunden, so daß der untere Teil des Altarblattes zugedeckt, seine Buchenbaumillusion also halbiert und damit zum bloßen Hintergrundlaubwald entrückt wurde.

1971 hat man diese Schiestl-Aufbauten wieder entfernt und durch niedrigere, schmalere, den Altaraufbauten proportional, wie farblich angepaßtere ersetzt, und man hat den Altar selbst durch die Kopie eines passenden barocken Altarblattes mit Maria als Tempeljungfrau im Mittelpunkt (nach Nepomuk della Croce von 1670) jenen natürlichen Blickfang gegeben, der ihm bislang fehlte und daher die einstigen Tabernakelaufbauten wie störende Zutaten empfinden ließ. Vornehmliches Ziel war es aber, das kleine Gnadenbild näher an die Augen der Beschauer zu bringen, sozusagen aus der Entrückung herauszuholen.

Früher konnte das offenbar zu Wallfahrtszeiten durch einen Umbau des Schiestl-Tabernakels geschehen, wie eine alte Fotografie nahelegt. Sie beweist zugleich, daß auch nach der Jahrhundertwende das Gnadenbild zumindest zu Ausstellungs- und Prozessionszwecken zwar nicht mehr total, aber mit einem Schultervelum bekleidet war und gekrönt wurde. Hierfür gab es auch Velen, die stolaartig überlang herunter hingen und dadurch wiederum der winzigen Statuette eine weithin sichtbare Markierung boten.

Heute wird das Gnadenbild auch bei Prozessionen ohne jeden Zusatz unter einem kleinen Baldachin von weiß gekleideten Mädchen durchs Buchental getragen. Es ist wiederum restauriert worden und soll nun seinem Ursprungszustand am nächsten kommen. Das »Wallfahrtswerk« von Maria Buchen verkauft großformatige, auf Holz aufgezogene Farbfotos in Originalgröße davon als modernen Wandschmuck. So zieht das Vesperbild von Maria Buchen heute als wahrhafte Devotionalkopie in die Häuser der Gläubigen. Antiquarische Authentizität (genauer: deren gegenwärtiger Annäherungszustand) möchte offenbar als »Kunst im Zeitalter ihrer technischen Reproduzierbarkeit« religiöse Kommunikation perfektionieren oder vielleicht erst wieder möglich machen. Es ist dies jedenfalls ein Vorgang, der typisch scheint für unser heutiges Empfinden und Handeln aus einer Mischung von Pietät und Aufklärung, Denkmalspflege und Bildungserlebnis, religiöser Überlieferung und kirchlichen Reformen.

Wolfgang Brückner

19–22 Kleine Andachtsbildchen aus der Zeit von 1880 bis 1910.

Legende und Wallfahrtsursprung

Textzeugnisse des 16. bis 18. Jahrhunderts

1726 berief der Fürstbischof Christoph Franz von Hutten Kapuziner nach Maria Buchen. Er überließ ihnen die bisher vom Glöckner und einem Jäger bewohnten Häuser, die nach einem entsprechenden Umbau 1727 bezogen werden konnten. Bei der besonderen Vorliebe dieses Fürsten für historische Studien ist es nicht verwunderlich, daß sich die Kapuziner umgehend mit der Geschichte des Wallfahrtsortes befaßten. Eine Klosterchronik wurde zwar erst 1754 angelegt (Klosterarchiv IV/I/9), aber schon 1726 zeichnete man die Legende vom Ursprung der Wallfahrt auf und fügte ihr auch Nachrichten über die bisherige Entwicklung bei: »Kurtze beschreibung des anfangs und wachsthums der Wallfahrt zu der schmerzhaften Mutter gottes Maria, die Buchen genannt, gehörig in die pfarrey steinfeld, Würzburger Bistums, aus der Fränckischen Chronick, Lauretano Mariali D: Laurenty Lemmer, und andren alten Documentis gezogen anno 1726.«[7]

»Vier meilen unter Würzburg in einem Wald, bey dem Häuser Thal genannt, nahe an dem Fußwege, welicher von Wiesenfeld auf die statt Lohr zugehet, an dem orth, worauf jezt die Wallfahrts Kirchen erbauet, stunde ein groser alter Buchbaum, woher auch diese Wallfahrt ihren nahmen bekommen, für diesen baum konte kein Jud vorbeygehen, sondern sobald ein solcher bis zu diesem baum nahete, wurde er durch einen unsichbahrlichen gewalt verhindert das er mit jedermanns Verwunderung keinen Tritt weiters fortsezen konnte, wurde also gezwungen wiederumb zuruck zu gehen, und einen anderen weg zu nemmen, da doch die christen ungehindert vorbeygingen, dessen ursach konnte niemand wissen noch ergründen.

Als nun solches ein lange Zeit gewähret und aller orthen ruchtbar worden, auch sich die Juden dessentwegen sehr geschähmt, unterstehet sich endlich im Jahr Christi 1395 unter der regierung des hochwürdiglichen fürstens und herrns etc. Gerhardi, grafens von schwarzenburg Bischoffen zu würzburg und herzogen zu francken [1373–1400] ein verwegener Jud mit gewalt durchzubrechen, setz mehrmahlen an; aber umsonst; sooft er an die buchen kombt, kan er nicht weiter. Er stehet still, siehet den baum an, ergrimmet in sich selbsten, spricht: bist du dann ein ursach, das mein geschlecht und ich nicht fürüber kommen können? Ey! so will ich mich an dir rächen. und in dem grausamen zorn und wüten ziehet er sein gewähr aus der scheiden, lauft auf den baum zu, und sticht aus ganzer seiner macht in den baum. sogleich hört er ein klägliche stimm sahengend: O weh! O weh! O weh! darob er sich häftig entsezet; ziehet in dem seinen dolchen aus dem buchenbaum, welcher mit blut fornen an der spizen belaufen. verstarret an der selben stell, das er weder den dolchen in die scheiden stecken, noch einigen tritt fortgehen konnte; sondern muste also da selbsten stehend bleiben, bis die christen darzu kommen seynd. Er erzehlet den verlauf, man zeigts der obrigkeit an, eröfnet den baum, und findet darinnen ein sogenanntes vesper-bildlein, auf dessen rucken, gleich unter dem hals, ein stich mit blut überrunnen zu sehen ware. es haben auch alsobalden an diesem orth angefangen, viel wunderzeichen zugeschehen, dann da seynd die lame, krancke personen, sosich dahin verlobt, grad und gesund worden, und die von fernen kranck und schwach dahin sich haben tragen lassen, seynd gesund wiederumb nacher haus gangen ...

Oben besagtes Vesper bildlein wird in dieser kirchen noch bis auf dem heutigen tag aufbehalten, und siehet mann bis auf diese stund den stich daran. es ist zwar nur ein kleines, 9 Zoll hohes, und schlechtes aus holz geschniztes bildlein, aber doch sehr anmüthig, und zur andacht bewegend. Wer der meister gewesen der selbiges verfertiget, oder in den Buchbaum gesezt, ist unbekannt; mann hat muthmassung ein frommer hirt habe dasselbige geschnizlet, in den baum gesezt und darvor sein gebet gepflogen zu verrichten, mittler zeit aber seye das bildlein von den rinden umwachsen, also, das mann es nicht mehr hat sehen können. aber der allmächtige gott, welcher nicht haben will, das auch die geringste bildnus seiner werthesten mutter solle unverehrt bleiben, hat viel besagtes bildlein auf so wunderbahrliche weis wie vor gemeldet, wollen offenbaren. und weliches nicht wenig zu bewundern, hat dieses bildlein, sonderlich um den stich kein farb angenommen, ob mann es schon offtermahlen hat versuchet, massen es allweg seine vorige gestalt wider bekommen hat. so ist auch bewust, daß oft gesagtes bildlein etlichmahl anfänglich in andere kirchen der umliegenden dörfern ist transferiert oder getragen, und einsmahls von einem soldaten gestohlen worden, es ist aber nirgends blieben; sondern allzeit nach kurzer zeit wider in sein vorige statt kommen ...«

Woher hatte der Kapuziner seine Nachrichten? Was waren seine Quellen? Wieviel von dem Erzählten ist reine Legende, wieviel historisch nachweisbar? Und welche Entwicklungen machte die Legende mit?

Die älteste erhaltene Legendenfassung von 1591

Seit Hans Dünningers Untersuchungen ist bekannt, daß die erste überlieferte schriftliche Aufzeichnung der Ursprungslegende von Valentin Leucht stammt. Dieser spätere kaiserliche Bücherkommissar zu Frankfurt war um 1576 längere Zeit »paedagogus in monasterio Neustadt«. In einer Widmungsvorrede an den Abt des Klosters Neustadt am Main vom Jahre 1598 erinnert er an »sintemal die drey Jahr, als in E. G. und Ehrw. Kloster vor ein und zwanzig Jaren die Schul ich unwürdiger regiert: unnd deren nach meinem Vermügen vorgestanden« (Brückner, S. 935). Er kennt Maria Buchen ganz genau, denn in seinem Werk »Miracula s. imaginum«, 1591, wo die Legende erstmals abgedruckt wird, gibt er an, daß er das Gnadenbild selbst gesehen, in den Händen gehalten und geküßt habe. Seine Wiedergabe der Geschichte lautet so:

»Von dem Marien Bildt zur Buchen im Herzogthumb Francken, vnd dessen Erfündung. Im Bisthumb Würtzburg ist eine grosse Wolfahrt in ein Kirchen oder Capellen zur Buchen genandt, so vier Meil wegs vnder Würtzburg gelegen, vnd inn die Pfarr Steinfeldt, so vom Kloster Newstadt am Meyn curiert vnd besatzt, gehörig. In derselbigen Capellen ist ein Marienbild in form vnd gestalt, wie der HERR CHristus vom Creutz abgenommen, vnnd auff Mariae Schoß gelegt worden, welches hinden auff dem Rucken hart vnder dem Halß einen Stich hatt, fast eines kleinen Fingers Glied lang, bey welchem Bild viel Miracul vnd Wunderzeichen geschehen. Dasselbig Marien Bildlein ist vor zweyhundert Jahren also erfunden, vnnd an das Liecht gebracht worden, Nemlich, weil am selbigen Ort, da jetzunder die Capellen gebauwet steht, dazumal ein grosser alter Buchbaum nahe an der Strassen, bey dem Häuser thal genant, welche von Wisenfeld auff die Statt Lohr zu gehet, so am Meyn gelegen, gestanden, haben solche strassen die Juden nicht wandern oder reysen können. Dann wann sie zu derselbigen grossen Buchen kommen, konten sie nicht ferner gehen, Sondern musten wider zu ruck weichen, oder still stehen, dessen Vrsachen niemandt hat wissen noch ergründen mögen. Als aber solches nun lange zeit gewehret, vnnd allenthalben ruchtbar worden, daß die Juden bey diesem alten Buchbaum nicht fürüber reisen können, vndersteht sich endtlich ein doller Gottloser Jud, vermeynend mit Gewalt fürüber zu gehen. Vnd so bald er an die Buchen kommen, hat er doch nicht weiters fort gekönet, sondern seine Kräfften verlohren. Vnd ob er sich zwar zum öffern versucht, fort zu passieren, ist es ihme doch vnmüglich gewesen. Endtlich stehet er still, sihet den alten Buchbaum an, ergrimmet in sich selbsten, sprechendt: Bistu dann ein Vrsach, daß mein Geschlecht vnd ich nicht fürüber können kommen, lästert vnd schilt Christum vnnd Mariam auff das aller grewlichst: Eyhe, so wil ich mich an dir rechen! Vnd in dem grausamen Zorn vnd wütenden Grimmen zeucht er sein Wehr auß der Scheiden, laufft er auff den Buchbaum zu, vnnd weil derselbig inwendig hohl, sticht er (Ach leyder) auß gantzer seiner Macht in den Baum. So balden höret er eine klägliche Stimme, sprechendt: O weh, O weh, O weh. Darob er sich hefftig entsetzet, Zeucht in dem das Schwerdt auß dem Buchbaum welches mit Blut fornen an der spitzen belauffen, verstarret an derselben stell, daß er weder das Schwert an die Scheiden stecken, noch ein einigen Schritt fortgehen kondte, sonder mußte also daselbsten stehendt bleiben, biß die Christen darzu kommen seindt. Also wirdt der Jude von den Christen gefangen, vnd für die Obrigkeit geführet. Wie er nun Examiniert, vnd gefraget worden, bekennet er alles, wie es ihm ergangen. Nemlich, daß er keinen, Menschen, sondern in den alten Buchbaum, weil er nicht fürüber hab können gehen, gestochen, darauß er ein klägliche Stimme gehöret, vnnd sey ihm sein Schwerdt mit Blut durchloffen gewesen. Nun möge man selbsten erfahren, was in dem Baum verborgen sey. Darauff der Buchbaum zur erkündigung der Warheit abgehauwen, vnd ist darinnen das Marienbildt auff dem Rucken mit einem Stich mit Blut umronnen, funden worden. Welches auff den heutigen Tag in derselbigen Capel-

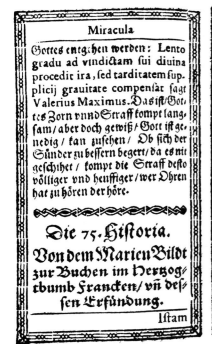

Miracula

Gottes entgehen werden: Lento gradu ad vindictam sui diuina procedit ira, sed tarditatem supplicij grauitate compensat sagt Valerius Maximus. Das ist/ Gottes Zorn vnnd Straff kompt langsam/ aber doch gewiß/ Gott ist genedig/ kan zusehen/ Ob sich der Sünder zu bessern begert/ da es nit geschihet/ kompt die Straff desto völliger vnd hеufftiger/ wer Ohren hat zu hören der höre.

Die 75. Historia.

Von dem MarienBildt zur Buchen im Herzogthumb Francken/ vñ dessen Erfündung.

Istam

S. Imaginum.   272

Istam imaginem B. virginis ipsemet vidi, manibus tenui, & osculatus sum.

IM Bisthumb Würtzburg ist ein grosse Wolfahrt in ein Kirchen oder Capellen zur Buchen genandt/ so vier Meil wegs vnder Würzburg gelegen/ vnd mn die Pfarr Steinfeldt/ so vom Kloster Newstadt am Meyn curiert vnd besatzt/ gehörig. In derselbigen Capelle ist ein Marienbild in form vnd gestalt/ wie der HERR Christus vom Creutz abgenommen

Miracula

nommen/ vnnd auff Mariæ Schoß gelegt worden/ welches hinden auff dem Rucken hart vnder dem Halß einen Stich hatt/ fast eines kleinen Fingers

len öffentlich gezeiget, vnd von meniglich, so dahin wallen kompt gesehen wirt. Nach dem aber der Jud nach seinem verdienst gestraffet, vnd das heilig Marienbildt in die verwahrsamb genommen worden, haben also bald an demselbigen Orth angefangen viel Wunderzeichen zu geschehen. Dann da seind die lamen krancken Personen, so sich dahin verlo-

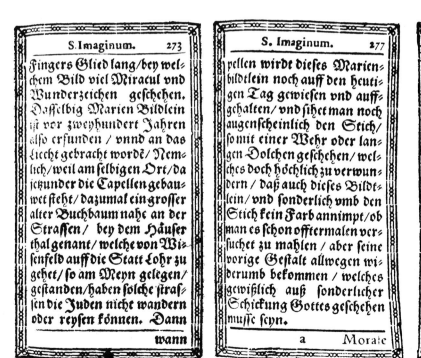

23 Die älteste Überlieferung der Ursprungslegende in Valentin Leuchts »Miracula s. imaginum«, Mainz 1591, fol. 271 verso bis 277 verso mit dem Holzschnitt einer Pieta, der in dem Büchlein mehrfach verwendet wird. Der übliche lateinische Quellenverweis bezieht sich auf den Autor selbst.

bet, also baldt gerad vnd gesundt worden, vnnd die von ferrn kranck vnnd schwach dahin kommen, seind gesundt wider zu Hauß kommen. Solches hat gewehret biß zur zeit deß Hochwürdigen Fürsten vnd Herrn, Herrn Johann von Brunaw, Bischoffen zu Würtzburg, vnd Hertzogen zu Francken, etc. so Anno 1430. regieret, der ist auß Anregung vieler Glaubwürdiger vnd Gottesförchtiger Leuth, vnd der großen vielfältigen Wunderzeichen, so allda geschehen, bewegt worden, ein Kirchen dieses Orths zu erbauwen, hat auch Anno, etc. 1434. ein offentlich Edict mit herrlicher reichlicher Indulgentz vnd Ablaß lassen publicieren, allen denen so zu dieser Kirchen vnnd Gotteshauß steur geben, welche auch bißher erhalten, vnd jährlichen zum offtermalen mit grosser menge Volcks, vnnd etlichen gantzen Pfarrmenge mit sonderlicher Andacht wirt heymgesucht, da dann die heiligen ämpter vnd Predigt mit sonderlicher Andacht verricht werden. In obgedachter Capellen wirdt dieses Marienbildlein noch auff den heutigen Tag gewiesen vnd auffgehalten, vnd sihet man noch augenscheinlich den Stich, so mit einer Wehr oder langen Dolchen geschehen, welches doch höchlich zu verwundern, daß auch dieses Bildtlein, vnd sonderlich vmb den Stich kein Farb annimpt, ob man es schon offtermalen versuchet zu mahlen, aber seine vorige Gestalt allwegen widerumb bekommen, welches gewißlich auß sonderlicher Schickung Gottes geschehen musse seyn. Morale. Allhie sehen wir, wie wunderbarlich Gott der Allmechtig mit diesem Marienbildt gewürcket, Das Bildt gibt von sich eine laute vnnd Menschen Stimme, das Schwert deß Juden belauffet mit Blut, vnd er selbsten der Jude kan kein Schritt fortgehen, vnd geschehen vil Miracul bey diesem Bild. Solches seind alles anzeigungen Göttlicher Allmechtigkeit. Dann dieser Gott, welcher auß hartem Felsen in der Wüsten klares Wasser fliessent machet, Exod. 17. Psal. 77. 80. 10. Corinth. 10. der schaffet auch, daß auß dürren Bildern das zarte Blut fleusset, alles zur Bestettigung vnsers wahren einigen Glaubens.« (Leucht 1591, 75. Historie, fol. 271v–277v. Der gleiche Text, nur orthographisch abweichend, im »Speculum Historicum« von 1595, Historia 87, fol. 270 r–274 v, und im »Viridarium Regium« von 1614, S. 399–401.)

Verschollene Quelle und Ursprungsdatierung 1395

Es ist offenkundig, daß der Maria Buchener Text von 1726 in weiten Teilen dem von Leucht entspricht. Die Titulatur dieses Textes gibt Leucht aber nicht als Quelle an: Hier werden nur das Werk Lemmers (aus dem einige besondere Formulierungen übernommen wurden) und »alte Dokumente« genannt. Der Schreiber von 1726 hatte das Werk Leuchts jedoch gar nicht als Grundlage nötig. Es existierte nämlich in Maria Buchen ein heute verschollenes handschriftliches Buch, in das die Legende eingetragen war. Christoph Wagner, Pfarrer in Steinfeld 1648–1655, schrieb es teilweise ab und schickte diese heute noch erhaltene Abschrift (UB Würzburg, M.ch.q. 74, fol. 251r–255r) an den Jesuiten Johannes Gamans (1609–1684). Es darf als sicher gelten, daß der 1726 schreibende Kapuziner dieses Buch kannte und benutzte.

Aus welcher Zeit stammt aber dieses Manuskript? Es wäre möglich, daß es bereits Valentin Leucht als Quelle diente. (Vgl. dazu unten Kap. »Verortung«.) Wahrscheinlicher dünkt es, daß Leuchts Text in Maria Buchen abgeschrieben wurde und hier einige legendenhafte Zusätze über Transferierungen bzw. den Diebstahl des Bildes und seine wunderbare Rückkehr erhielt, wie sie dann in den zitierten Text von 1726 eingegangen sind.[8] Dabei hielt man es anscheinend nicht für nötig, Leucht als Quelle anzugeben: Weder Wagner noch der Schreiber von 1726 nennen seinen Namen.

Nun ist es aber wichtig festzustellen, daß der 1726 schreibende Kapuziner zwar von einem Drucktext Leuchts unabhängig war, aber dennoch selbst einen solchen Text wiederum abschrieb. Eine Quelle gab er dazu nicht an. Da er aber der erste ist, der das Jahr 1395 als Ereignisjahr des Judenfrevels angibt, der Legendentext aber auch in den 1595 unter dem Titel »Speculum historicum« neu aufgelegten »Miracula« Leuchts enthalten ist und dieser immer die Floskel »vor zweihundert Jahren« als Datierung angibt, scheint er jenes »Speculum historicum« gekannt zu haben. Der Kapuzinerchronist hat offensichtlich Leuchts Datierung wörtlich genommen und zurückgerechnet, wodurch er auf das Jahr »1395« kam.[9] Es ist allerdings auch nicht unrealistisch, die zufällige Wiederauffindung des in einen Baum eingewachsenen und vergessenen Bildes im ausgehenden 14. Jahrhundert anzusetzen.

Buchen in der marianischen Legendenliteratur

Valentin Leucht war nicht der einzige, der im 16. bis 18. Jahrhundert die Legende publizierte. Er war lediglich der erste und bildete eine Quelle für spätere Autoren in der Reihe gegenreformatorischer Geschichtenkompendien mit Wallfahrtslegenden. So erscheint die Erzählung vom Maria Buchener Gnadenbild auch bei Wilhelm Gumppenberg, Laurentius Lemmer, Martin von Cochem, bei Heinrich Scherer und bei dem Kapuzinerpater Renatus: sie wurde überregional bekannt. Es ist lohnend, die sich hierbei ergebenden verschiedenen Versionen der Legende und ihre Abhängigkeiten untereinander näher zu untersuchen.

Der Jesuit Wilhelm Gumppenberg war nach Leucht der nächste, der die Legende von Maria Buchen abdrucken ließ. Er nahm sie in sein Schule machendes Sammelwerk »Atlas Marianus« (lateinisch zuerst 1657) auf. Der Text ist in der Wartenberg-Übersetzung von 1673 (S. 519f., Nr. 251) zwar stark von Leucht abhängig, weicht aber in entscheidenden Punkten von ihm ab. Während bei Leucht der Jude keineswegs weiß, warum er an der Buche nicht vorüber kann und den Frevel eigentlich unwissend begeht, verletzt nach Gumppenberg der Jude das Bild in voller Absicht: Er betrachtet den Baum »und ersihet ein kleines Mutter Gottes Bild zwischen den Naesten« [so!] »stecken, zieht den Degen auß, sprechend, bist du die mir und den meinigen den Weg verlegest? sticht zugleich dar nach und verwundet es, wie dann ... das Bild angefangen hat zu heulen, der Jud aber gantz verstarret biß man ihn beym Kopff genommen, und der Obrigkeit uebergeben«. Auch dieses »Heulen«, d. h. Weinen, des Bildes anstelle des dreimaligen Wehe-Rufes ist neu. Die Änderung mag Übersetzer-Willkür sein.

Daß die Legende stets wandlungsfähig blieb, zeigt ihre Fassung in den Marienpredigten des aus Lohr stammenden Würzburger Domvikars Laurentius Lemmer von 1687, der sich dabei wohl auf mündliche Überlieferung stützen konnte (S. 222 f.). In seiner Version sticht der Jude mit einem Spieß in den Baum, aus dem daraufhin Blut spritzt und den Juden erblinden läßt. Das Bild ist nicht am Hals, sondern an den Schultern verwundet, Blutstropfen sind noch zu sehen. In dieser Ausformung dürfte die Legende zur Zeit Lemmers im Volk am meisten verbreitet gewesen sein; mit Leuchts Text stimmt nur noch das Schema überein. Lemmer war auch der erste, der eine logische Erklärung dafür suchte, wie das Bild denn überhaupt in den Baum kommen konnte. Er nahm an, es sei von einem Hirten geschnitzt worden und allmählich in den Baum eingewachsen. An der wunderbaren Auffindung zweifelt er freilich nicht. Im gleichen Jahr wie Lemmers »Lauretanum Mariale«, 1687, erschien in 1. Auflage Martin von Cochems »Auserlesenes History-Buch«, Band I. Pater Martin von Cochem (1634–1712), der u. a. auch länger im Kapuzinerkonvent Aschaffenburg tätig war, kannte Maria Buchen gut. Einige seiner Angaben beweisen dies. Seine »History« basiert, wie er angibt, auf Leuchts »Viridarium Regium« von 1614, aber deutlicher als dort ist bei ihm (wie auch bei Gumppenberg) der Antisemitismus ausgeprägt, und zwar aus Gründen der erzählerischen Motivierung. Martin von Cochem pflegte stets seine Geschichten psychologisch auszubauen, um sie so seinen Lesern näherzubringen. Er erzählt, die Juden seien darüber, daß sie nicht an dem Baum vorbeikonnten, »sehr ergrimmt« gewesen und »sich berathschlagten ... was sie in dieser Sache thun sollen. Da thäte sich ein toller gottloser Jud herfür, versprechend den anderen er wölle die Sach außmachen, und erfahren was in dem Baum seyn möge. Nimbt einen scharpffen Dolchen zu sich, macht sich allein auff den Weg: und kombt heimlich zu dem ... Buchbaum« (History-Buch I, 1687, S. 206 f.). Das Bild selbst sieht er aber nicht. Interessant für die Praxis der Wallfahrt ist es, daß Cochem berichtet: »In dem lieben Marien-Bildlein siehet man noch biß auff den heutigen Tag den blutigen Stich, welcher allen so es verlangen gezeigt wird.« Etwaigen Zweiflern kann also die

Verletzung handgreiflich vorgeführt werden. Die mündliche Überlieferung, wie Lemmer sie festhält, greift Cochem nicht auf. Er beruft sich auf die Autorität Leuchts.

Der Jesuit Scherer gibt 1710 im »Atlas Novus« (Abschnitt »Atlas Marianus, Teil Franken«, S. 87) als Quelle seiner lateinischen Erzählung der Legende von Maria Buchen Leuchts »Viridarium Regium« von 1614 an. In Wahrheit hat er daraus fast nur die Datierung »vor zweihundert Jahren« übernommen. Ansonsten ist sein Text sehr mit dem Gumppenbergs verwandt. Der Jude sieht das von Zweigen und Ästen bedeckte Bild, dieses wehklagt. Scherer hat entweder die Wartenberg-Übersetzung zurückübersetzt oder eine der lateinischen Ausgaben Gumppenbergs benutzt.

Die Legendenfassung des Kapuziners Renatus in seinem »Marianischen Gnadenfluß« (1717; 10. Auflage 1768, S. 45) zeigt Anklänge an Gumppenberg wie Leucht, und zwar enthält sie solche Formulierungen Leuchts, wie sie bei dem ja auch von diesem abhängigen Gumppenberg gerade nicht erscheinen. Auch hier sieht der Jude das Bild, bevor er es unter grausamen Gotteslästerungen (vgl. Leucht) verwundet, aber das Bild »heult« nicht, sondern eine »fremde klägliche Stimm« (vgl. Leucht) ertönt. Renatus gibt als Quelle eine »Aure. Leg. B. V.« an. Falls diese Angabe nicht ein falsches Zitat oder ein Setzfehler ist, könnte damit eine Ausgabe der »Legenda Aurea« des Jacobus de Voragine gemeint sein.

In deren Originalfassung aus dem 13. Jahrhundert steht die Maria-Buchen-Legende freilich nicht, es gab aber im Laufe der Jahrhunderte ungezählte Ergänzungen zu dieser Sammlung, und in irgendeinem uns allerdings nicht näher bekannten Druck oder Manuskript hätte Renatus vielleicht seinen Text finden können. Neudrucke der »Legenda Aurea« hat es zur Zeit des Renatus jedoch nicht gegeben. Und so bezieht er sich vielleicht auf eine andere, augenblicklich nicht näher festzustellende Sammlung von Marienlegenden. Den Quellenverweis als »Auriemma, Marianische Schaubühne, 1707« aufzulösen, nützt leider nichts, da sich dort unsere Legende bislang nicht finden läßt.

Den Schluß einer von der Beschreibung in Maria Buchen 1726 unabhängigen Legendenüberlieferung (denn Gropp benützte diese bereits) bildet die Beischrift zu einem Bild, das die Pieta von Maria Buchen darstellen soll, in dem Erbauungsbüchlein »Hand des Herrn« (1743). Das Werk geht auf Renatus zurück, der zu seinem Text ein ähnliches Bild wiedergibt (Brückner, S. 290). Es heißt: »Als daselbe in dem Wald auf einen Eich-Baum gestanden, hat ein Gotteslästerender Jud es mit dem Schech-Messer verwundet, man hoerte alsbald eine klägliche Stimm, der Jud blieb stehen, nunmehro ist eine schoene Kirch darueber gebaut« (zum »Neunten Tag im Monath«). Der Text ist fast bis zur Unverständlichkeit verkürzt, die Buche kurioserweise zu einer Eiche geworden.

45

Dieses Büchlein war das letzte Werk, welches die Legende aus pastoralem Interesse anführte und sie als Wahrheit nahm. Wenngleich auch im 19. Jahrhundert noch vielfach vermieden wurde, den Legendencharakter des »Geschehnisses« herauszustreichen, so waren doch die Intentionen der Wiedergabe durch J. G. Höfling und andere von denen ihrer Vorgänger sehr verschieden. Leucht kam es noch darauf an, durch die wunderbare Auffindung den »wahren einigen Glauben« zu bestätigen, Höfling dagegen betrachtete die Legende nüchtern als das, was sie ist: eine Legende. Gelegentlich wurde sie aber noch »umfunktioniert«, bei Ignaz Ruland (1847) und Georg Link (1873/76) zu antisemitischem Material (vgl. unten). Ansonsten erscheint sie, in der mit mehr oder weniger großen Fehlern nacherzählten Version Leuchts, auf Andachtszetteln und in Sagensammlungen, in Landesbeschreibungen und Wallfahrtsanthologien und natürlich im lokalhistorischen Schrifttum.

Hans-Theo Ruf

Das Baummotiv

Baumkult und Brauch an Marienbildbäumen

Im Zusammenhang der Legendenanalyse erscheint es angezeigt, Umschau zu halten nach anderen marianischen Gnadenstätten, an denen Bäume eine zentrale Rolle spielen, sei es im Namen, in der Ursprungsgeschichte oder im Brauchtum.[10] In keinem anderen Bereich der christlichen Volksfrömmigkeit sind Bäume so häufig zu Ansatzpunkten von Kulten geworden wie im marianischen. Dies ist zwar einerseits auf die Vorrangstellung der Marienverehrung im Frömmigkeitsleben zurückzuführen, läßt sich aber andererseits nur aus gewissen volksfrommen Verhaltensweisen und aus bestimmten, im Volksglauben begründete Vorstellungen heraus erklären, die sich – zumindest teilweise – aus den Ursprungssagen und anderen Lokaltraditionen sowie aus den Kultbräuchen der betreffenden Gnadenstätten erschließen lassen. Deshalb werden in Nachfolgendem legendäre Begebenheiten und historische Tatsachen als gleichwertig behandelt.

Maria unterm Baum – Maria im Baum

Wohl die beiden einzigen Bäume, die durch ihre legendäre Verbindung mit dem Erdendasein Mariens zu Anziehungspunkten von Pilgern wurden, dürfen die Terebinthe bei Betlehem und die Sykomore zu

Matarieh in Ägypten sein, unter denen sie auf dem Wege zur Darstellung Jesu im Tempel und auf der Flucht gerastet haben soll. In einem slowenischen Volkslied erwacht ein dürrer Baum zu neuem Leben, als Maria unter ihm verweilt. Das gleiche Motiv findet sich in Gnadenbildlegenden: Als man das Marienbild einer zur Zeit der Königin Elisabeth zerstörten Franziskanerkirche bei Muckross/Irland in einem Baum barg, fing dieser wieder zu grünen an. In Kleinschwadowitz/Böhmen erfror 1709 ein Kirschbaum über einer Quelle. Man hängte ein Marienbild an ihm auf; da trug er 1715 wieder Blüten und Früchte.

Das Bild wird mit Maria identifiziert und kann daher aktiv in das Geschehen eingreifen. Das von Alypios gemalte Marienbild zu Kiew flog in der Nacht auf einen Berg und ließ sich im Geäst einer Eiche nieder; daraufhin erbaute man dort 1228 eine Kirche und ein Kloster. In Zyrowik/Litauen schwebte 1476 ein kleines Marienbild aus Jaspis in Lichtglanz über einem Birnbaum, wo es ein Hirte entdeckte. In Neutitschein/Mähren schwamm ein Marienbild bei einer Überschwemmung auf einen Weidenbaum, wo man es dann beließ und verehrte. Das Gnadenbild von Schöneichen bei Eschlkam/Oberpfalz verließ, weil der Schloßherr ein übles Leben führte, die Schloßkapelle und begab sich auf eine Eiche, zu der es immer wieder zurückkehrte, wenn man es an seinen früheren Platz gebracht hatte.

Für das Sagenmotiv der Rückkehr des Bildes zum Baum lassen sich zahlreiche Beispiele anführen (u. a. Großneundorf bei Neiße; Ansemberg/Luxemburg, Eiche; Gaverland/Südflandern, Linde). Was unseren engeren Raum anbetrifft, ist vor allem die »Muttergottes auf dem Holderstock« in Schneeberg bei Amorbach zu nennen, die, auf den Altar der Kirche verbracht, solange zum Holderstock außerhalb des Gotteshauses zurückkehrte, bis man über dem Bäumchen eine Kapelle für sie errichtete. Hierin spiegelt sich nicht nur der Wunsch des Volkes wider, die Kirche möge die Eigenständigkeit seiner Kulte respektieren, sondern das Motiv ist zugleich ein Zeugnis dafür, daß die Bäume jeweils wesentlicher Bestandteil der Kulte waren.

In, über, beziehungsweise bei einigen Bäumen soll Maria persönlich erschienen sein; zum Beispiel: die Linde von Albendorf/Schlesien, die Eiche zu Arciniega/Spanien (»N. S. de Encina«) und die Steineiche zu Fatima/Portugal. Bisweilen lösen aber auch Erscheinungen von Frauengestalten, die nicht ausdrücklich mit der Muttergottes identifiziert werden, marianische Baumbildkulte aus, z. B. in Rosenthal/Sachsen: Ein Adeliger sieht bei der Jagd im Walde eine würdige Matrone; er reitet ihr nach, sie verschwindet in einer Linde, in deren Ästen er ein Marienbild findet. Dieses Verschwinden der Erscheinung im Baum könnte u. U. an ein Nachwirken vorchristlicher Vorstellungen denken lassen. – Die Entstehungssage des Kults in Waging/Oberbayern nimmt sich dagegen weit weniger urtümlich aus:

Einer armen Dienstmagd erscheint bei einem Birnbaum eine prächtig gekleidete Dame; nach dem Verschwinden der Erscheinung findet das Mädchen auf den Wurzeln des Baumes eine Kopie des Gnadenbildes von Ettal.

Viele marianische Gnadenbilder läßt die Entstehungssage – meist von Kindern oder Hirten – in oder an Bäumen gefunden werden, so Görsdorf/Elsaß (»Zur Eychen« am Liebfrauenberg, evt. 14. Jh.), Kleinkrotzenburg/Hessen (Eiche, nach dem Dreißigjährigen Krieg), Buchenöd/Niederbayern (Fichte, 1670), Beurig bei Saarburg, Buschhoven/Rheinland (Rosenstock), Germershausen/Niedersachsen (»Unsere liebe Frau in der Wiese«), Girster Klause/Luxemburg (Haselstaude), Kötschach/Kärnten, und viele andere mehr. – Wunderbare Umstände, wie sie in anderen Bereichen des Volksglaubens das Geheiligte bestimmter Gegenstände oder Plätze kennzeichnen, leiten nicht selten den Fund ein: wunderbares Singen und Klingen (Maria Linden bei Ottersweier/Baden, in einer Linde), geheimnisvolles Leuchten (Maria-Hilfberg bei Gutenstein/Niederösterreich, Wiederentdeckung), weisende Tiere (Taube: Plobsheim/Elsaß, Eiche; Schafe: Rengersbrunn bei Fellen/Unterfranken, Haselstrauch; Pferde: Dorschhausen/Schwaben, Tanne, sowie

24 Kupferstich im »Marianischen Gnadenfluß« 10. Auflage, Mainz 1768.

Maria-Buch bei Neresheim, 1660, Buche, und Kochawina/Galizien, 1646, morsche Eiche).
In Großmerzdorf/Schlesien vergruben, als der Ort protestantisch wurde, einige Katholiken das Marienbild der Kirche und pflanzten zur Kennzeichnung der Stelle einen Baum; dieser wurde 1682 von einem Bauern gefällt, der in den Wurzeln das Bild entdeckte. So aufschlußreich diese Geschichte zunächst erscheint – es wäre verfehlt, wollte man entsprechende historische Gegebenheiten für alle Entstehungssagen voraussetzen, die auf das Fundmotiv aufbauen; denn der Fund ist ein Wandermotiv, das gerne auf marianische Baumbilder übertragen wird, um sie in die Nähe der Acheiropoieten zu rücken, der »nicht von (Menschen-) Hand gemachten« Bilder, die von selbst oder durch Engel entstanden sein sollen. Durch die geheimnisvolle Entstehung konnte ihr Wunderruf begründet oder gefestigt werden. Am deutlichsten wird dies bei der Entstehungsgeschichte des Gnadenbildes von Maria Waldrast/Tirol: Maria schickt einen Engel auf die Erde; der sagt zu einem hohlen Lärchenstock: »Du sollt der Frauen im Himmel Bild fruchten!« Da wächst in dem Stock das Gnadenbild, das 1407 zwei Hirten entdecken. Der wahre historische Hintergrund ist meist nur der, daß an oder in einem Baum ein Marienbild vorhanden war, von dem man nicht mehr wußte, wie es dorthin kam. In einzelnen Fällen handelt es sich möglicherweise sogar nur um eine volkstümliche Namenerklärung der Gnadenstätte, die aus einem nicht mehr ersichtlichen Grund die Bezeichnung einer Baumsorte aufwies. Da sich indes die fromme Praxis, Heiligenbilder, vornehmlich Marienbilder, an Bäumen anzubringen, bis in unser Jahrhundert hinein verfolgen läßt, darf angenommen werden, daß der bereits bestehende Kult eines Marienbildes im oder am Baum im überwiegenden Teil der Fälle den Ausschlag für die Ausbildung der Ursprungssage gab.

Marienbildbäume mit Devotionalkopien und anderen Besonderheiten

Das Anbringen von Marienbildern an Bäumen läßt sich seit dem späten Mittelalter nachweisen; im Barock erlebte es eine Blütezeit. Es darf jedoch nicht ausgeschlossen werden, daß manche Sage, deren historischer Kern sich nicht ermitteln läßt, bis in mittelalterliche Zeit zurückreicht. Wir kennen ja das Anbringen von Opfergaben bereits aus dem »Indiculus superstitionum« (wohl Ende des 8. Jh.). Meist wurden die Bilder aus Motiven der Privatandacht an einem Baum befestigt: aus einem Gelübde oder aus dem Bestreben heraus, das Bild der Verehrung durch einen größeren Personenkreis zugänglich zu machen; die Bäume übernehmen damit gewissermaßen die Funktion von Bildstöcken.
Bei diesen Bildern handelt es sich meist um Erzeugnisse der Volkskunst, oft um Töpferware oder sonstige billige Devotionalien, wie sie als Andenken von

Wallfahrtsstätten mit nach Hause genommen wurden, daher nicht selten um Nachbildungen älterer Gnadenbilder. Dieser Umstand trug in vielen Fällen dazu bei, daß solche Bäume zu Ansatzpunkten neuer Wallfahrten wurden. Wir nennen diese Filiationen bestehender Wallfahrtsorte »Sekundärwallfahrten«. Der dortige Votivkult oder die Wallfahrt dorthin war gewissermaßen ein Ersatz für das Aufsuchen der Primärwallfahrt.

Kopien bekannter Gnadenbilder sind die an Bäumen befestigten Marienbilder in Moresnet/Belgien (Aachen, um 1750, Eiche), auf dem Schönenberg bei Ellwangen/Jagst (Foy bei Dinant/Belgien, 1638, Tanne), in Kaiser-Ebersdorf bei Wien (Maria-Dorfen, 17./18. Jh.), in Waging/Oberbayern (Ettal, s. o.), Maria-Eich bei München (Maria-Dorfen, 1712, Eiche), Maria-Buch bei Neresheim (Einsiedeln, s. o.), auf dem Spitzigen Berg bei Glatz/Schlesien (Mariazell, 1750, Buche) und viele andere mehr. In solchen Fällen erleichtert die Filiation den Aufstieg zum Rang einer Gnadenstätte.

Bei anderen wird die Entwicklung durch die Eigenart der Entstehung beziehungsweise durch die Vorgeschichte der Bilder oder des Ortes begünstigt. Das zu Heiligenlinde/Ermland ehedem an einer Linde befindliche Gnadenbild hat ein zum Tod verurteilter Verbrecher geschnitzt und sich dadurch das Leben gewissermaßen erkauft. In Marienheide/Rheinland stellte ein Klausner das Bild, das er in Köln auf Grund einer Marienerscheinung gefunden hatte, in die Höhlung eines Baumstamms. Das Gnadenbild zu Niederleyerndorf/Niederbayern hängte ein Handelsmann an einen Baum, der es Regensburger Protestanten abgekauft hatte, deren Kinder er damit hatte spielen sehen. Ebenfalls vor Regensburger Protestanten in Sicherheit gebracht und an einem Baum befestigt wurde das heute in Pfarrkirchen/Niederbayern verehrte Mariengnadenbild.

Hervorstechende Bäume

Die Wahl fällt dabei oft auf Bäume, die im Gemeinwesen schon irgendeine Rolle spielen, sei es, daß sie beherrschende Punkte der Landschaft, Wegemarken an Kreuzwegen oder Wegegabelungen – vor allem der Prozessions- oder Wallfahrtsstraßen –, Malzeichen an Stätten von Freveltaten, Unglücksfällen und anderer merkwürdiger, die Phantasie des Volkes beflügelnder Begebenheiten darstellen, oder daß sie mit irgendeinem Heilbrauchtum in Verbindung stehen. Aus einer Tanne zu Gormund/Kanton Luzern ertönte wiederholt wunderbares Singen und Klingen, verbunden mit eigenartigen Lichtphänomenen; deshalb stellte man dort ein Marienbild auf. Zu Fuchsmühl/Opf. hatte ein Mann auf Grund einer Traumweisung eine Linde an einer Stelle gepflanzt, die ihm zuvor durch geheimnisvolle Lichterscheinungen angezeigt worden war; ein Edelmann, der an dem Baum vorbeiritt, sah an diesem zwei brennende Lichter und veranlaßte seinen Sohn, dort eine Ma-

25 Votivbild in Maria Buchen, um 1850. Das Gnadenbild ist als Maria mit Kind wiedergegeben. Der Maler kannte seine wahre Gestalt vermutlich wegen der Bekleidung der Figur nicht. Fast lebensgroß steht es im Baum. Die Buche ist hier das Signum der Wallfahrt.

Meine Bitte ist erhört worden.

rienkapelle zu errichten. Das Gnadenbild der Waldkapelle Mariä-Frieden in Obernau bei Aschaffenburg/Unterfranken hing ehedem an einem Baum, an dem es zur Sühne für einen an dieser Stelle an einem Marienfest begangenen Totschlag befestigt worden war. (Diebe haben es vor einigen Jahren entwendet; es wurde wiedergefunden, aber erneut gestohlen). In Kronberg/Niederbayern ereigneten sich vor einer Linde, an der Heiligenbilder aufgehängt waren, um 1686 zahlreiche Wunder; man errichtete deshalb daneben eine Kapelle und stellte ein Marienbild hinein. (Das Votivbrauchtum scheint in diesem Falle also älter zu sein als der marianische Kult.) Auf dem Edenberg bei Berchtesgaden brachte 1695 ein Unbekannter ein Marienbild in den Ästen einer Linde an und bekehrte dadurch »das junge Volk, das dort seine leichtsinnigen Spiele getrieben« hatte, zu frommem Eifer.

Zu Weihenlinden/Oberbayern bestand im 16. Jahrhundert ein kleiner Garten, Hunnengärtlein genannt, in dem sich zwei Grabhügel, zwei Linden und eine Martersäule befanden; er stand bei den Bewohnern »in hohem Ansehen«, und jedesmal, wenn er nicht gut verschlossen war, traf die Gemeinde ein Unglück; dies brachte die Leute auf den Gedanken, dieser »hortus conclusus – beschlossene Garten« sei der Muttergottes heilig, weshalb sie ein bereits zuvor verehrtes Madonnenbild dort aufstellten. In Maria-Taferl/Niederösterreich wollte 1633 ein Hirt eine Eiche umhauen, an der ein Kreuzbild befestigt war und bei der beim Flurumgang das Evangelium verlesen zu werden pflegte; er verletzte sich jedoch mehrmals am Bein und mußte schließlich von seinem Vorhaben abstehen; in den dadurch bekanntgewordenen Baum stellte ein Kranker ein Marienbild, worauf er genas.

Marienbäume und heilige Quellen

Zwischen der Verehrung marianischer Baumbilder und Kulten an Quellen besteht oft ein begründender oder einander nachziehender Zusammenhang, so z.B. in Verne bei Paderborn, Benoîte-Vaux bei Pfalzburg/Lothringen. Aufschlußreich ist die Entstehungsgeschichte der Wallfahrt »Unserer Lieben Frau vom Grünen Tal« bei Schlaney/Schlesien: Ein Förster heftet 1830 im Walde ein Marienbild an einen Baum, unter dem kurz darauf eine Quelle entspringt; Augenleidende und Cholerakranke finden Hilfe durch den Gebrauch des Wassers und lassen Votive und Weihegaben am Baum zurück, den man auf Bitten der Bevölkerung verschont, als 1873 der Forst abgeholzt wird. Einem 1471 in Seenot zu Maria betenden Kaufmann befiehlt eine Stimme, er solle die von ihm gelobte Kapelle bei einem Ort in England namens Fernyhalgh/Lancashire an der Stelle errichten, an der er einen Holzapfelbaum mit kernlosen Früchten findet, aus dessen Wurzeln eine Quelle entspringt; er gelangt zu diesem Baum und entdeckt an ihm ein Marienbild. In Cordova/Spanien erscheint Maria einem Mann auf freiem Feld und trägt ihm auf, für seine Frau und seine geistesgestörte Tochter aus einer nahegelegenen Quelle Wasser zu schöpfen, in deren unmittelbarer Nähe unter den Wurzeln eines alten Feigenbaumes ein Marienbild verborgen sei. Die Frauen genesen durch den Gebrauch des Wassers; der Diözesanbischof erhebt das Bild »N. S. de la Fuenta santa«.

Heilbrauch bei Bäumen und Holzreliquien

Durch die Einbeziehung von Bäumen, die zuvor schon in der Volksmedizin oder im Brauchtum eine Rolle gespielt haben, wurden in der Regel diese lokalen Bräuche und Praktiken marianisiert. Die dadurch hervorgerufene äußere Identität hat dazu verleitet, daß die ältere Forschung sehr dazu neigte, bei jedem Baumbildkult eine in die heidnische Vorzeit zurückreichende Kulttradition voraussetzen zu dürfen. In Wirklichkeit aber hat man bei keinem dieser Bäume einen vorchristlichen Kult nachweisen können. Unhaltbar ist auch die oft gehörte Behauptung, die Linde sei der Marienbaum schlechthin. Es gibt, das ersehen wir allein schon aus den o. a. Beispielen, mindestens ebenso viele Marienbäume, die einer anderen Spezies angehören.

Wie Bäume bei Quellen, Kreuzwegen und an anderen »nicht geheueren« Plätzen spielen in der Volksmedizin Absonderlichkeiten eine Rolle, insbesondere solche, die so geartet sind, daß Kranke durch sie hindurchschlüpfen oder -gezogen werden können, um Krankheiten »abzustreifen«. Dies wird man wohl bei den verschiedenen Maria-Drei-Eichen voraussetzen dürfen, wobei allerdings Maria-Drei-Eichen bei Horn/Niederösterreich den Marianisierungsprozeß der jüngeren Kulte dieses Namens beeinflußt haben mag. Dort erhielt 1656 ein Kranker zu wiederholten Malen die Traumweisung, an der Eiche mit dem dreigeteilten Stamm das in seinem Besitz befindliche wächserne Marienbild anzubringen.

Die Heiligkeit des Bildes überträgt sich auf den Baum. Als in der Hitlerzeit auf Anordnung der »linientreuen« Forstverwaltung zwei von den drei Eichen auf der »Licht' Äche« im Zellinger Wald gefällt wurden, wo die Wallfahrer aus Zellingen/Unterfranken bei der Rückkehr von ihrer jährlichen Wallfahrt nach Maria Buchen ihre letzte Rast halten und bei denen ein kleiner marianischer Votivkult besteht, fand sich kein Umwohner bereit, einen dieser Stämme zu ersteigern, obwohl sie gut gewachsen waren. Daß man 1873 in Schlaney/Schlesien den Marienbaum verschonte, haben wir oben bereits gesehen (s. auch unten: Reistenhausen).

In Albendorf/Schlesien wurde ein Blinder sehend, als er versehentlich an die Linde stieß, an der das Gnadenbild hing. Ein aus dem 17. Jahrhundert stammendes italienisches Votivbild zeigt einen Exorzistanten, aus dem drei böse Geister ausfahren, während er mit der Rechten die Eiche berührt, an

26 *Madonnenfigürchen in einer Eiche des Bergwaldes bei Freudenberg am Main 1955.*

der die »Madonna dell' Quercia« (oder »dei Bagni«) befestigt ist. Von dieser »Eiche mit den goldenen Früchten« pflegten die Pilger Rindenstückchen und Blätter als Heilmittel abzuschneiden; trotzdem soll der Baum stets frisch und grün geblieben sein.

Der Brauch, Späne, Schnitzel oder Splitter von den Marienbäumen abzulösen und mit nach Haus zu nehmen, ist weitverbreitet, z. B. bezeugt in Moosbrunn/Baden und Schmolln/Innviertel. Auch die Fatimapilger üben ihn. Den Reliquiencharakter solcher Bäume erkennt Hoppe, wenn er schreibt, der Superior von Barbana/Grado habe 1730 das letzte Stück des Baumes, auf dem sich das Gnadenbild anläßlich einer Überschwemmung niedergelassen hatte, an sich genommen und seine Amtsnachfolger gebeten, »sie möchten diese kostbare Reliquie sorgsam aufbewahren«.

Im 16./17. Jahrhundert schnitzte man vielfach aus dem Holz von Marienbildbäumen Marienbilder (Oeudeghien bei Ath/Belgien, Dornenstrauch; Bouchet bei Rosnay/Frankreich, nach 1567, Eiche; Bonsecours/Belgien, um 1606, Eiche). Sie wurden oftmals wiederum zu Gnadenbildern, zumal wenn sie Kopien des betreffenden Wallfahrtsbildes waren, wie das von Duffel/Belgien (Weide) in Brügge, Deynze, Lierre und Alost und das von Scherpenheuvel-Montaigu/Belgien (Eiche) in Arbois, Bergemon, Abtei Chelles, Gray bei Jussey, Tournin bei Viviers und Montreal/Kanada. Berühmt waren solche Kopien aus Foy bei Dinant/Belgien (Eiche).

Kirchliche Maßnahmen und Einbezug in Kirchen

Die vielfach als abergläubisch angesehene Einstellung des Volkes gegenüber diesen Bäumen hatte zur Folge, daß die kirchlichen Instanzen oft eine Übertragung der Bilder in eine Kirche anordneten. Diese unpopuläre Maßnahme spiegelt sich in den vielen obenerwähnten Sagen von den »wandernden« Bildern, die zum Baum zurückkehren. Oft fällte man auch den Baum, wie z. B. in Neu-Dietmanns bei Wien 1758. Vielfach wurden aber dann die Stümpfe Gegenstände volkstümlicher Bräuche. So glaubte man 1688 in Tattendorf/Niederösterreich die letzten Reste einer bereits fünfzehn Jahre früher gefällten Eiche vernichten zu müssen, die weiterhin eine Anziehungskraft auf das Volk ausgeübt hatte. Auf Veranlassung des Rats von Bieberach hatte man die Marienbuche bei Westernflach umgehauen. Weil die Leute nach wie vor bei dem Stumpf Weihegaben niederlegten, drohte der Rat 1657 strenge Strafen an. In den meisten Fällen wurde jedoch der Entwicklung der marianischen Baumbildkulte durch Errichtung einer Kapelle oder Kirche Rechnung getragen, bisweilen sogar durch Einbeziehung des Baumes in den Kirchenraum. In Nanteuil bei Montrichard soll dies bereits vor dem 12. Jahrhundert geschehen sein, und zwar mittels einer Doppelkapelle, die mit ihrem unteren Teil den Stamm, mit dem oberen aber die Äste der Eiche aufgenommen habe. Um den uralten Baum in Heilige Linde bei Rosenberg/Oberschlesien wurde eine Holzkapelle in Form einer blühenden Lilie oder fünfblättrigen Rose errichtet. Die 900jährige Eiche zu Allouville/Frankreich ist seit 1696 von einer Marienkapelle umschlossen. Im 17./18. Jahrhundert nahm man den Einbau nicht selten so vor, daß die Wipfel der Bäume durch das Dach der Kirchen hinausragten, so auf dem Welschenberg bei Mühlheim an der Donau (1652), in Maria Buch bei Neresheim (1663), Maria Eich bei Planegg/Oberbayern (1745).

In Maria Birnbaum bei Aichach/Oberbayern steht der alte Birnbaum hinter dem Hochaltar der 1661 erbauten Rundkirche, in Deruta/Italien die Eiche hinter dem 1687 erstellten Hochaltar. In Klein-Maria-Dreieichen bei Groß/Niederösterreich ist der Stumpf der 1866 ausgebrannten Eiche so in den Altar hineinkomponiert, daß das Gnadenbild unter dem aus dem mittleren der drei Stämme geschnitzten Kreuz zu stehen kam. In Höchstberg/Württemberg umschloß der untere Teil des alten Nußbaums auf dem Altar das Gnadenbild (urkundl. 1463: »Im Nußbaum«; im 2. Weltkrieg zerstört). In Triberg/Schwarzwald steht das Gnadenbild in einem Stumpf der Tanne auf dem Hochaltar der 1700 bis 1716 errichteten Wallfahrtskirche. In Maria Dreieichen bei Horn/Niederösterreich (s. o.) befindet sich ein Rest des Baumstamms in einer verschlossenen Nische hinter dem Hochaltar. Unter der Mensa des Gnadenaltars zu Maria Zell und unter dem Hauptaltar der Wallfahrtskirche zu Röllbach/Unterfranken liegen die Baumstrünke, an denen die Gnadenbilder dieser Wallfahrten ursprünglich angebracht waren.

Als man die Kapelle auf dem Welschenberg bei Mühlheim/Donau (s. o.) 1756 neuerrichtete, versah man den Baum mit silbernen und goldenen Früchten und Blättern und stützte seine Äste mit vier marmorsäulen. Nach dem Brand des Hochaltars von Maria Taferl/Niederösterreich 1755 ersetzte man den in Mitleidenschaft gezogenen Baum durch ein künstliches Gebilde aus Kupfer und Silberblech. Wenn allerdings andernorts im 18. und 19. Jahrhundert Kultbäume mit Brettern verschalt (Maria Eich bei Planegg), mit Eisen (Krzeschitz/Böhmen) oder mit Blech beschlagen wurden (die zu einem Kreuz umgestaltete Tanne auf den Schönenberg bei Ellwangen/Jagst), »um sie vor dem Übereifer der Wallfahrer zu schützen«, so geschah dies sicher aus aufklärerischen Tendenzen heraus.

Eingewachsene Bilder und Maria Buchen

Auffällig ist, daß sich in Maria Buchen keine (dingliche) Spur des Baumes erhalten hat und daß die Ursprungssage ihn nicht erwähnt, nachdem sie das Bild entdeckt sein läßt. Das kann verschiedene Ursachen haben: Vielleicht hatte der erste Legendenaufzeichner, Valentin Leucht, theologische Bedenken, auf Bräuche hinzuweisen, die mit dem Baum zu tun hatten; vielleicht erschien es ihm nicht nötig, solche zu

27/28 Marienbuche bei Collenberg am Main, Ortsteil Reistenhausen, Zustand 1962.

erwähnen, da sie andernorts in gleicher Form üblich waren; vielleicht war der Baum zu seiner Zeit auch schon »aufgebraucht«; vielleicht hat es ihn nie gegeben, jedenfalls nicht in der Kirche.

Daß man die Buche gänzlich unbeachtet gelassen hätte, wenn man das Bild tatsächlich *in* ihr gefunden

hätte, ist kaum anzunehmen. Daß die Auffindung *im* Baum durchaus möglich gewesen wäre, beweisen Fälle aus der Gegenwart: Unweit der Freudenburg bei Freudenberg am Main steht eine Marienstatuette in der künstlichen oder natürlichen Höhlung einer Eiche; sie war 1955 bereits so fest eingewachsen, daß sie nicht mehr herausgenommen werden konnte. Der Stamm der »Marienbuche« im nahen Reistenhausen ist so dick, daß ihn zwei Männer nicht umspannen können. Ein irdenes Bild der Muttergottes mit dem Kind, etwa 25 cm hoch, ist in den Stamm hineingewachsen. Max Walter wurde 1962 berichtet, es sei schon das dritte Bild, das in dem Baum gestanden habe; seine zwei Vorgänger seien in den hohlen Stamm hineingefallen; die Holzhauer weigerten sich, den Baum zu fällen (Walter-Archiv).

Am Ende des Stationsweges von der Stadt Amberg in der Oberpfalz zum berühmten Mariahilfberg steht eine mächtige Linde, in die eine Marienstatue eingewachsen ist. Eine Schrifttafel erinnert daran, daß dieses kultische Nebenmotiv der Wallfahrt 1925 von »frecher Bubenhand« geschändet, aber durch edle Stifter wieder erneuert wurde.

Die *offizielle* Bezeichnung unseres Wallfahrtsortes ist heute »Maria Buchen«; doch nicht nur das Landvolk spricht seit Jahrhunderten bloß von der »Buchen«: man geht, man wallt »zur Buche«, spricht von »drauß in der Buch«. Laurentius Lemmer schrieb schon 1687 von der Wallfahrt »zur Buchen bei Lohr« (S. 221) und 1722 wird die fürstbischöfliche Jägerswitwe Elisabeth Schirmerin als »bei der Buche« wohnhaft genannt (Barthels, S. 17), wie auch die übrigen Archivalien jene ersten Nebengebäulichkeiten der Kirche »Buchenhaus« nennen, die Kapellenrechnungen vom 17. bis ins 19. Jahrhundert »Buchwallfahrtrechnung« oder »zur Buchen Wallfahrt« hießen, deren Kassenführer aber »Buchenpfleger«. 1803 noch ist von der »Buchenkirchen« die Rede, während es in den Rechnungen selbst Maria-Buchen heißt (KR) – Sollten diese Bezeichnungen nur darauf zurückzuführen sein, daß die Kapelle in einem Waldabteil dieses Namens errichtet wurde? Das ist doch kaum anzunehmen. Der Kult des Bildes muß den Ausschlag für die Erbauung der Kapelle gegeben haben, nicht umgekehrt. Und wo soll denn das Bild mitten im Wald zuerst verehrt worden sein, wenn nicht an einem Baum!

»Maria im Baum« erweist sich zu allen Zeiten als ein schlichtes, aber zugkräftiges Motiv volksfrommer Andacht, wobei die Häufigkeit des marianischen gegenüber anderen hagiographischen Themen damit zusammenhängen mag, daß Maria, die Mutter, Patronin in allen Anliegen ist, wohingegen die anderen Heiligen in ihrer Zuständigkeit meist auf bestimmte Leiden und Nöte spezialisiert sind.

Hans Dünninger

NEUSTADT (KNA) — Ein gußeisernes Madonnenbild fand ein Bauer im oberpfälzischen Friedersreuth im Landkreis Neustadt/Waldnaab, als er einen Ahornbaum zersägen wollte. Als das Sägeblatt plötzlich auf Eisen stieß, kamen nach und nach die Teile eines 42 cm hohen Marienbildes zum Vorschein, das im Laufe der Jahre vom Stamm des Baumes überwachsen worden und in sieben Stücke zerbrochen war. Man schätzt, daß das Bild um die Jahrhundertwende an den Ahorn genagelt worden ist.

Zeitungsmeldung vom 28. 9. 1978

29 *Stark vergrößerter Ausschnitt aus dem kleinen Andachtsbild des 19. Jh. (Abb. 17).*

Das Judenmotiv
Frevelsagen in Franken und ihre Entstehung

Von den zahlreichen fränkischen Kultstätten, die im Verlauf der Geschichte einmal Wallfahrtsorte waren oder noch sind, werden vier in ihrer Ursprungslegende auf einen Judenfrevel zurückgeführt. Die Wallfahrten nach Röttingen, Iphofen und Lauda sind heute nur noch von örtlicher Bedeutung und auf wenige Tage im Kirchenjahr (Fronleichnamsoktav) beschränkt. Maria Buchen blieb einer der größeren Wallfahrtsorte der Diözese Würzburg.

Die Entstehungslegenden dieser vier Wallfahrten, deren Ursprünge in der mittelalterlichen Vorstellungswelt zu suchen sind, gehörten als Erzähltypen durch Jahrhunderte hindurch zur gängigen Exempelliteratur christlicher Predigt und Katechese. Den »Judenfrevel« hat man geglaubt und Gläubigen wie Ungläubigen als mahnendes Beispiel vor Augen gehalten, sobald er nur aktualisiert erschien an einem bestimmten Ort. Über die tatsächlichen Hintergründe dieser Wandersagen und ihre örtlichen Ausformungen können wir nur Theorien aufstellen, ihre jeweiligen Entstehungsursachen bleiben meist im Dunkel der Geschichte.

Anders steht es mit der von der bischöflichen Behörde Würzburg niemals erlaubten, wenn auch zeitweise geduldeten Wallfahrt zum »Euerfelder Michelein«. Dieser Frevelbericht wird deshalb in unserem Zusammenhang nur erwähnt, ohne daß seine Hintergründe aufgezeigt werden sollen, wenngleich auch für diese Legende ein handfester Antisemitismus förderndes Moment war. Der im Jahre 1692 am Ostersonntag vorgefallene mögliche Sexualmord an dem dreijährigen Johann Michael Estenfelder wurde von der Bevölkerung und wohl auch vom Ortspfarrer Förtsch als jüdischer Ritualmord eingeschätzt, das kleine Kind als Märtyrer verehrt und seiner Fürbitte Wunderkraft zugeschrieben, die sich auch in Votivtafeln niederschlug. Das Würzburger Domkapitel aber hat diese Verehrung nie sanktioniert und war von der These des jüdischen Verbrechens nie zu überzeugen. Nach Hans Dünninger hat daher dieser Kult zwar »bis gegen Ende des 18. Jahrhunderts angedauert ... ist aber dann wohl von selbst eingeschlafen« (I, S. 106 f.).

Drei der vier anderen Kultstätten, nämlich Röttingen, Iphofen und Lauda an der Tauber, sind anerkannte Heilig-Blut-Wallfahrtsorte gewesen. Ihr Ursprung wird in den Legenden als Folge von Hostienfreveln beschrieben, die hier jedesmal Juden zugeschrieben wurden. Zeitlich weisen die drei Frevelberichte in das ausgehende 13. Jahrhundert (Datierungen zwischen 1288 und 1299, 1202 für Iphofen sind wohl eindeutig als Irrtum zu betrachten) und sind ihrer Intention und Ausformung nach beinahe deckungsgleich. Von Juden irregeleitete Christen stehlen Hostien, verkaufen sie an die Juden, diese martern das Sakrament. An den verletzten Stellen zeigt sich das Heilige Blut, die Täter wollen die Wunderzeugnisse beseitigen, und auf wunderbare Weise macht sich der »sakramentale Herr« bemerkbar, z.B. durch Leuchten oder durch Verfärben des Flußwassers. Auch die Juden werden durch wunderbare Zeichen dingfest gemacht. Es erscheinen Lichtzeichen über ihren Häusern. Christen bergen die Hostien, bestrafen die Frevler und errichten am Ort des Geschehens Kirchen. In diesen Kirchen geschehen weitere Wunderzeichen, die dem eucharistischen Herrn zugeschrieben werden.

Anders als bei diesen drei Wallfahrten ist das eucharistische Moment in Maria Buchen nicht vorhanden. Hier richtet sich der Judenfrevel in erster Linie gegen die Gottesmutter. Zwar heißt es in der Ursprungslegende, daß der Jude Spott und Lästerungen gegen »Christum und Mariam« (vgl. Leucht, M. v. Cochem) richtete, aber in der Tradition des Ortes ist die Schmerzensmutter Merkmal und Mittelpunkt der Wallfahrt.

Historische Einordnungsversuche zu Iphofen, Röttingen, Lauda

Bei den drei Hostienfrevelberichten gelingt eine Datierung relativ genau. Wir kennen aus dem Nürnberger Memorbuch, das im Jahre 1296 von Isak ben Samuel aus Meiningen angelegt wurde, umfangreiche Verfolgungslisten. Die jüdischen Gemeindemitglieder gedachten ihrer verstorbenen Mitbrüder im Gebet. Mit Hilfe dieser Angaben können wir den Zeitpunkt der angeblichen Judenfrevel verhältnismäßig exakt festlegen.

Nach dem Nürnberger Totengedächtnisbuch wurden am 24. Juni 1298 die Juden in Iphofen verfolgt. Im Martyrologium werden für diesen Tag 25 Opfer der Verfolgung gezählt (Salfeld, S. 167f.). Ignatius Gropp, der Würzburger Geschichtsschreiber aus dem 18. Jahrhundert, datiert das Geschehen »um das Jahr 1294« (Himmelstein, S. 178f.). Andere Quellen nennen das Jahr 1297 (Schreiber, S. 52). Man darf wohl annehmen, daß mehr die Zeit gegen das Ende des Jahrzehnts für die Legendenbildung in Frage kommt als das relativ frühe Jahr 1294, andererseits könnte die lange Zeit der Inkubation des Gerüchts (vier Jahre bis zur Verfolgung) zur Verdichtung beigetragen haben. Das der Legende zugrundeliegende Frevelmotiv muß jedenfalls in engem Zusammenhang mit der Judenverfolgung des Jahres 1298 in Iphofen gesehen werden (Browe, S. 85). Weitere Judenverfolgungen in Iphofen haben die Chronisten des Nürnberger Memorbuches für die Jahre 1336 und 1349 verzeichnet (Salfeld, S. 237, 281).

Den 20. April 1298 weist das Nürnberger Totenbuch als Tag der Judenverfolgung in Röttingen aus (Salfeld, S. 164). 21 Opfer werden namentlich beklagt. In diesem Jahr war ein Adeliger namens Rindfleisch ausgezogen und begann mit einer großen Hetztirade gegen die jüdischen Mitbewohner zu

Felde zu ziehen. Das ganze Frankenland wurde von seiner Kampagne erfaßt (Freudinger, S. 17ff.).

Der Hostienfrevel wird in Röttingen selbst auf einer bildlichen Darstellung des Geschehens in der dortigen Kirche in das Jahr 1288 verlegt. Gropp macht das Jahr 1299 als Freveljahr der Röttinger Juden geltend, setzt ihn also nach der Rindfleischverfolgung an. Diese Datierung dürfte auf einem Irrtum beruhen, weil, wie noch zu zeigen sein wird, die von Gropp angegebene Judenverfolgung im Jahr 1299 mit der vom Jahr 1298 identisch ist, d. h. daß 1299 überhaupt keine Verfolgung stattgefunden hat. Browe zitiert Röttingen mit 1298 und stützt sich dabei auf den Regensburger Chronisten Eberhard (Browe, S. 131, 135, 141). Diese Datierung scheint im Hinblick auf das allgemeine Geschehen in diesem Jahr wahrscheinlich und läge damit im gleichen Jahr wie Iphofen. Dieses Nebeneinander in zwei Nachbarstädten macht auch die Rolle der allgemeinen Stimmung bei der Entstehung von Frevelsagen deutlich. – Weitere Judenverfolgungen in Röttingen sind für die Jahre 1336 und 1343 anzugeben (Salfeld, S. 237; 219, 277).

Schon sehr bald war auch Lauda als Ort von Judenverfolgungen in das Nürnberger Gedächtnisbuch eingegangen. Am 1. und 2. Januar 1235 werden sieben »Gerechte« beklagt, deren »Gebeine unter harten Qualen und furchtbarem Tode auf den Rädern zermalmt wurden« (Salfeld, S. 121f.). Ihnen wurde ein Ritualmord nachgesagt. Von einem Hostienfrevel aus dieser Zeit wissen wir nichts. Aber auch 1298 werden in Lauda die Juden von den Horden Rindfleischs verfolgt, und das Nürnberger Memoriale nennt die Namen der Opfer (Salfeld, S. 200). Gropp berichtet – wie in Röttingen – vom Hostienfrevel in Lauda und nennt das Jahr 1299 (Himmelstein, S. 180). Es liegt nahe, daß auch hier das Jahr 1298 als Entstehungsjahr gelten muß. Damit konzentrieren sich die drei fränkischen Frevelerzählungen in ihrer Entstehung auf die Zeit der Rindfleischbewegung, deren Initiator ein fanatischer Gegner der Juden war und den Anspruch erhob, er sei von Gott gesandt mit dem Auftrag, diese Erzfeinde des Christentums zu vertilgen. Himmelstein schreibt: »Sein Anhang wuchs mit jedem Tag ... die Räuberhorden (fielen) über die Juden her, töteten sie, verbrannten sie, und viele der Unglücklichen übergaben selbst sich und ihre Familien und ihre Habe den Flammen« (S. 177f.) – In Lauda fanden später noch in den Jahren 1337 und 1349 Judenverfolgungen statt (Salfeld, S. 238, 281).

Der Antisemitismus des Hochmittelalters

Die angeführten fränkischen Judenverfolgungen im Hoch- und Spätmittelalter zeigen, in welch schwieriger Situation sich die Juden im Hochstift Würzburg und darüber hinaus in der gesamten damaligen Welt befanden. Mit dem Aufkommen der Kreuzzüge und dem Willen, die Ursprungsstätten der

Christenheit aus der Hand der Heiden zu befreien, wurde gleichzeitig der Judenhaß geschürt. Es sind Urteile über die Juden überliefert, die deutlich machen, wie konsequent christliche Prediger auf die Verächtlichmachung der Juden hinarbeiten. In einer legendären Vita wird dem Bischof Gezo von Pavia aus dem 10. Jahrhundert zugeschrieben, er habe gesagt, die Juden, »diese verworfensten und verdorbensten aller Menschen gehen nur darauf aus, die Sakramente herunterzuziehen und den Preis unserer Erlösung zu entweihen« (Browe, S. 129). Von dem bedeutenden Abt Petrus Venerabilis aus Cluny ist folgender Text überliefert: » Ich verlange nicht, daß die Menschen (= Juden), auf denen der Fluch lastet, dem Tod preisgegeben werden ... Gott will nicht, daß sie ausgerottet werden: sie sollen vielmehr, gleich dem Brudermörder Kain, zu großen Qualen und zu großer Schmach fortexistieren, damit das Leben ihnen bitterer werde als der Tod ...« (Hruby, S. 294).

Schließlich sei noch eine jüdische Quelle zitiert. Der jüdische Chronist Salomo bar Simeon aus Mainz schrieb 1140 über die Intention der Teilnehmer des ersten Kreuzzuges im Jahre 1096; er läßt einen Christen sagen: »Sehet, wir ziehen den weiten Weg, um die Grabstätte (Christi) aufzusuchen und uns an den Ismaeliten (= Mohammedanern) zu rächen, und siehe, hier wohnen unter uns die Juden, deren Väter ihn (Jesus) umgebracht und gekreuzigt haben! So lasset uns zuerst an ihnen Rache nehmen und sie austilgen unter den Völkern, daß der Name Israel nicht mehr genannt werde; oder sie sollen unseresgleichen werden und sich zu unserem Glauben bekennen« (Neubauer/Stern, S. 82f.).

Man muß sich bewußt machen, unter welchen Bedingungen Juden in der damaligen Christenwelt lebten. Ihre Rechtsstellung war von besonderer Qualität. Im Mainzer Reichslandfrieden von 1103 nennt Kaiser Heinrich IV. erstmals die Juden (neben Klerikern, Frauen und Kaufleuten) als besonders schutzbedürftige Personen. Diese Personengruppen waren waffenunfähig und deshalb in einer minderen rechtlichen und sozialen Stellung, waren Unfreie, Knechte und in vollständiger Abhängigkeit von ihrem Herrn. 1236 nennt Kaiser Friedrich II. alle deutschen Juden »seine Knechte« (servi camerae nostrae). Mit dieser neuen Rechtsinstitution verbindet die kaiserliche Kanzlei eine persönliche und wirtschaftliche Abhängigkeit. Im 14. Jahrhundert wird schließlich die Kopfsteuer für die Juden eingeführt »und unter der Fürstenwillkür in den deutschen Territorien wird die Kammerknechtschaft faktisch zur persönlichen Unfreiheit« (Kampmann, S. 20ff). Einen informatorischen Überblick über die problembeladene Beziehung zu den Christen bietet der Ausstellungskatalog »Judentum im Mittelalter« (Schloß Halbturn 1978).

In zunehmendem Maße wurden die Juden Geächtete und Ausgestoßene, deren Dasein nach dem Verständnis der Christen mit nichts anderem erfüllt sein konnte als mit Buße und Genugtuung für den Tod Christi. Es ist klar, daß in einer solchen Zeit »die Reizschwelle« des Antisemitismus sehr niedrig lag. Es bedurfte nur der Initiative eines Anführers, und schon standen »Volksheere« bereit, um auszuziehen gegen die »Herrenmörder«. Im Würzburger Hochstift wissen wir von drei großen Judenverfolgungen, die durch solche Initiativen ausgelöst wurden.

Die vier Würzburger Judenverfolgungen zwischen 1147 und 1348

Über die Judenverfolgung von 1147 schreibt Himmelstein: »Ohne Beruf und Auftrag erhob sich ein gewisser Mönch Radulph als Kreuzprediger, welcher in den Rheinstädten ... durch seine Reden großen Eindruck machte. Er wollte aber nicht nur die Ungläubigen im Morgenlande bekämpft, sondern auch und vor allem die Christenfeinde (die Juden) im Abendland vertilgt wissen« (S. 196). Radulph soll auch in Würzburg gewesen sein. Ein toter Christ, der im Main gefunden wurde, löste schließlich eine wilde Verfolgung aus, der zahlreiche Juden in der Stadt zum Opfer fielen. Zwar wandte sich der heilige Bernhard von Clairvaux, der berühmte Kreuzzugsprediger, gegen diese Verfolgungswelle, aber die Saat des Radulph war aufgegangen und trieb schlimme Frucht.

1298 war es der fränkische Adelige Rindfleisch, der das einfache Volk aufbrachte gegen die Juden. Er soll seinen Feldzug in Röttingen begonnen haben und trug seinen Haß weit über die Grenzen des Hochstiftes hinaus ins deutsche Land. Diese Verfolgungen des Jahres 1298 sind, wie wir gesehen haben, im Nürnberger Memoriale verzeichnet. – Anders steht es mit der Verfolgung des Jahres 1299, die nach Himmelstein (S. 179) ihren Ausgang in Röttingen genommen haben soll. Als Gewährsmann nennt er Gropp. Das Nürnberger Gedächtnisbuch belegt für das Jahr 1299 keine Verfolgung. Auch in den »Monumenta Judaica« aus dem Jahre 1964 ist für 1299 kein Pogrom belegt. Allerdings nennt Hermann Hoffmann (S. 91) im Jahre 1953 beide Jahreszahlen und spricht von »älteren, größeren Verfolgungen«. Bedenklich stimmt jedenfalls, daß König Albrecht am 17. November 1298 von Nürnberg aus einen Landfrieden zur Abschreckung vor weiteren Überfällen auf die Juden verkündete (Caro, S. 200ff.). Er verhängte große Geldstrafen über Gemeinden, die an Pogromen beteiligt waren, und es scheint unwahrscheinlich, daß binnen Jahresfrist die Bürger der nämlichen Gemeinden erneut die Judenverfolgung aufnahmen, zumal zum Beispiel in Würzburg 1298 etwa 900 Juden umgebracht worden waren. Insgesamt wurden 146 Judengemeinden von der Verfolgung betroffen, unter anderen auch die in Karlstadt, Rieneck, Hammelburg, Gemünden, Lohr und Arnstein, wo 1298 also überall Juden in größerer Zahl gelebt haben müssen (Salfeld, S. 232). Im 14. Jahrhundert folgten zwei weitere Pogrome.

Die Quellen berichten: »In Franken, und zwar in der Gegend von Tauberbischofsheim, haben die Bauern sich einen König mit Namen Armleder erwählt und sind in großer Zahl, zumeist zu Fuß, die wenigsten zu Pferd, gegen Dörfer und Städte gezogen und haben dort alle Juden niedergemacht. Zuerst töteten sie alle in Kitzingen, in Ochsenfurt, in Aub, in Mergentheim und in weiteren vier Städten. Sie waren auch vor der Stadt Würzburg, hier freilich ohne Erfolg. Dreimal belagerten sie vergeblich Tauberbischofsheim, dort war man jedoch vorbereitet. Im ganzen sollen 1500 Juden umgekommen sein, wie man glaubhaft versichere. Selbst jenseits des Rheins fürchtete man König Armleder: In Trier rüsten Bischof, Grafen, Adel, Bürger und Juden täglich gegen ihn und sein Heer in der Furcht, er könne den Rhein überschreiten, wenn man sich nicht vorsehe« (Arnold, S. 35f.). Von einem Zeitgenossen »König Armleders« ist uns diese Beschreibung überkommen.

Klaus Arnold hat ihn in seinem 1974 erschienenen Aufsatz »Die Armledererhebung in Franken 1336« identifiziert. Sein Grab befindet sich in der Kirche zu Uissigheim im Taubertal und hat folgende Aufschrift: »Im Jahre des Herrn 1336 am 14. November starb durch das Schwert der selige Arnold der Junge Ritter von Uissigheim.« (Arnold, S. 52) Über ihn berichtet der Kärntner Zisterzienserabt Johannes von Viktring (* 1345): »Arnoldus: Dieser sei in Ostfranken gegen Juden und Christen vorgegangen, daraufhin gefangengenommen und enthauptet worden. Begraben wurde er in heimischer Erde bei Külsheim im Mainzer Territorium. Sein Grabstein soll dank seiner Verdienste um den Glauben durch viele Wunder berühmt sein« (Arnold, S. 51).

Armleder starb also bereits im ersten Jahr der Verfolgung. Seine Bauernhorden, die auch »Judenschläger« genannt wurden, zogen aber noch drei Jahre lang durch viele Städte und Dörfer und ermordeten jeden Juden, der ihnen zu Gesicht kam. Häufig sperrten sich der Rat der Städte und deren herrschende Oberschicht, die ein Interesse daran hatten, die Juden zu schützen, jedoch die »gemeinen burgere«, »die unteren Schichten der Bevölkerung also, ... sympathisierten mit den Heranziehenden, setzten sich in Besitz der Schlüssel zu den Toren und öffneten sie den Scharen Armleders« (Arnold, S. 47). In vielen Städten auch jenseits der Grenzen des Hochstifts wurden die Juden das Opfer des ihnen feindlich gesonnenen »gepovels«, wie der Würzburger Geschichtsschreiber Lorenz Fries die aufständischen Landleute bezeichnete (Fries, S. 621).

Kaum zehn Jahre waren seit den Judenpogromen unter »König Armleder« und seinen Nachfolgern ins Land gegangen, da wurden die Juden erneut das Opfer einer umfassenden Verfolgung. Die Pest wütete in weiten Teilen Europas. Eilfertig hatte man Sündenböcke oder gar Verursacher bei der Hand. Lorenz Fries schreibt in seiner Würzburger Chronik: »Da man tzalt (zählt) nach Christi geburt 1348 jare, sein vil Juden in deutschen landen mit urthail und recht verbrennt und sunst umbracht worden, darumb das sie den Christen hin und wider ire bronnen vergiftet hatten ...« (Fries, S. 637). Die Juden waren es also gewesen, die nach der allgemeinen Erkenntnis die Pest über Europa brachten. Das »gemayne volck« reagierte mit Lynchjustiz: »wä man sy (die Juden) ankam, das man sy ob sich niemand an ynen verwürcken kund. Soellich funemen gieng gemanlich on alles verschonen durch teutsch und welsch land« (Engel, S. 109). Nach den Angaben bei Salfeld dauerte die Judenverfolgung im Bistum Würzburg vom 28. März bis 30. September 1349 (S. 249).

Bürgermeister und Rat der Stadt Würzburg führten in den Jahren 1348/49 zur Frage der Brunnenvergiftungen durch die Juden eine sehr umfassende Korrespondenz mit anderen deutschen Städten (Hoffmann, S. 98ff.). War auch der Rat bemüht, die Juden nicht in Bausch und Bogen zu verurteilen, so sahen diese dennoch im Jahre 1349 keine Aussicht mehr auf Rettung. Ein späterer Chronist beschreibt ihre Situation wie folgt: »Wie nun die juden, so sych der zeyt in der Stadt Wurtzburg enthalten wärend, sahend, das kayn anders vor handen, dann das man sy jetzund auch angreiffen und hinrichten würd, thetend sy erstlich all ier barschaft und klaynet an haymliche, verborgene ort oder end in das ertrich vergraben, darnach wärend sy alle iere thüren an den heusern vestegklich verrigeln und versperren, auch volgentz sich selber, iere weyb und kynder sampt den heusern gar und gantz mit aynander verprennen« (Engel, S. 109). Zwar hatte die Pest noch gar nicht Würzburg erreicht (Hoffmann, S. 111), aber das Judenviertel, der heutige Markt, war zerstört, die Besitzungen der Juden fielen dem Hochstift zu. An der Stelle der Synagoge wurde eine Marienkapelle errichtet. Lange Zeit hat man diesen Kapellenbau als Sühneleistung der Würzburger Bürger interpretiert. Diese Widmung ist jedoch falsch. Hans Dünninger (I, S. 145) weist nach, wie Marienkirchen, die an Stelle der alten Synagogen errichtet werden, die Gottesmutter darauf aufmerksam machen sollten, daß man ihr Volk, das ihrem Sohn so große Schmach angetan habe, aus dieser Stadt verbannte. 1377 legte Bischof Gerhard von Schwarzburg den Grundstein zu dem noch heute stehenden Bau am Markt, dessen Sakristei als Relikt der ursprünglichen Kapelle gilt.

Die Lage der Würzburger Hochstiftsjuden und die Anfänge der Kirche Maria Buchen

Der Vorwurf der Brunnenvergiftung und die daraus resultierende Neigung zu Verfolgungsmaßnahmen taucht in vielen Städten in den folgenden Jahren immer wieder auf. »Judenprobleme« waren der Gegenstand ungezählter Ratssitzungen. Aber auch die Domkapitel und nicht zuletzt kirchliche Synoden und das Konzil zu Basel (1431–1437) widmeten sich

30 Wiedergabe des Bildes auf der einstigen Legendentafel des 18. und 19. Jahrhunderts nach einer früheren Postkarte.

der Judenfrage. Immer wieder kam es zu örtlichen Verfolgungen.

Die zeitliche Festlegung des Frevelberichtes von Maria Buchen fällt ungleich schwerer als bei den übrigen Orten mit Judensagen. Im Nürnberger Memoriale sind weder Maria Buchen noch das zuständige Pfarrdorf Steinfeld verzeichnet. Die heutige Legendenfassung taucht – wie in einem vorausgegangenen Kapitel gezeigt worden ist – erstmals am Ende des 16. Jahrhunderts bei Valentin Leucht auf, der zu der Zeit, als er sein »Miracula S. Imaginum« schrieb, bereits als Domscholaster in Frankfurt wirkte. In den Jahren 1574 bis 1576 lehrte er in der Benediktinerabtei Neustadt. Diese war zuständig für die seelsorgliche Betreuung des Wallfahrtsortes, der zu ihrem Pfarrdorf Steinfeld gehörte. Leucht datiert das Ursprungswunder im ausgehenden 14. Jahrhundert, was oben durch die kunsthistorischen Überlegungen zum Gnadenbild gestützt wird. Jedenfalls nennt das Weistumsverzeichnis der Gemeinde Sendelbach aus dem Jahre 1494 die Kapelle und spricht von ihren Besitzungen. Der Würzburger Bischof Johann II. von Brunn erließ den ersten Ablaßbrief für die Marienkapelle zu Buchen im Jahre 1430/34, hat also den Kirchbau für das Gnadenbild sanktioniert, von dessen Legende wir allerdings nicht wissen, ob sie von Beginn an mit dem Judenmotiv behaftet war.

Johann II. von Brunn hatte dem Domkapitel anläßlich seiner Wahl zum Bischof im Jahre 1411 große Zugeständnisse eingeräumt. Im Umgang mit seinen Gegnern und bei der Erhebung und Eintreibung von neuen Steuern war er nicht zimperlich. Am 3. September 1422 gestattete König Sigmund die Einführung einer besonderen Judensteuer auf die Zeit von zehn Jahren. Die sich aus diesem Privileg ergebende Aktion beschreibt der Würzburger Geschichtsschreiber Lorenz Fries: »In demselbigen 1422 jahr hat Bischoff Johannes die Juden zu Wirtzburg und sonst allenthalben im Stifft uf einen tag gefangen, geschätzt, und wie man sagt, in die 60 000 fl. von ihnen bracht; welche summa ihme allein zu halben theil zum guten kommen ist, das übrige theilten seine Hansen unter sich. Die Juden erboten sich Bischoff Johanneßes 50 000 fl. zu ablösung der verpfändeten schlösser und städte auch ämter zu geben, ehe sie gefangen wurden, aber seine Finantzer verhinderten das, denn ihnen solches mehr ertruge« (S. 701).

Die Judenschatzung von 1422 zeigt die materielle Abhängigkeit, in die die Juden durch ihre mindere Rechtsstellung gelangt waren. Aber auch die geistige Unfreiheit war bedrückend. 1179 hatte das 3. Laterankonzil sich genötigt gesehen, die Juden durch einen Konzilsbeschluß vor der Zwangstaufe zu schützen und ihnen das Recht eines ungestörten Gottesdienstes zu verbriefen. 1215 beschloß das 4. Laterankonzil eine Kleiderordnung für die Juden, damit diese äußerlich kenntlich gemacht und so von der christlichen Umwelt getrennt würden (gelber, spitzer Judenhut). Im Jahre 1434 »ordnete das Konzil von Basel an, daß die Bischöfe mehrmals im Jahr den Juden den christlichen Glauben verkündigen lassen sollten. Alle Juden sollten unter Strafe gezwungen sein, diese Predigten anzuhören« (Jedin, III/2, S. 727). An diesem Konzil konnte Johann von Brunn persönlich nicht teilnehmen, denn er war nicht in der Lage die Reisekosten aufzubringen, zum anderen war er mit Streitigkeiten im Hochstift beschäftigt, zu denen das Konzil als Schiedsrichter gehört wurde. Die Juden blieben beständig ein Thema der geistigen und wirtschaftlichen Auseinandersetzungen. Als Rand- und Außenseitergruppe konnte ihnen die Verantwortung für nahezu jedes Mißgeschick in die Schuhe geschoben werden.

Über örtliche Quellen, die uns Hinweise auf Juden im Umkreis von Maria Buchen geben, verfügen wir leider nicht. Im Lohrer Stadtarchiv sucht man vergeblich nach Zeugnissen, die für das Mittelalter eine jüdische Gemeinde in Lohr ausweisen. Das älteste Dokument über Juden in Lohr ist der Hinweis auf die Verfolgung im Nürnberger Memoriale aus dem Jahre 1298 (Salfeld, S. 232). Einen weiteren Hinweis auf die Existenz von Juden in Lohr muß man wohl in der Ungeldverordnung vom 5. April 1331 sehen, Hönlein gibt den Text der Urkunde wie folgt wieder: »So haben wir gesetzt und gemacht, daß daran festgehalten werde, daß niemand zu Lohr, Mann oder Frau, wie man sie auch nennen mag, Burgmann, Jude oder Christ Wein, Bier oder Meth schenken oder einen anderen heißen soll, zu schenken, derselbe solle, bevor er das Faß anstich, zu dem Ungeldeinnehmer gehn, welcher derzeit darüber gesetzt ist, und soll diesem Ungelder ein gutes Pfand, soviel man einem Juden oder Christen abverlangen mag, einlegen und geben.« Stein (S. 130), der in dieser Stelle als erster einen Hinweis auf die in Lohr existierenden Schutzjuden erkannte, hat keine weiteren Informationen über Juden in Lohr verarbeitet.

Judenzwist im 16. Jahrhundert und die älteste Legendenfassung

Erst mit dem Aussterben der Rienecker und der Übernahme Lohrs durch Kurmainz wird das Judenproblem in Lohr wieder quellenmäßig greifbar. Hönlein berichtet von Privilegien, die Kurfürst Daniel am 3. Oktober 1599 den Lohrern (mündlich) bestätigt habe, nämlich, daß sie nach den Bestimmungen der Augsburger Konfession ihren reformatorischen Glauben behalten dürften und daß Lohr keine Schutzjuden aufzunehmen brauche. Hönlein stellt dann lapidar fest, Kurfürst Daniel habe sich an seine Zusagen gehalten. Dies allerdings muß bezweifelt werden. Schott (S. 67) bezeichnet diese Aussage sogar als unrichtig. Einleuchtend scheint, daß das 1558 von Kaiser Ferdinand dem Kurfürsten Daniel eingeräumte und 1561 in Lohr veröffentlichte Privileg über die Vertragsfähigkeit von Juden als Hinweis auf die Existenz von Juden in Lohr zu werten ist. Juden durften ohne Zustimmung des Fürsten keine Verträge abschließen und ihre Schuldner bei den kaiserlichen Hofgerichten nicht anklagen. Man charakterisiert die Lohrer Situation wohl treffender, wenn man einen latenten Gegensatz sieht zwischen dem judenfeindlichen Rat der Stadt einerseits, der beim Kurfürst ein Antijudenprivileg erbat, und dem Mainzischen Oberamtmann im Lohrer Schloß, Philipp von Dienheim, andererseits, der 1572 den protestantischen Lohrer Stadtpfarrer Matthias Tinctorius aus seinem Amte drängte, »weil dieser gegen die Lohrer Juden in schärfster Weise Stellung genommen hatte« (Schott, S. 56). Mit dem Tode Philipps von Dienheim am 20. April 1572 verloren jedoch die Juden ihren Fürsprecher in Lohr. Der neue Oberamtmann Hans Leonhard

Kottwitz von Aulenbach weigerte sich in Lohr »aufzuziehen«, bevor nicht alle Juden die Stadt verlassen hatten. Aus einem Brief, den der Pfarrer von Langenprozelten, Daniel Wirth, vorher Schulmeister in Lohr, an den ehemaligen Lohrer Pfarrer Johann Konrad Ulmer im März 1573 nach Schaffhausen schrieb, wissen wir, daß die Lohrer Juden alles verkauften und tatsächlich wegzogen. Das Lohrer Antijudenprivileg wurde den Bürgern bestätigt. Allerdings sind zwei Generationen später, 1627, wieder Juden in Lohr nachweisbar, denn am 27. August 1627 richtet ein »Isac Judt zu Lohr« ein Gesuch an den Mainzer Kurfürsten und bittet, weiterhin in Lohr wohnen zu dürfen, wo er schon fünf Jahre ansässig sei (Hönlein).

Bis zur »Eingemeindung nach Kurmainz« waren Lohr wie Steinbach in Rienecker Besitz. Über die Existenz von Judengemeinden in Steinbach und Wiesenfeld besitzen wir keine schriftlichen Nachrichten, die ins Mittelalter oder in die frühe Neuzeit zurückreichen. Faktisch werden Juden, z.B. in Wiesenfeld, erst quellenmäßig greifbar, als Pfarrmatrikel in den christlichen Gemeinden eingeführt werden. 1740 legte man in Wiesenfeld ein jüdisches Familienbuch an (Schaub, S. 316). Dennoch gelten beide Orte, wie auch Laudenbach bei Karlstadt, als alte Judensiedlungen. In den drei Orten – wie auch in Lohr – gab es Judengassen, Judenhäuser(höfe) und wohl auch Kultstätten; in Laudenbach einen Judenfriedhof, auf dem die Lohrer Juden bestattet wurden. Ebenfalls existierte eine Judengemeinde in Karbach bei Marktheidenfeld mit Judenfriedhof.

Es kann also als gesichert gelten, daß im Bereich von Maria Buchen, das im Grenzbezirk zwischen dem Würzburger Hochstift, dem Einflußbereich des Neustädter Benediktinerklosters und der Rieneck'schen Grafschaft, die 1559 an Kurmainz fiel, liegt, bereits im 14. Jahrhundert Juden gelebt haben. Daß sie es im letzten Drittel des 16. Jahrhunderts wieder einmal besonders schwer hatten, beweist einerseits die schon beschriebene Situation in Lohr mit der Vertreibung im Jahre 1572 und andererseits das am 16. Mai 1567 vom Würzburger Fürstbischof Friedrich von Wirsberg angeordnete Siedlungsverbot im Bereich des Hochstiftes.

Zur gleichen Zeit, als im kurmainzischen Lohr und im Würzburger Hochstift Juden ausgewiesen wurden, wirkte Valentin Leucht 1574/76 als Vorsteher der Klosterschule in Neustadt (Brückner, S. 935). Er kannte den Gnadenort persönlich und die Ursprungslegende wohl aus der mündlichen Überlieferung der Klosterdörfer (vgl. die beiden folgenden Kapitel). Er veröffentlichte den Text mit dem Judenmotiv 1591 in Frankfurt, so wie er bis in die sechziger Jahre unseres Jahrhunderts (mit textlichen Variationen, die nicht sonderlich ins Gewicht fallen) als Ursprungslegende des Wallfahrtsortes Maria Buchen verbreitet worden ist. Inwieweit Leucht für die Ausgestaltung oder gar Erfindung des Judenfrevels verantwortlich zeichnet, kann nicht gesagt werden.

Es ist jedenfalls denkbar, daß er unter dem Eindruck des am Gnadenort Erlebten und dem sich in der Umgebung des Ortes zugetragenen Ereignisses die Absicht seiner Erzählung verstärkte, indem er das möglicherweise nur latente Judenmotiv erst endgültig verfestigte und so das glaubensstärkende Wirken der Jungfrau Maria in den Dienst seiner besonderen Ziele stellte. Man muß sich nämlich klar machen, daß Leuchts »Miracula« zu verstehen sind als Handreichung für katholische Prediger der Gegenreformation. Sie liefern Beweisexempel gegen Ketzer und für den wahren Glauben. Der Gottesmutter kommt dabei eine Schlüsselrolle zu. Abweichend von seiner sonstigen Arbeitsweise gibt der Autor für Maria Buchen keine Quellen an, sondern schreibt: »Dieses Bild der glorreichen Jungfrau habe ich selbst gesehen, in den Händen gehalten und geküßt«. Es gab zuvor also keine schriftliche Tradition am Ort.

Antisemitismus in Maria Buchen und sein Ende

Es kann keinen Zweifel darüber geben, daß in die Legende vom Ursprung der Wallfahrt Maria Buchen viele Erzählmotive Eingang gefunden haben, die ihrerseits Resultate von Zeitgeist und geschichtlichen Geistesströmungen waren. Wir haben gesehen, daß der Antisemitismus ein Phänomen ist, das die christlichen Kirchen auf ihren langen Wegen vom Kreuzestod Christi bis in die Gegenwart ein »gut Stück« begleitet hat. Diese Feststellung wird

31 Jude in modischer Tracht mit Zylinderhut am Buchbaum. Stark vergrößerter Ausschnitt aus dem kleinen Andachtsbild der Mitte des vorigen Jahrhunderts (Abb. 18).

getroffen, ohne den Zeigefinger der Moral heben zu wollen. Sie muß als historische Tatsache um der Wahrheit Willen offengelegt werden. Erst mit den Neuerungen des 2. Vatikanischen Konzils ist es der katholischen Kirche gelungen, auch aus der Liturgie (z. B. des Karfreitags) judenfeindliche und judendemütigende Stellen zu entfernen.

Daß dieser Antisemitismus auch in Maria Buchen gepflegt wurde, soll hier mit zwei Literaturzeugnissen des 19. Jahrhunderts belegt werden. Beide Werke stammen von katholischen Priestern, die am Ort gewirkt haben. Ignaz Ruland begann seine Tätigkeit in Lohr mit seiner Schrift aus dem Jahre 1847, gewidmet »Der Jugend der Stadt Lohr«. Georg Link war von 1842 bis 1848 Kaplan in Pflochsbach und als solcher zuständig für die Seelsorge am Wallfahrtsort Maria Buchen. Die beiden Schriften werden deshalb gewählt, weil sie aus der sonst üblichen Beschränkung der Judenlegende auf die Normalfassung abweichen und das »Judenproblem« weiter auffächern.

Ignaz Ruland hat wohl die gängige Legendenfassung am meisten verändert von allen Autoren, die sich in der Nachfolge des Leucht mit dem Stoff beschäftigt haben. Er selbst nennt sein Werkchen »Eine Sage im Volke« und hier soll darum auch der Interpretationsansatz liegen. 1826 gab der bekannte Volksschriftsteller Ludwig Aurbacher (vgl. EM) in München »Die Geschichte des ewigen Juden« als »Ein Volksbüchlein« heraus. Aurbacher gestaltet in dieser Schrift das alte Sagenmotiv vom ewigen Juden um zur Geschichte des Ahasverus, der in seinem Kampf gegen die Christen keine Seelenruhe findet, bis er sich zu Christus bekehrt und in seinen Dienst tritt und dann in mönchischer Gemeinschaft »harrt in frommer Geduld und treuer Hingebung, voll des Glaubens und unter den Werken der Liebe, auf die Zukunft des Herrn, – auf den heiligen, großen ewigen Sabbat, der anbricht nach den sechs Tagen, die wir Jahrtausende nennen« (S. 15).

Dieser Erzählung ist Rulands »Sage« nachempfunden. Er gestaltet ein Ereignis im Jahre 1395, das in dem Lohrer Gasthaus »Zum Schwarzen Bär« am Marktplatz (in Anspielung auf das ehemals jüdische Anwesen und Gasthaus »Zum Schwarzen Adler« am nämlichen Ort) seinen Ausgang nimmt. Zwei Juden befinden sich dort im Gespräch. Der ältere berichtet einem Nathanael von seinem Erlebnis an der Judenbuche, das – wie beide versichern – schon vielen aus allen Stämmen Israels widerfahren ist. Nathanael will sich mit diesem Wissen nicht zufrieden geben und die Wahrheit über das Geheimnis des Baumes erfahren. Es kommt zu den Vorfällen nach dem bekannten Ablauf, ergänzt durch erzählerische Stationen entsprechend Aurbachers Vorlage. Der Jude wird ins Lohrer Stadtgefängnis gebracht und schließlich von einem Wärter in qualvoller Weise über die Geheimnisse der Buche informiert. Bürgermeister, Rat, Pfarrer und Handwerker waren nämlich in feierlicher Prozession hinausgezogen zur

Buche und hatten sie gefällt, um ihre bannende Kraft zu entdecken. Dabei hatten sie im Stamme der Buche das verletzte Gnadenbild gefunden. – Haß und Ironie des Wärters beschleunigen den Erkenntnisprozeß des Juden. Er bekehrt sich, wird vom Pfarrer auf der Stelle getauft und zur Strafe für seinen Frevel aus der Stadt verwiesen. Seinen künftigen Aufenthaltsort findet er in der Nähe der Kapelle, die man anstelle der Buche errichtet. Als Zeugnis von ihm finden sich nur Blumenkränze, die er der Gnadenmutter immer wieder umlegt. Manchmal wird er als frommer Beter in der Kapelle gesehen.

Rulands Erzählung steht zweifelsfrei in direkter Nachfolge des Volksbüchleins von Aurbacher zum Ewigen Juden. Er widmet sie der Jugend der Stadt Lohr, übergibt sie also seiner ersten Gemeinde als die Geschichte des »wunderthätigen Gnadenbildleins der schmerzhaften Mutter Gottes zu Buchen«. Die erzählerische Verabsolutierung des Judenmotivs stellt ein deutliches Bekenntnis zur antisemitischen Tradition der Ursprungslegende dar, obgleich die Schrift im Zeitalter der Judenemanzipation verfaßt ist. Der bayerische Kurfürst Maximilian IV. Joseph hatte 1801 erklärt, es sei bei ihm »der landesväterliche Wunsch rege geworden, daß dieser unglücklichen Menschenklasse ... eine solche Einrichtung gegeben werden möchte, durch welche sie allmählich zu nützlichen Staatsbürgern erzogen würden« (Enzyclopaedia Judaica, »Bayern«). 1804 werden den jüdischen Kindern die allgemeinen Volksschu-

32 Titelholzschnitt eines Gebetszettels: »Neueste Auflage 1889«, Replik des Würzburger Gebetszettels aus dem 18. Jahrhundert (vgl. oben S. 25, Abb. 10).

len geöffnet, 1808 wird der Leibzoll abgeschafft, allerdings behält die bayerische Judengesetzgebung von 1813 die Einrichtung der »Schutzbriefe« bei, die sich nur auf den ältesten Sohn übertragen ließen (vgl. Kampmann, S. 128ff.). Erst mit dem Reichsgesetz vom 22. April 1871 wird der jahrzehntelange Kampf um die bürgerliche und politische Gleichberechtigung der Juden in Bayern beendet.

Rulands Position wird jedoch von der Judenemanzipation im Staate nicht angefochten. Im Jahre 1879 erscheint in Würzburg sein »Fränkisches Volkssagenbuch«, in dem er in ähnlicher realistisch-ortsbezogener Weise den Judenfrevel von Iphofen literarisch bearbeitet. Er führt den Leser in das Jahr 1296. Im Judengetto von Iphofen verhandelt ein armer Christ mit einem alten reichen Juden um den Preis der Hostie, die er schließlich für 50 Turnosen erwirbt. Noch in der Nacht läßt er seine Glaubensbrüder herbeirufen. Gemeinsam martern sie die Hostie, werden von deren Leuchtkraft überrascht und werfen sie in einen Flußschacht unter dem Haus, damit die Christen die Hostie nicht finden. Aber die Leuchtkraft bleibt, und die Wächter der Stadt kommen, werden von dem mißgestalteten Judenknaben Zodik über den Frevel informiert und zur Hostie geführt, die Juden aber verhaftet. Der Ortsgeistliche birgt den heiligen Leib und bringt ihn in seine Kirche. Es geschehen viele Zeichen und Wunder. An der Stelle der Auffindung wird eine Kirche gebaut. Schließlich fragt Ruland nach dem Verbleib des Kultobjektes, um dann festzustellen: »Die heilige Hostie ist verschwunden, und Niemand kann sagen, wann und wie? Hat auch die alten Schriften, welche laute Kunde gaben, die Unbilde der Zeiten und jener Kriege vertilgt, in welchem der größere Theil der Stadt in Trümmer fiel, so weiß man doch mit der vollen Sicherheit der Geschichte, daß der Bischof und Herzog Mangold, was sich begeben, nach Rom schrieb und von dem heiligen Vater Bonifazius VIII. im Jahre 1296 Bestätigung erhielt und viele Begnadigungen zum Heile der Gläubigen, mag auch die verbürgende Urkunde verloren gegangen sein«.

Einer ganz anderen literarischen Gattung gehört das Klosterbuch von Georg Link aus dem Jahre 1876 an. Er bietet einen historischen Überblick zur Klostergeschichte der Diözese Würzburg. Die Beschreibung des Klosters Maria Buchen (II, S. 499–518) nimmt der Autor zum Anlaß für einen Exkurs »Das Judenthum gegen das Christenthum«. Hier äußert er sich polemisch über die Stellung der Juden im gerade gegründeten Deutschen Reich. Man muß wissen, daß Bismarcks Kampf gegen die katholische Kirche auf dem Höhepunkt angelangt war, und so schreibt Link unter anderem: »... durch die das jüdische Bankierthum Preußen und das Reich regiert. Wie Gutzkow zu Recht behauptet, sind die Juden die eigentlichen Gründer des neuen deutschen Reiches. Einer Clique von Juden und Judengenossen ist das Reich zur Ausbeutung preisgegeben; die Regierung hat es nicht nur nicht gehindert, sondern sogar gefördert. ›Rom‹, so spricht im Frankfurter Journal eine jüdische Stimme, ›welches vor 1800 Jahren das Judenvolk unter die Füße getreten, muß jetzt durch vereinte Kraft dieses Volk fallen, welches dadurch Licht auf der ganzen Erde verbreitet und sich um die Menschheit verdient macht‹. Daher die Hetze gegen Rom im Kulturkampf ... Die Juden, Regierungen und Maurer (Freimaurer) bilden jetzt gegen unser Christenthum das herrschende Dreikaiserreich« (S. 504 f.). Dieses zeittypische Zitat macht die Haltung von Link deutlich, und wer wollte zweifeln, daß diese Position auch Gegenstand seiner kirchlichen Verkündigung war.

Dem ersten vorsichtigen Abrücken von der Ursprungslegende in Maria Buchen begegnen wir während der Zeit des sogenannten Dritten Reiches, als Pater Fidelis 1935 wegen angeblichen »Kanzelmißbrauchs« in Karlstadt sieben Monate Gefängnis erhielt und Bruder Jovita in Birkenfeld 1938 eine Geldstrafe wegen Übertretung des Sammelverbots (Barthels, S. 66). 1940 erbat die jüdische Lehrerin Sichel aus Mainz für die Auswanderung ihren Taufschein. Sie war 1919 in Maria Buchen katholisch geworden und hier auch zur ersten hl. Kommunion gegangen (Barthels, S. 62). Der damalige Guardian des Kapuzinerklosters fand sich nicht bereit, die Wallfahrt von Maria Buchen in den Dienst der antisemitischen nationalsozialistischen Propaganda zu stellen. Dies kommt dadurch deutlich zum Ausdruck, daß die immer noch verwendete Fassung der Legende eine weitere Abänderung erfuhr. Aus dem Juden wurde jetzt ein »Gottloser«, später ein bloßer Frevler. Schließlich steht gar im Text: »Vor dieser (alten Buche) konnte, wie allgemein bekannt, niemand vorübergehen, sondern jeder mußte, wenn er zur alten Buche kam, umkehren oder einen anderen Weg nehmen. Im Jahre 1395 versuchte es ein Gottloser mit Gewalt ...«. So stand es auf den Andachtsbildchen, die bis 1964 zu erwerben waren.

In diesem Jahr wurde der Vertrieb des Legendentextes von Maria Buchen eingestellt. In der Klosterchronik lesen wir: »Wegen der Judenlegende bez. der Entstehung der hiesigen Wallfahrt ergingen lt. Schreiben vom 30. XI. 64 2 Beschwerden wegen ›Antisemitismus‹ an den Bischof von Würzburg, weil Postkarten mit dem Text hier verkauft wurden. Vom Generalvikar erging daher an uns das Ersuchen, den Verkauf dieser Karten in den Wallfahrtsläden zu unterbinden« (S. 30). In der Folgezeit wurde eine Abänderung des Legendentextes auf der großen Bildtafel in der Kirche zwischen Ordinariat und Kloster erörtert. Der Generalvikar der Diözese plädierte 1965 für »eine Verbringung des Bildes an einen anderen Ort, falls es mit einer gewissen Unauffälligkeit geschehen kann.« Dazu aber vermochte sich der Konvent nach sorgfältiger Abwägung aller Argumente und wohl auch wegen des (inzwischen) ungerechtfertigten Vorwurfes des Antisemitismus nicht entschließen. Eine erneute Intervention des Landesrabbiners von Hessen, Dr. J. E. Lichtigfeld, veranlaßte den Bischof von Würzburg dafür Sorge zu tragen, daß der Text der Bildtafel korrigiert wurde. Man überklebte das Wort »Jude«.

Im offiziellen Kirchenführer aus dem Jahre 1967 von Alfons Ruf erhielt die Ursprungslegende eine neue Fassung und Tendenz. Dort heißt es: »In der Abgeschiedenheit der Wälder fühlen sich die Menschen ihrem Schöpfer besonders nahe. So empfand jener arme Sendelbacher Schäfer, der zu Ende des 13. Jahrhunderts die Figur der sitzenden Gottesmutter mit dem toten Heiland auf dem Schoße schnitzte und sie in die Spalte einer Buche stellte. Der fromme Mann hatte sich an der Stelle, wo heute noch das Gnadenbild steht, ein kleines Heiligtum geschaffen, an dem er oft vorbeigezogen und sich der Gottesmutter mit seinen Nöten und Sorgen empfohlen haben mag. Er konnte nicht ahnen, daß aus seinem einfachen Andachtswinkel unter der Buche ein großes Marienheiligtum werden würde. Darüber vergingen aber noch viele Jahre. Das Holz des wachsenden Baumes umschloß in den folgenden Zeiten das Bild und erst nach langen Jahren machte die heilige Mutter selbst Vorübergehende auf das Geheimnis des Baumes aufmerksam ...« (S. 3).

Der im Kirchenführer angegangene Weg wurde in letzter Konsequenz 1971 beschritten. Man entfernte die Legendentafel aus der Kirche. Heute ist der obere Teil, die Darstellung des Mirakels, im Klosterflur aufgehängt, die Öltafel mit dem Legendentext (240 × 240 cm) liegt auf dem Dachboden der Wallfahrtskirche. Lohrer Heimatfreunde streben an, beides in das Lohrer Museum zu verbringen, um dieses Zeugnis des 18. Jahrhunderts als ein Stück lokale Kulturgeschichte zu dokumentieren, nachdem sie endgültig Vergangenheit geworden ist.

Die Frage nach dem »Wahrheitsgehalt« des überlieferten Legendentextes braucht nicht mehr gestellt zu werden, denn es zweifelt heute niemand mehr daran, daß diese Art von Wunderberichten Ergebnisse literarischer Traditionen sind. Ihr Zweck lag nicht in Aussagen über die Historizität des berichteten Geschehens. Diese Geschichten besaßen vielmehr einen wandelbaren Funktionswert in der Volkskatechese, so daß auch heutiger Wandel nur natürlich ist, wie im folgenden Kapitel ausgeführt wird.

Die Übertragbarkeit solcher Erzählungen beweist auch die Ursprungslegende der Wallfahrt Maria Buch bei Neresheim. Sie verlegt das Geschehen in die Zeit um 1660. Abt Meinrad von Neresheim will an einer großen Buche im freien Feld vorbeireiten. Da scheut sein Pferd. Er treibt es erneut an, will den Vorbeiritt erzwingen. Sein Pferd stürzt, der Vorgang wiederholt sich mehrere Male bis schließlich der Abt die Buche untersucht. Er kann nichts finden, nur eine verwachsene Baumnarbe mit einer kleinen Öffnung. Er läßt das Gewächs entfernen, und man findet eine kleine Höhle im Baum; in der Höhle aber entdeckt man das Gnadenbild von Neresheim: Maria mit dem göttlichen Kind auf dem Arm (Weißenberger, S. 3).

Bedarf es noch des Beweises dafür, daß diese Legende viele Gemeinsamkeiten hat mit dem Frevelbericht von Maria Buchen? Wahrscheinlich kannte der Autor von Neresheim die Legende unseres fränkischen Wallfahrtsortes gleichen Namens. Allein der Jude fehlt. Die Geschichte kommt nicht nur ohne ihn aus, eine solche Fassung legt auch den Gedanken nahe, ob das Judenmotiv möglicherweise gar nicht am Anfang der Legendenbildung in Maria Buchen steht, wie unsere späte Überlieferung glauben machen möchte.

Fred Rausch

33 Der 1383 bei Mainz verletzte Kruzifixus, hier im Holzschnitt des 15. Jhs. zugleich als durch Weihegaben verehrtes Gnadenbild dargestellt (vgl. dazu o. S. 84).

Das verletzte Kultbild

Die Ursprungslegende von Maria Buchen ist einerseits eine Auffindungssage des Gnadenbildes, andererseits aber zugleich eine typische Variante der seit Jahrhunderten gegen Juden, Ketzer und Türken erzählten Frevlergeschichten mit Strafwunder vom verletzten Kultbild. Es ist hier – möglicherweise erst im Laufe der Zeit – zum Zentralmotiv geworden und damit zur eigentlichen Auffindungserklärung. Das offenbar natürliche Faktum einer Maria im Baum und deren Wiederentdeckung erfuhr legendarische Überhöhung durch ein wunderbares Ereignis besonderer Art. Dieses vermochte wiederum an lokale Voraussetzungen anzuknüpfen, nämlich einen Judenpfad und alte Judenfeindschaft. Damit aber war der Weg frei zur Ansiedlung des Wandermotivs vom Frevel gegen Christus- und Marienbilder.

Die Fachlexika der Judaistik, Kunstgeschichte und Volkskunde haben seit einem halben Jahrhundert schon die wichtigsten Daten und Beispiele zusammengetragen, eine »umfassende Abhandlung« zum Thema blutender Bilder, die Josef Clauß 1948 in Arbeit hatte, ist jedoch nie erschienen.[11] Auf volkskundlicher Seite haben in neuester Zeit eine Frankfurter Magisterarbeit von Gisela Herrmann 1974 »Das Frevelmotiv in den österreichischen Kulterzählungen« untersucht und soeben Leopold Kretzenbacher in seiner Münchner Akademieschrift 1977 »Das verletzte Kultbild« in sechs verschiedenen Variantenkreisen beschrieben: »Voraussetzungen, Zeitschichten und Aussagewandel eines abendländischen Legendentyps«. Auch Maria Buchen kommt dabei kurz in den Blick.[12] Gisela Herrmann versucht, anhand eines Katalogs sämtlicher verorteter österreichischer Erzählungen eines dinglichen Ausdruck suchenden religiösen Frevels die übergreifende Idee der Motivfolge von allgemeinster bis konkreter Kultverletzung und deren Offenbarungen durch mirakulöse Sanktionen in Strafwundern zu fassen und die sich daran knüpfenden Variationsmöglichkeiten zu notieren. Leopold Kretzenbacher hingegen hat den großen geistesgeschichtlichen Bogen aufgespannt vom altkirchlichen Bilderstreit und den byzantinischen Bildfrevelwundern bis zu den Wallfahrtsbegründungen mitteleuropäischer Grenzlandkulte aus Spätmittelalter und früher Neuzeit mit ihren religiösen und nationalen Abwehrfunktionen.

Die Forschung ist sich darin einig, daß die beiden Grundformen der Bildfrevellegenden seit dem 7./8. Jahrhundert bekannt sind und diese Traditionen seitdem ihre eigenen legendarischen Daten für die angeblichen Ereignisse bis ins 3./5. Jahrhundert zurückführen möchten. Beide sind dem Spätmittelalter in ihrer Grundausprägung gut bekannt und seit dem Ende des 13. Jahrhunderts weit verbreitet gewesen durch die »Legenda Aurea« des Jacobus von Voragine, erzählt am Festtag Kreuzerhöhung.

Ein Jude sticht dem Christusbild in der Hagia Sophia zu Konstantinopel mit seinem Schwert in den Hals, wird vom herausspritzenden Blut besudelt, daraufhin erkannt und läßt sich taufen. – Die lateinischen Orientberichte der Palästinapilger des 12. Jahrhunderts vermittelten dem Abendland unter anderem regelmäßig die Legende vom blutenden Kruzifixus zu Beirut (»Berith in Syrien«), den ein Jude in der von einem Christen übernommenen Wohnung gefunden und zusammen mit anderen Juden nochmals wie den wirklichen Christus gemartert und gekreuzigt haben soll bis Blut aus der geöffneten Seite trat, das sich als wunderwirksam erwies. Die gesamte Judenschaft wurde bekehrt, ihre Synagoge in eine christliche Kirche umgewandelt, das Bild aber führte man auf den biblischen Nikodemus zurück.

Damit schließt sich der Legendenkranz und verrät endgültig die Verwandtschaft dieses Typus mit der Longinussage und dem heiligen Gral. Gerade dieser Zug des reliquiaren Wunderbluts aber ist Anlaß und Motiv verschiedener abendländischer Erzählvarianten und Neuverortungen geworden, denn hier war zunächst das antisemitische Bekehrungsmirakel weniger interessant, hingegen die Legitimation vollplastischer Kultbilder wichtig. Der Ostkirche sind sie bis zum heutigen Tage »Götzen« geblieben. Die zweidimensionale Ikone will Zeichen sein. Das abendländische Vollbild der realistischeren Statue hatte sich darum im 16. Jahrhundert ein zweites Mal zu legitimieren und zwar gleichermaßen wie die Verehrung der Reliquien. Heiligenpartikel und Heiligenbild hatten ihre gemeinsame historische und theologische Rückbindung bis dahin nie ganz aufgegeben. So handelt auch der gegenreformatorische Apologet Jacob Gretser, S. J., in seinem Buch »De cruce Christi«, 1598, sowohl von Kreuzreliquien wie von Kreuzbildwundern.

Traditionsvermittlung der Gegenreformation

Uns bleibt die regionale Verortung von verwandten Frevelsagen in Franken darzustellen und die besondere Ausformung dieses Legendentypus für Maria Buchen zu untersuchen, seine deutlichen Herkunftslinien und direkten Abhängigkeiten aufzuzeigen. Einen besonderen methodischen Gewinn verspricht dabei die nähere Betrachtung des Umkreises, in dem die Legende erstmals schriftlich überliefert wird, zumal unsere vorangehenden Untersuchungen gezeigt haben, welche Schlüsselposition deren Autor, Valentin Leucht, für die Buchener Ortstradition besitzt. Dieser spätere Bücherkommissarius der Frankfurter Buchmessen und Stiftsscholaster an St. Bartholomäus, dem sogenannten Kaiserdom, war seit 1590 der erste deutsch publizierende Exempelautor auf katholischer Seite (vgl. Brückner). Mit einer Reihe von mehrfach aufgelegten Geschichtenbüchlein wurde er zu einem bis ins 18. Jahrhundert wirkenden Erbauungs-Schriftsteller. Seine kompilatorische Methode entsprach dem Genus dieser Art beliebter »Anthologien« geistlicher Unterhaltung. Beide Konfessionen bedienten sich jenes Mittels der narrativen Verdeutlichung ihrer Glaubenspositionen und allgemeiner religiöser und moralischer Lehren. Die Geschichte, und das heißt, alles, was an Auffälligem und Besonderem notierenswert erschien, sollte ein Spiegel der Welt für das Leben sein (vgl. Brückner). Geschichten waren demnach Lehren aus der Geschichte, und »Speculum illustrium« (= Anschaulicher Spiegel) hießen darum die Titel der Beispielbüchlein des Valentin Leucht.

Sein zweites von 1591, wo sich die Legende von Maria Buchen findet, handelt insgesamt von den heiligen Bildern und ist gleich dem ersten Büchlein über die Wunder der hl. Eucharistie einem weiteren zentralen Problem der katholischen Reform gewidmet, nämlich der durch die protestantischen Reformatoren angefochtenen Versinnlichung des Gottesdienstes und der Heiligenverehrung. Valentin Leucht verfolgt hier jedoch kein eigenes Konzept, sondern er steht auf den Schultern eines literarischen Vorläufers, den er aus dem Lateinischen übersetzt und dessen Beispielsammlung von dreißig Geschichten er im Laufe der verschiedenen Auflagen bis zum Jahre 1614 durch weitere 95 Geschichten ausgebaut hat. Diese Hauptquelle ist der Kölner Kanonikus Tilmann Bredenbach mit seinem Buch von 1584 »Collationum sacrarum libri octo« (vgl. in EM). Acht Bücher heiliger Stärkungsmittel oder frommer Vortragssammlungen darf man den Titel des Buches übersetzen, das mit seiner Auswahl ein gegenreformatorisches Beispielarsenal sein will.

Verletzte Christus- und Marienbilder

Mit Hilfe von Leuchts deutscher Sammlung, für die er auch die übrige gegenreformatorische Literatur seiner Zeit ausgeschöpft hat, läßt sich nun zeigen, was an Bilderlegenden unseres Typs damals bekannt war und wieder bewußt gemacht wurde. Von jetzt an konnten Erzählüberlieferungen aufgefrischt und zu neuer mündlicher Tradierung bereitgestellt werden. Die Ausgabe letzter Hand innerhalb des Folianten »Viridarium Regium« von 1614 enthält das »Speculum imaginum« als Buch II, in sich wiederum in drei Teile geordnet, deren erster 75 Geschichten von Christusbildern, meist Kruzifixen, enthält, der zweite 37 Marienbilderzählungen, der dritte 13 Heiligenbilderexempel. In sich ist jeweils eine chronologische Reihenfolge versucht, soweit die Mirakel genauere Orts- und Zeitangaben besitzen. Dies ermöglicht es, allein aus dem vorliegenden Kenntnisstand des Valentin Leucht von 1591/1614 eine Geschichte der wesentlichen Stationen unseres Legendentypus abzulesen. Unter den 125 Wundererzählungen handeln 10 von Christusbildfreveln, 12 von solchen an Marienbildern und weitere 8 von Parallelen an sonstigen Heiligenbildern. Allein dieses Verhältnis und die dazu gehörige Chronologie und Lokalisierung machen folgendes deutlich:

Die Sagen von blutenden Kreuzbildern stammen genau zur Hälfte aus der Zeit vom 5. bis 8. Jahrhundert und betreffen stets Judenfrevel in Konstantinopel und Syrien. Hier mischen sich ostkirchlicher Bilderstreit und orientalische Bekehrungsfeindschaft zwischen Christen und Juden, deren systematische Verfolgung im Abendland bekanntlich erst mit den Kreuzzügen einsetzte. Unter den übrigen Kreuzbildbeispielen des Valentin Leucht aus dem 13. bis 14. Jahrhundert finden sich drei über mutwillige Soldaten und trunkene Spieler, aus dem 16. Jahrhundert ein Calvinist, von 1611 – nach einem Flugblatt berichtet – erst wieder ein »getaufter Jude«, was hier natürlich den antisemitischen Affekt verstärkt, zumal dahinter die Meinung steht, wie sie an anderer Stelle bei Valentin Leucht formuliert ist: »Juden bleiben gemeiniglich Juden vor und nach der Tauffe« (S. 405).

Unter den zwanzig Marienbildfreveln sind nur drei der Bilderstreit-Frühzeit zum Teil vage zuzuordnen, darüber hinaus geht es weder um Juden, noch um blutende Bilder. Davon ist erst parallel zu den ins Hochmittelalter datierten Geschichten blutender Kruzifixe die Rede im 13. und 14. Jahrhundert und hier ebenfalls von Kriegsknechten und Spielern, aber auch von Sarazenen; desgleichen folgen im 16. Jahrhundert drei reformatorische Bilderstürmer, bei deren Freveln allerdings keine Blutzeichen mehr berichtet werden, sondern nur noch Strafwunder. Allein aus dem 14. Jahrhundert stammen die beiden einzigen Judengeschichten mit blutenden Marienbildern in Leuchts Kompilation: Maria Buchen und eine Legende aus den Niederlanden, nach Trithemius erzählt und auf 1326 datiert. Ein getaufter Jude verletzt hier mit dem Dolch ein Gemälde Marias im Gesicht und wird nach einem Ordalzweikampf gegen den Zeugen gehängt.

Das Judenmotiv hatte sich, wie oben ein eigenes Kapitel schon darstellt, im Hochmittelalter mit dem der Hostienschändung verbunden, so daß nun alle angeblichen Sakrilegien nicht mehr an Kreuzen, den Bildern Christi, sondern an ihm selbst, seiner verwandelten Brotsgestalt vollzogen wurden. Darin spiegelt sich ein Wandel theologischer Probleme: nicht mehr Bilderstreit, sondern Transsubstantiationszweifel und deren narrative Bekämpfung. Zur Zeit der Gegenreformation wurde beides wiederum wichtig, weil beides neuerlich angefochtene Positionen waren, zumal von calvinistischer Seite her. Das Bilderproblem konzentrierte sich in nachmittelalterlicher Zeit aber auf die Darstellung der Heiligen, voran Mariens und deren Verehrungsformen. Dabei trat das Blutmotiv stark zurück, da der quasi-reliquiare Charakter des ursprünglichen Gottesbildes verblaßt war, dafür aber das Moment der Blasphemie und der Verunehrung gegen alle Arten von Bilderstürmerei im Vordergrund stand. Das zeigt sich klar bei den Frevelmotivationen der Marienbildgeschichten und noch deutlicher im Zahlenverhältnis der von Valentin Leucht berichteten Erzählungen über Heiligenbilder. Wiederum nur drei entstammen der byzantinischen Bilderstreitzeit, die übrigen fünf der Gegenwart des Autors, und was er nach Surius aus der »Vita Alberti« für dessen mittelalterliche Statue berichtet, ist der Annex zu einem Marienmirakel. Für das Abendland kann man darum allein schon aus Leuchts Zusammenstellung eine entwicklungsgeschichtliche Folge des Legendentypus vom blutenden byzantinischen Kreuzbild zu geschändeten mittelalterlichen Christus- und Marienplastiken bis zum allgemeinen Bildersturm des 16. Jahrhunderts ablesen.

Erzählmotivationen

Dieser Befund entspricht exakt den bisherigen Erkenntnissen heutiger Legendenforschung. Danach führen die ältesten Spuren des Legendentypus vom verletzten Kultbild in die Frühzeit der Auseinandersetzungen der griechischen Kirche mit dem Judentum und in die späteren Zeiten des innerkirchlichen Ikonoklasmus, der gewaltsamen Entfernung der Heiligenbilder im Gefolge haeretischer Lehren vom Standpunkt der Orthodoxie, der Rechtgläubigkeit aus. Die Juden galten als die Bilderfeinde des Christentums schlechthin. Der byzantinische Legendentypus vom Juden, der ein gemaltes Christusbild verletzt, das daraufhin zu bluten beginnt, ist dem Abendland schon im 6. Jahrhundert vermittelt worden und findet sich erstmals in den »Miraculorum libri«, den Wunderbüchern des Gregor von Tours, und von da an – auf Konstantinopel festgelegt – in mannigfachen Varianten bei den Exempel-Kompilatoren, Historikern und Hagiographen des Mittelalters. Die wichtigsten und breitenwirksamsten Vermittlungsstationen sind die umfassende Enzyklopädie des Vinzenz von Beauvais aus der ersten Hälfte des 13. Jahrhunderts, wo sich das Mirakel in zwei Varianten im »Speculum historiale« finde, und vom Ende desselben Jahrhunderts in der schon genannten »Legenda Aurea«. Kretzenbacher hat nun gezeigt, wie diese Grundformen parallel zu jener lebendig gehaltenen literarischen Exempelüberlieferung im Wandel der Zeiten Varianten entstehen ließen, die auf neue Gegner gemünzt waren und gegen diese erzählt wurden sowie in Landschaften lokalisiert werden konnten, wo entsprechende Religionskriege das geistige Umfeld für derartige Legendenbildungen schufen. Hier traten dann an die Stelle von Juden: Sarazenen, Hussiten, Türken, Calvinisten und Lutheraner. Es wechselte lediglich die Täterfigur, wenngleich ihr Stereotyp des Glaubensfeindes unverändert blieb. Wie weit seit hochmittelalterlicher Zeit das verletzte Kultobjekt selbst austauschbar wurde, haben wir uns schon am Überlieferungsstand um 1600 deutlich gemacht, dabei jedoch erfahren, daß lediglich Neues hinzutrat, die ältere Tradition dadurch aber nicht in Vergessenheit geriet. Sie erfuhr zusätzliche Aktualisierungen, die das alte Wissen bestätigen halfen.

Entwicklungsgeschichtliche Darstellungen müssen logischerweise chronologische Reihen aufstellen, so daß vordergründig der Eindruck entstehen mag, als habe es in jüngerer Zeit nur noch Berichte von verletzten Marien- und Heiligenbildern gegeben. Die mittelalterliche Exempelliteratur, soweit sie in Tubachs »Index Exemplorum« erfaßt ist, also vornehmlich die Mönchsüberlieferung der verbreitetsten lateinischen Erzählsammlungen, kennt allein die Judenmarter des genannten Nikodemus-Bildes, das beim Lanzenstich blutet, zur Bekehrung führt und wunderwirkende Blutampullen hinterläßt, womit das Hauptinteresse dieser Zeit nochmals besonders charakterisiert wird (Nr. 1373). Oft und oft tradiert, findet sich die Erzählung z. B. im »Alphabetum narrationum« und im »Seelentrost«, während Marienbilderschmach nur die in Handschriften gesammelten Wundergeschichten Mariens für das Hochmittelalter berichten und zwar in zweierlei gängigen Erzähltypen, wofür Albert Poncelets »Index Miraculorum Marianorum« bürgt: Das von einem Juden zu Konstantinopel in den Abort geworfene Marienbild (Nr. 20), später durch den Nürnberger Predigermönch Johann Herolt bis in nachmittelalterliche Drucke verbreitet, und die blutende Beschädigung des Jesus-Kindes auf dem Arm einer Marienstatue während kriegerischer Auseinandersetzungen in Frankreich 1187 (Nr. 168). Die Dominikaner Vinzenz von Beauvais im 13. Jahrhundert und wiederum Johannes Herolt im 15. sind die prominentesten Vermittler bis in die Zeit des Buchdrucks und der barocken Reprints.

Valentin Leucht hat 1591/1614 auf die kirchengeschichtliche Kontrovers- und Chronikliteratur zurückgegriffen und diese Materialien erstmals in derartiger Breite und Parallelbeschreibung einem größeren Leserkreis zugänglich gemacht. Lokalsagen, wie die von Maria Buchen, finden nur in solchem Zusammenhang weitere Publizität. Die mittelalterliche Erzählung vom Marienbild am Stadtrand zu Capua hingegen, das von zwei Jüdinnen geschändet und geschmäht worden sein soll, hat keinerlei Verbreitung erfahren, sondern ist aus einer einzigen Handschrift nur bekannt (Poncelet Nr. 27).

Frevelstatistik

Was der synchrone Schnitt für ein regionales Sample, also ein Repräsentativausschnitt innerhalb Mitteleuropas, an generalisierbarer Aussage leistet, zeigen die exakten Auflistungen Gisela Herrmanns für die Frevellegenden österreichischer Kultorte aufgrund der erschöpfenden Datenangaben des »Gugitz«. Unter 117 verunehrten heiligen Quellen, Reliquien, Hostien und Kultbildern in Österreich befinden sich rund 50 Gnadenorte oder Andachtsstätten mit einem Marienbild, so daß für die nachreformatorische Zeit auch hier von einem Dominieren des Marienkultes gesprochen werden darf, wenngleich die oft als Neben- oder Zusatzmotive begegnenden Legendenzüge des Kultfrevels auch hier keineswegs als durchgängig marianisch bezeichnet werden können. Nur: soweit die Mehrzahl aller Kultorte marianischen Charakter trägt, muß sich das auch in der Ortsstatistik spezifischer Motiverhebungen auswirken; denn andererseits bleibt bemerkenswert, daß es von unserem besonderen Legendentyp der blutenden Verletzung, und zwar direkt bezogen auf Maria, in ganz Österreich keine verortete lokale Neubildung gibt, sondern nur Sekundärkulte von »Maria Steinwurf« aus Piemont und Neukirchen bei heilig Blut aus dem Bayerischen Wald.

Auch die übrigen Motive des 117mal belegten Sagenthemas vom Kultfrevel und nicht bloß dessen spezieller Erzähltypus vom verletzten Kultbild, belegen eine auffällige Streubreite der lokalen Variations- und Ausschmückungsmöglichkeiten. Nur sechsmal begegnen Juden als Täter, ebenso oft wie Kriegsknechte und Soldaten, neunmal hingegen Räuber und Diebe, sechzehnmal Ungarn, Türken, Tartaren, achtzehnmal Ketzer und Protestanten aller Art, in der großen Mehrzahl aber Menschen aller Stände – dort nämlich, wo die Erzählabsicht noch stärker auf die intendierte Moral hin akzentuiert ist und nicht verdeckt sein möchte von den stereotypen Feindbildern der ohnehin als andersartig gedachten Gegner. »Verortet« also, d. h. festgeschrieben für einen bestimmten Kultplatz, erweisen sich die Wandermotive als höchst flexibel. Ein solcher Befund legt für eine angemessene Deutung der jeweiligen Ortstradition nahe, sich die Interpretation der Ansiedlung bestimmter Details nicht zu einfach zu machen durch allgemeinste Hinweise auf bestimmte Zeitgeistigkeit oder die Allgegenwart ähnlicher Überlieferungen.

Wie steht es nun mit verwandten Kultlegenden in Süddeutschland oder gar in Franken? Neukirchen bei Heilig Blut mit seiner Hussiten-Madonna ist schon erwähnt und in der Dissertation von W. Hartinger 1971 ausführlich untersucht worden. Rudolf Kriss behandelt zwar eine Reihe von Strafwundern im Zusammenhang von Ketzerlegenden und Judenfreveln, aber Blutfluß aus mißhandelten Gnadenbildern kennt er für Altbayern außer in Neukirchen nur noch für Neufahrn, wo das Kruzifix, die spätere Kümmernis, beim Länden aus dem Strom und beim Aufstellen mit einer Axt verletzt worden sein soll (I, S. 17f.). Erzählungen von Hussitenfreveln häufen sich logischerweise im Grenzland von Böhmen: in Fahrenberg, Neukirchen, Stadlern, Weißenregen, ohne daß jeweils der gesamte Motivkomplex aufgerollt erscheint (III, S. 124). Sagen vom »geschossenen« Heiland aus der Zeit des Dreißigjährigen Krieges gibt es für die Hofwieskapelle bei Mühldorf und für das Gnadenbild von Halbmeile. Protestantische Söldner werden dafür mit tödlichem Unglück bestraft. Auf das Jahr 1626 datiert sich eine ähnliche Ursprungslegende für die Wallfahrt Braunsberg im Ermland, wo der Frevel durch schwedische Soldaten an einer Dreifaltigkeitsdarstellung auf einem Holzbildstock geschehen sein soll (Schreiber, S. 103). In Franken ist die nämliche Erzählung mit der Kreuzkapelle bei Röllfeld an der Straße vor Klingenberg am Main verbunden worden (H. Dünninger I, S. 162).

Völlig in den Bereich der Sage, wie ihn die Volkskunde heute definiert, führt die Ursprungslegende einer kleinen Bildstockwallfahrt in der Nähe von Thulba in der Rhön, die Bernhard Schemmel 1970 näher beschrieben hat. Das Gnadenbild der dortigen Michaels-Kapelle bei Frankenstein, das Haupt einer Fünfwunden-Darstellung, besitzt eine Vertiefung in der Stirn, die von den drei Freischüssen eines Jägers herrühren soll, wie im 18. Jahrhundert erzählt wurde, und aus der Blut geflossen sei. Genau die gleiche Ursprungslegende besitzt die Wallfahrt Hechingen im Hohenzollerschen, wo in der Kirche zum hl. Kreuz noch der Stock steht, auf dem sich ehemals der Kruzifixus befand, nach dem ein Junker 1390 drei Freischüsse abgegeben haben soll (Schreiber, S. 129).

Fast aus der gleichen Zeit will die Legende der Mainzer Wallfahrt Heiligkreuz sein, einst vor der Stadt gelegen, weil wiederum ein Feldkreuz, das 1383 durch einen betrunkenen Spieler nach hohem Geldverlust verstümmelt worden war. Blut- und Festbannwunder folgten wie allerorten auf dem Fuß (Schreiber, S. 234). Diese Ursprungslegende wird sowohl von Valentin Leucht berichtet, wie auch noch in den vielen Auflagen des »Marianischen Gnadenflusses« von Renatus, wo sich auch Maria Buchen verzeichnet findet (vgl. o. Abb. 33).

Man sieht: in später, nachmittelalterlicher Zeit lebt die ständige Verortung des abgewandelten Freveltypus gegen Christusbilder weiter, auffälligerweise ohne mit Juden in Verbindung gebracht zu werden. Dafür gab es – wie gesagt – lange schon die Hostienlegenden und parallel dazu, oder sich konsequent daraus entwickelnd, das Motiv vom Ritualmord an kleinen Christenknaben (HDA VII, 727). Der Jude begegnet nun eher im Zusammenhang mit Marienbildern, ist aber auch dort keineswegs alleinige Täterfigur. Die Barockprediger Drexel, Strobl, Abraham a Sancta Clara und Martin von Cochem warten im 17. Jahrhundert mit verwandten Ketzergeschichten bei Marienbildern des späten 16. und ihres eigenen Jahrhunderts auf[13].

Der engere Umkreis der Buchenlegende

Das Marienthema beherrschte die Wallfahrtsliteratur der Gegenreformation und des Barock. Der Jesuit Wilhelm Gumppenberg hatte mit der »Idea Atlantis Mariani«, Trient 1655, den Anstoß für eine eigene Literaturgattung marianischer Wallfahrtstopographien gegeben und bei seinem Entwurf sogleich für Mitteleuropa auch erste Orte mit verletzten Marienbildern genannt: neben Neukirchen und der von Kretzenbacher (S. 74f.) behandelten Triden-

34 Baseler Titelholzschnitt von Pamphylius Gengenbach zu seiner Liedflugschrift von 1517 über das verletzte Marienbild von Camberon in Belgien.

tiner »Madonna delle Iaste«, der ein Jude in die Stirn gestochen haben soll, die »Vulnerata« aus dem Henngauischen Kloster Camberona, von der noch näher zu sprechen sein wird. Obwohl schon in diesem ersten Entwurf Gumppenbergs anschließend von Ingolstadt und seiner neuen Jesuiten-Madonna die Rede ist, fehlt die Ingolstädter Schuttermutter aus der 1384 anstelle einer Synagoge errichteten Kirche. Ihr sollen Juden den Kopf abgesägt haben.

Man ersieht daraus deutlich die einem Autor zur Verfügung stehenden Informationsmöglichkeiten und natürlich auch die gewiß nicht zu leugnende Propagandaabsicht für den eigenen Orden. Schriftsteller anderer Orden haben später ganz bewußt unter diesem Gesichtspunkt gesammelt und rubriziert. Mit anderen Worten, das einzelne Motiv steht hier nicht so sehr im Vordergrund, wohl aber der Ort, an dem solche Legenden noch kultwirksam waren. Darum entfallen für uns möglicherweise wichtige Traditionsglieder, weil ihre Verortungsstätten untergegangen sind. Andererseits existieren sozusagen hochliterarische Überlieferungen weiter. Sie sind zumindest greifbar von Autoren, die der nationalen Philologie wichtig erscheinen und deren Texte wir darum gut kennen.

Hierzu zählt eine mit Titelholzschnitt versehene Liedflugschrift des Pamphylius Gengenbach aus den Jahren vor 1517. »Daz ist ein erschrockenliche history von fünff schnöden juden, wie sie das bild Marie verspottet durchstochen haben.« Der moderne Editor, Karl Goedeke, hat 1856 den Inhalt des erzählenden Flugblattliedes wie folgt zusammengefaßt (S. 558): »Ein Jude dringt mit vier seiner Gefährten in eine Kirche der Grafschaft Hennegau und verspottet und verhöhnt ein Bild der Jungfrau. Ein Schmied und ein Bruder überraschen sie gerade in dem Augenblicke, als einer der Juden das Bild mit einem Spieße durchsticht. Die hellen Blutstropfen rinnen dem Bilde über das Gesicht. Der Schmied will den Missetäter alsbald mit der Axt erschlagen, wird aber vom Bruder zurückgehalten. Der Jude entweicht. Der Schmied will dem Grafen Anzeige machen, wird aber vom Bruder überredet, sich an einen Abt zu wenden. Der Abt empfiehlt die Sache nicht zu übereilen, vielmehr eine Weile anstehen zu lassen. Einst erscheint dem Schmied ein Engel, ihn auffordernd, die Sache nicht liegen zu lassen. Der Schmied wendet sich an den Pfarrer, der ihm rät, die Sache zu verschweigen und zu beten. Da erscheint ihm Maria mit dem Kinde selbst, genau wie sie auf dem Altar der Kirche gestanden, mit fließender Wunde, und gebietet ihm zu tun wie ihm der Engel befohlen habe ... Der Jude erbietet sich zum Zweikampf mit dem Schmiede, um seine Unschuld darzutun. Der Schmied nimmt den Kampf an, um zum Troste der ganzen Christenheit die Ehre der edlen Kaiserin zu retten. Der Graf willigt darauf ein ... Der Jude wird auf einem Brette zum Tore hinausgeschleift und zwischen zwei Hunden bei den Füßen aufgehängt.«

Goedeke hat Ort und weitere Überlieferung nicht ermitteln können. Wir erkennen darin das oben bei Gumppenberg zitierte Marienmirakel. Er hat es »ex historia impressa«. Zuvor findet es sich bei Leucht nach der Hirsauer Chronik des Trithemius und »Ex Chronico manuscripto Regum et Ducum Austrasiorum anno 1326« (S. 405). Später übersetzte der Kapuziner Emmerich von Hall in seinem »Marianischen Liebswecker« (Augsburg/Würzburg 1748, S. 56 ff.) den Gumppenberg-Bericht aus dessen lateinischer Großfassung des »Atlas Marianus«. Alle Fassungen dürften auf das Lied des Baseler Druckers und Poeten Gengenbach zurückgehen. Erst von Gumppenberg an wird auch der Ortsname genannt: das Zisterzienser-Kloster Camberon im heutigen Belgien. Es liegt bei Mons, von dessen Grafen in den Prosafassungen die Rede ist, weil der getaufte Jude sein Schützling und bei der Leibwache untergekommen sei. Nur so läßt sich das Requisit der Hellebarde erklären und motivieren. Nach Stephan Beissel ist Camberon noch heutigentags eine Marienwallfahrt, jedoch mit einem völlig anderen, wohl älteren und stets vornehmlich verehrten Gnadenbild. »Die Abtei besaß auch ein von einem Juden 1326 verstümmeltes Gemälde der Anbetung der Könige« (S. 370).

Der Holzschnitt des Gengenbach hingegen zeigt eine thronende Mutter Gottes auf eigenem Altar. Die spätere Prosafassung fügt noch ein Detail hinzu, das in Maria Buchen eine besondere Rolle spielt: Das Wehe-Rufen des verletzten Bildes: »es lasset sich hören ein wehklagende helle Stimm aus der heiligen Bildnuß« (Emmerich, S. 562). Eine spätere Erzählvariante läßt dafür »Blut aus der Ritze des Baumes« treten (Schober S. 291). Dennoch kann man nur allgemeine Verbindungslinien zur Legende von Maria Buchen ziehen. Valentin Leucht, der frühe Überlieferer beider Geschichten, hat die ihm bekannte Fassung von Camberon gewiß nicht zum Vorbild von Maria Buchen genommen. Aber deren oberdeutsche volkssprachliche Verbreitung als Flugblattlied des frühen 16. Jahrhunderts belegt, auf welche Weise und in welchem Maße derartige Erzählungen unter das Volk kamen.

Wo und wie sie, auch außerhalb von Unterhaltung und Katechese, weitergelebt haben, verrät ein abergläubischer Gebetstext zur Erlösung Armer Seelen, der in Rothenfels am Main im Jahre 1909 benutzt worden ist, also im einstigen Amtsstädtchen, dem verwaltungsmäßigen Bezugspunkt von Maria Buchen. Das handgeschriebene Faltblatt gehört heute der Sammlung Hofmann im Priesterseminar Würzburg. Dort stehen unter anderem folgende Verse: »Es kam ein blinder Jud gegangen, und mit den Händen das Schwert gefangen, und stieß dem Jesus ins Herz hinein. Die großen Bäume bogen und kleinen Äste begaben sich, Sonn und Mond verlor ihren Schein, die Vöglein ließen das Singen sein. Es freut sich jedermann, der dies Gebetlein kann, der bete es alle Tage einmal und alle Freitage dreimal, dann wird seine arme Seele aus der ewigen Pein befreit sein«. – Die Forschung nennt derartige Anklänge oder Reste unausgeführter Erzählungen »Schwundstufen«. Wer denkt im Umkreis Maria Buchens nicht sogleich an die ausformulierte Auffindungslegende oder könnte sie sich nicht aus derartigen Bruchstücken neu verortet vorstellen? »Blindlings« stechen heißt hier das Motiv in doppelsinniger Weise. Die bannende Buche wurde ebenso blindlings verletzt und offenbarte erst dadurch ihr heiliges Geheimnis. Der Frevler kannte gar kein deutliches Ziel.

Selbst im Bereich von Kultstätten mit festgefügtem Legendenkreis siedeln sich im Laufe der Zeit immer noch neue Motive und Variationen des schon vorhandenen Themas an. In der bayerischen Sagensammlung Schöppners aus der Mitte des vorigen Jahrhunderts steht die parallel zur Wallfahrtslegende gebaute Frevelgeschichte von protestantischen Reitern, die vom Bildstock oberhalb Maria Buchens zwischen Sendelbach und Steinfeld vom Regen überrascht werden und in das nahe Kloster einkehren wollen mit den Worten »Nun kommen wir sogleich hinunter nach Buchen, wo die Maria ihre Windelwäsche hat«. Sie werden samt Pferden festgebannt und können erst nach dem Versprechen einer jährlichen Fußwallfahrt weiterziehen (III, S. 43).

Auch für die berühmte polnische Wallfahrt Tschenstochau (seit 1382) mit ihrer byzantinischen Ikone, die der Legende nach durch den Schwertstreich eines Hussiten im Jahre 1430 eine Gesichtsnarbe erhielt, also ebenfalls ein verletztes Kultbild ist, werden weitere Frevelgeschichten erzählt, z. B. die in noch frühere Zeiten verlegte vom Pfeilschuß der Tataren bei einer Belagerung oder die jüngere von blasphemischen Schmähungen eines protestantischen Predigers, der daraufhin 1606 von Pferden zertrampelt wird; alles Erzählbeispiele, die in der süddeutschen Marienliteratur des 17. und 18. Jahrhunderts begegnen (Strobl, S. 18f.). Historisch interpretiert, steht dieses Gnadenbild stets für Polens national-katholische Identität. Kein Wunder also, wenn heute in Deutschland lebende Exilpolen sich Maria Buchen mit seinem ebenfalls verletzten Gnadenbild zum jährlichen Treffpunkt ausgewählt haben. Leopold Kretzenbacher hat allerdings soeben zeigen können, wie in Polen selbst die Mutter Gottes von Tschenstochau aus einem »Palladium« des polnischen Volkes zum »Leitzeichen für eine leidend überlebende Kirche« in der Welt geworden ist (S. 115). Derartige Wandlungen des Selbstverständnisses und der Kultwirksamkeit verweisen auf die Vitalität wallfahrtsmäßiger Überhöhungen des religiösen Lebens.

Daneben halten sich natürlich die alten Erzählschemata von Kultfrevel und Strafwunder, aber auch sie passen sich weiter dem Zeitgeschehen an. Auf dem Bergweg zum Käppele in Würzburg steht unterwegs eine heute noch ständig mit brennenden Kerzen geschmückte sandsteinerne Pieta in einer Tuffsteingrotte. Hans Dünninger berichtet: »Kurz vor Ausbruch des letzten Krieges schlug ein Frevler dieser

Madonna den Kopf ab; eine vieltausendköpfige Schar von Wallern veranstaltete daraufhin eine nächtliche Sühneprozession – zugleich eine machtvolle Kundgebung gegen den Ungeist des Nazismus – zum Käppele ... Wenige Wochen nach der Freveltat erzählte man sich, ein führender Nationalsozialist Würzburgs habe einen Verkehrsunfall erlitten, sei mit schweren Kopfverletzungen in ein Krankenhaus eingeliefert worden und habe dort die Tat eingestanden« (II, S. 67).

Die Jesuiten Drexel und Strobl erzählen aus dem Jahre 1580 nichts anderes, wenn sie im 17. Jahrhundert berichten, bei der Belagerung von Hall im Hennegau habe ein ketzerischer Soldat gelästert, er werde dem »Weiblein von Hall« die Nase abschneiden; daraufhin sei ihm beim nächsten Sturmangriff selbst die Nase fortgeschossen worden (Strobl, S. 18). Wieder einmal kommen Franken und Hennegau gleichzeitig in den Blick, doch da gibt es keine direkten Abhängigkeiten, aber gewiß geistige Verwandtschaften, gleich denen mit Polen und allen übrigen Regionen zu Zeiten immer wieder umkämpfter weltanschaulicher Gegensätze. Die Kampfansage und Trostlegende vom wundertätig werdenden verletzten Gnadenbild spiegelt die ungelösten Ideologie-Probleme der Menschheit und damit die Leidensgeschichte aller Akteure auf dem »Theatrum humanae vitae«, wie barocke Exempelkompilatoren ihre Sammlungen bisweilen nannten.

Wolfgang Brückner

Wunderbare Ortsweisung und Verortung von Legenden

Wallfahrtsorte werden geheiligt durch den besonderen Kult, durch eine außergewöhnliche religiöse Aktivität der Gläubigen an diesen speziellen Plätzen. Die Ursprungslegenden pflegen umgekehrt zu argumentieren. Sie liefern den Verehrern des jeweiligen Ortes eine scheinbar rationale Motivation für jene sonst wenig erklärbare, jedenfalls im Bereich abstrakter Religiosität kaum einsichtige Bevorzugung bestimmter Örtlichkeiten. Der heilige Ort aber besitzt in der Regel Vorrang zumindest vor heiligen Bildern. Gnadenbilder können erneuert oder gar verdrängt werden. Die besondere Heiligkeit des Ortes hingegen garantiert das Kultkontinuum sogar bei Umwandlungen heidnischer Verehrungsstätten durch christliche Kirchen.

Für die jeweilige erzählerische Motivation müssen dabei zwei Momente auseinandergehalten werden: einmal die Tatsache der Legendenbildung für einen einzelnen, genau fixierten Ort und zum anderen das besondere Motiv innerhalb einer solchen Ursprungssage, die ausdrücklich den Kultplatz festlegt, indem etwa durch besondere Wunderzeichen angezeigt wird, wo eine Kirche gebaut werden soll oder indem das Gnadenbild immer wieder dorthin zurückkehrt, wo es besonders verehrt sein möchte. Ersteres nennt der Volkskundler seit Josef Dünninger die Verortung von Legendentypen, Einzelmotiven, Wandersagen, also die Inanspruchnahme und Festschreibung bekannter Erzählungen für einen tatsächlich existierenden geographischen Ort, seine lokale Ausschmückung und sein dortiges kultisches Wirksamwerden. Letzteres hingegen nennen wir Weisungslegenden: alle Motivkombinationen vom Typus Strom-, Schiffs- oder Anschwemm-Sage (eines Heiligenleibes oder eines Bildes), Gespannwunder (der Probetransport durch ungelernte Ochsen- oder Maultiergespanne zur Ortsermittlung), himmlischer Transport (Loreto-Motiv), wunderbare Rückkehr zum ursprünglichen Ort, bei R. Kriss verwirrenderweise »Wandersage« genannt, welcher Begriff jedoch in der Erzählforschung für die wandernde Weitergabe typischer Geschichten von Ort zu Ort benutzt wird, woraus Mehrfach-Verortungen entstehen können.

Wallfahrtsorte erweisen sich demnach als Loca Sancta durch deutliche Offenbarungshinweise ihrer Kultobjekte. Dies kann natürlich auch durch direkte Aufträge innerhalb von Visionen geschehen, wie es sich mit Legendenmotiven vielfach belegen läßt, etwa der himmlischen Weisung an genau dieser oder jener Stelle eine Kapelle zu errichten.

In Maria Buchen begegnet die ausdrückliche Betonung der Örtlichkeit in der Klostertradition des frühen 18. Jahrhunderts. Das Bild sei nach seiner Verletzung und Auffindung in verschiedene Kirchen der umliegenden Dörfer gebracht worden, sogar einmal von einem Soldaten gestohlen gewesen, aber – so heißt es 1726 – »allzeit nach kurzer zeit wider in sein vorige statt kommen«. Diese Legendenausschmückung findet sich noch nicht bei Leucht 1591, scheint aber schon in den dieser speziellen Überlieferung zugrunde liegenden Manuskripten der Klosterüberlieferung aus der Mitte des 17. Jahrhunderts gestanden zu haben. Das Motiv des Diebstahls durch einen Soldaten berichtet auch Lemmer 1687, der gleich Leucht Maria Buchen aus eigener Anschauung kannte. An diesem Punkte sieht man, wie hier die generelle »Tendenz zur Motivanhäufung« (Kriss III, S. 84) bei Wallfahrtslegenden wirksam ist, nachdem schon der Erstaufzeichner offenbar so vieles zu einer neuen Einheit zusammenkomponiert hatte. Das will nicht heißen, Valentin Leucht erst habe alle Einzelheiten zusammengetragen und damit unsere heutige Legende quasi neu »geschaffen«. So simpel darf man sich literarische Stilisierungen mit theologischer Aussageabsicht nicht vorstellen. »Legende« besitzt lediglich in der heutigen Umgangssprache jenen negativen Klang, der zu falschen Assoziationen führt.

Mehrere Motive aber lassen in Verbindung mit den historischen und antiquarischen Befunden den Schluß auf einen geschichtlichen Wahrheitskern zu. Erzähl- und Kultanlaß ist das tatsächliche Vorhandensein des heutigen Gnadenbildes um 1400 gewesen. Schon Seelsorger seit dem späten 17. Jahrhundert haben nach einleuchtenden natürlichen Erklärungen für die Auffindung einer Mutter-Gottes-Figur im Baum gesucht (Lemmer 1687). Und in der Tat zeigen unsere Beobachtungen nicht bloß Vielfältigkeit und Allgegenwärtigkeit des Motivs »Maria im Baum«, sondern auch durch den lokalen Namensbefund und parallele Baumbeispiele, daß die kleine mittelalterliche Plastik gewiß in einer Buchenbaumhöhlung eingewachsen gewesen sein muß. Die Wallfahrt »zu der Buchen« findet also tatsächlich an einem alten Waldweg zwischen mehreren Judendörfern statt, womit zugleich der Anstoß für das zweite Hauptmotiv gegeben war, zumal wenn damit besondere Erzählabsichten verbunden werden konnten.

Diese sind hypothetisch auf zwei verschiedenen Ebenen zu suchen. Zum einen gibt es die Möglichkeit direkter Zielsetzung, also eine konkrete antisemitische Tendenz, wie es die Gleichzeitigkeit von Judenvertreibung in Lohr, ein Siedlungsverbot für Juden im Hochstift zu Ende des 16. Jahrhunderts und die damit zusammenfallende frühest greifbare Legendenfixierung nahe legen möchten. Diese Tendenz haftet zumindest latent allen gegen bestimmte Gesellschaftsgruppen erzählten Geschichten an, und darum braucht der Moment ihrer Aufzeichnung nicht identisch mit besonderen Verfolgungen oder aktuellen Diskriminierungsabsichten zu sein. Wie oben bei der Darlegung von Legendenvarianten und der Behandlung des Judenmotivs schon näher gezeigt worden ist, haben gerade spätere Textfassungen und jüngere Zeiten erst deutlichere antisemitische Akzente gesetzt; interessanterweise jeweils literarisch besonders ambitionierte Autoren: im 17. Jahrhundert Martin von Cochem, um psychologischer Ausschmückung willen; im 19. Jahrhundert Ruland, um den Stoff zu einer dramatischen Novelle ausbauen zu können.

Die zweite Motivations- und Interpretationsmöglichkeit solcher Feindbilderzählungen bildet nicht ein konkreter Anlaß oder ein gegenwärtiges Ziel, sondern der Beweischarakter für angefochtene eigene Positionen. Die Geschichten dienen mithin der illustrativen Bestätigung und wenden sich mehr nach innen, denn nach außen, mehr an die eigene Adresse der Leser und Zuhörer als wider potentielle Gegner. In solchem Zusammenhang scheint nun die frühest greifbare Legendenfassung bei Valentin Leucht 1591 eher zu stehen. Sie findet sich – wie oben im Kapitel über das Motiv vom verletzten Kultbild ausgeführt – in einem Büchlein über die von der Reformation angefochtene Verehrung heiliger Bilder und steht in einem Zusammenhang, der gegen Juden und gegen die verschiedensten Ketzer gerichtet ist und viele Geschichten von der gleichen Art erzählt. Der Autor fügt das Buchener Beispiel lediglich aus eigener Kenntnis den seiner Hauptquelle übernommenen Exempeln hinzu. Fünfzehn Jahre nach seiner Tätigkeit im Kloster Neustadt am Main und seinem damaligen Besuch dieser von den Benediktinern betreuten Kapelle in Buchen darf dem nunmehrigen Stiftherrn in Frankfurt kein gezielt antisemitisches Interesse im fernen Grenzwald zwischen Mainz und Würzburg unterstellt werden. Vielmehr fügt sich sein Beitrag aus der mündlichen Überlieferung ganz in die Folge anderer und ähnlicher Ketzersagen seiner Sammlungen ein. Sie dienen allesamt innerhalb seiner gegenreformatorischen Absicht dem vorrangigen Ziele, daß auch und gerade im »Morale« zu seiner Fassung der Buchenlegende deutlich genannt wird: »Dann dieser Gott, welcher auß harten Felsen in der Wüsten klares Wasser fließent machet, der schaffet auch, daß auß dürren Bildern das zarte Blut fleusset, alles zur Bestättigung unseres wahren einigen Glaubens«.

Eine ganz andere Frage bildet das Problem der tatsächlichen mündlichen Tradition, was also zu Leuchts Zeiten von dieser Legendenfassung wohl wirklich im Volke umgegangen sein mag. Schon verortet war gewiß die wunderbare Bildauffindung. Das Motiv vom verletzten Kultbild mußte nicht, wie oben gezeigt worden ist, von Anfang an dazugehören. Möglich, daß diese Version zunächst parallel erzählt wurde, so wie sich oft mehrere Überlieferungen anzusiedeln pflegen. Ihr Zusammenwachsen erst setzt bewußte literarische Stilisierung voraus. Dies aber dürfen wir für Leuchts Legendenbericht annehmen. Um jene Zeit werden auch andernorts im Fränkischen mittelalterliche Wallfahrtslegenden erstmals schriftlich festgehalten, nämlich im Augenblick der Kulterneuerung durch die Gegenreformation. Genau zu diesem Zeitpunkt aber greift die formende Hand des jeweiligen Seelsorgers zugleich bewußt in die oft vage oder bruchstückhafte Überlieferung ordnend und akzentuierend ein. Ein gutes Parallelbeispiel bildet die endgültige Formung der Legende vom Blutwunder in Walldürn, 1589 durch den Pfarrer Jodocus Hoffius erstmals mit einem festen Datum und dem ebenfalls fiktiven Namen eines »Sagenhelden« versehen (Brückner, S. 28). Leucht zitiert im Jahre 1590 in einem anderen Geschichtenbüchlein dieses Walldürner Mirakel nach einer früheren Fassung aus einer damals am Wallfahrtsort befindlichen Quelle, die er angibt, so wie Leucht über das Augsburger heilige Blut auf Grund eigener Korrespondenz mit dem dortigen Stift berichtet. Für Maria Buchen hingegen bringt er keinen Beleg, hat also auch in Neustadt keine Unterlagen dafür gesehen, sondern er spricht nur von sich selbst als Zeugen. Darum dürfen wir hier füglich von eigenen Aufzeichnungen aus der mündlichen Tradition sprechen und von literarischer Bearbeitung zur heutigen gültigen Legendenfassung. Dabei kamen ihm natürlich 1591 seine bisherigen Mirakelsammlungen und die Kenntnis entsprechender Wunderliteratur zugute. Er vermochte zu kompilieren und zu interpolieren, zu stilisieren und zu akzentuieren. Er vermochte dies als ein ausgesprochener Geschichtensammler genauso gut wie die Märchensammler des 19. Jahrhunderts, die keine Bruchstücke von Überlieferungen publizieren wollten, sondern – wie sie meinten – versunkene Poesie rekonstruieren und die darum aus ihrem Umgang mit verwandten Texten und erträumten idealen Textgestaltungen »wußten«, wie man ergänzt, um ein stimmiges und wirkungsvolles Ganzes zu erhalten.

Von der dahinterstehenden Erzählabsicht des Valentin Leucht war schon die Rede. Deren Methodik fügt sich in die Praxis narrativer Theologie, die nicht bloß mit dem auflockernd illustrierenden Exemplum, etwa als »Predigtmärlein« arbeitet, sondern verstärkt seit den Tagen der Gegenreformation und voran im 17. Jahrhundert die Volkskatechese wirksam geprägt hat. In Würzburg steht hierfür der »Catechismus in Exempeln« des Jesuiten Georg Vogler von 1625. Valentin Leucht bildet mithin den Knoten, bei dem die Fäden tatsächlicher Lokaltradition und allgemeiner Legendenüberlieferung zusammenlaufen. Er hat gebündelt, was von nun an festgelegte Ortseigentümlichkeit sein sollte. Er hat damit literarisches Wandergut endgültig verortet.

Möglich aber wurde solches wiederum nur, weil seine Schriften für alle folgenden Schreiber Autoritätscharakter erhielten. So konnte seine »literarische« Fassung zurück ins Volk wirken, zur Instanz für jegliche Kultpropaganda werden, zumal erst Jahre nach seiner keineswegs für Maria Buchen bestimmten Publikation die Neubelebung der Wallfahrt einsetzte. Es hängt darum mit dem verbreiteten gegenreformatorischen-barocken Schrifttum zu den Marianischen Wallfahrten, vornehmlich mit der Atlas-Marianus-Literatur zusammen. Diese stützte sich unter anderem auf ältere Sammelwerke wie die des Leucht. Hier schon genannte Orte wurden in der Buchüberlieferung festgelegt auf diese Tradition. Dennoch spricht die eindeutige Festlegung auch in Maria Buchen auf die Fassung des Leucht eine deutliche Sprache für das Fehlen einer wirksamen älteren Legendenüberlieferung von verbindlichem Charakter und deutlicher Ausformulierung. Erst im Anschluß an Leucht vermochten sich weitere Ausschmückungen einzufinden. Seine Fassung von 1591 aber bildete stets die Grundform.

So bleibt, nach allen unseren Überlegungen, nur Maria in der Buche. So aber war es auch zu Anfang nur am einsamen Waldweg des Mittelalters. Und so ist es heute wieder, nachdem der politische und katechetische Sinn der in Maria Buchen allmählich verorteten Judensage sich überholt haben. Maria überdauert sozusagen die Relativität und Zeitlichkeit menschlichen Denkens.

Wolfgang Brückner

35 (auf Seite 94) Luftaufnahme 1977: Unten Buchental und Buchenmühle, oberhalb der Kirche das Kloster und die Waldrast.

Geschichtliche Nachrichten

Kirchenbau und Ablaß

Die oben schon teilweise zitierte Klosterüberlieferung von 1726 meldet im Anschluß an den Legendenbericht folgende historische Details über die weitere Entwicklung von Wallfahrt und Kirche Maria Buchen:

»Solches hat gewähret bis zur zeit des bischofs Joann von brunn [1411–1440], welicher auf anregung vieler glaubwürdigen und gottesförchtigen leuten, und der grossen vielfältigen wunderzeichen, so allda geschehen, bewegt worden, eine herrliche capellen dieses orths zu erbauen, und zu deren besseren aufnahm folgendes edict offentlich publiciren lassen: Joannes von gottes gnaden des Apostolischen sthuls, Bischoff zu Würzburg allen und jeden christgläubigen, so dies gegenwärtige schreiben fürkombt, oder ansichtig werden, glück und heyl in dem herrn. Wiewohlen wir gott den herrn in seinen heiligen ehren sollen, seyend wir vielmehr das schuldig zu thun gegen der königin der himmeln: in welicher innerlichen leib sich gottes sohn, menschworden, eingeschlossen hat: welche für das christliche Volck, als ein gestrenge fürsprecherin und fleissige vorbitterin zu dem könig, den sie geboren hat, bittet; so wollen wir, das in der capellen der selbigen Jungfrauen Mariae, des herrn Mutter, die in dem orth, den mann gemeiniglich pflegt zu nennen zu der Buchen, in der marckung der pfarrkirchen steinfeld gelegen, unsers Bistums, zu unseren lezten zeiten, herrlich zugericht zu werden, angefangen, das gott der allerhöchste herr da selbsten in seiner gebenedeyten Mutter stettig und fleissig geehrt werde. und allen so wahrhaftig reuen und büssen, und gebeicht haben, diese capellen an fest und anderen tagen, nemlich an den tagen der gebuhrt Christi, auferstehung, und himmelfahrt unseres herrn, an pfingsttagen, der unzertheilten und gebenedeyten dreyfaltigkeit, und unseres herrn fronleichnams tag, und durch dieselbe octavam, auch in allen festen und tagen der selbigen Jungfrauen Mariae, an allen Apostel tagen, an den tagen der Patronen und Kirchweyhung derselben besuchen und aus andacht dahin kommen werden dem geben wir aus der barmherzigkeit gottes und der selben Apostel Petri und Pauli nicht weniger der heiligen Martyrer Kiliani, Totnani, und Colonati, unserer kirchen Würzburg Patronen oder schutzherren verdinst und ansehen vertröstet 40 tag ablaß, von auferlegter bus in dem herrn Barmherziglich nachlaßend. Zu mehrer Zeugnis dieser sachen haben wir das Sigill unsers Vicariat ambts an diesem brief hencken lassen. geben zu Würzburg im Jahr 1434 den nächsten tag nach Bartholomae. Diese capellen ist hernacher anno 1461 den 29 July unter der Regierung Bischofs Joannis von Grumbach [1455–1466], von Joanne Episcopo Nicopolitano, damahligen Weybischofen zu Würzburg consecriret, und da sie in denen kriegs zeiten sehr ruiniret und verwüstet, von Bischoff Julio renovirt, durch einen angebauten neuen chor erweitert, mit mahlerey und neuen altären auf das schönste ausgezieret und dann von Euchario Episcopo Augustopolitano Weybischofen zu Würzburg den 16., tag oct., als am fest des hl. Galli beichtigers im Jahr 1618 abermahl eingeweyhet worden. Weilen aber selbige capellen viel zu klein worden, die menge der Wahlfahrter zu fassen also das öfters das ambt der hl. mess und die predig unter den freyen himmel hat müssen gehalten werden, so haben seine hochfürstliche Gnaden Joann Godfrid von Guttenberg [1684 bis 1698] höchstseeligsten andenckens, die jezige grose und schöne kirchen aus dem fundament neu auferbauen lassen, welche von Tit. Stephano Episcopo Domitiopolitano letz verstorbenen Weybischoff zu Würzburg, anno 1701, den 29. May am sontag unter der octav corporis Christi eingeweyhen und in eben diesem jahr dem pfarrer zu steinfeld ein caplan gnädigst adjungirt worden, damit durch und mit dem diese Wallfahrt an allen sonn und feyertagen den sommers hindurch als von Maria Verkündigung bis Michaelis fest inclusive, und die Mariaefest des ganzen jahrs mit meß und predig zum trost der dahin kommenden Wallfahrter möge versehen werden.«

Datierung des Ablaßbriefes von 1430/34

Der Ablaßbrief Johann von Brunns ist das erste wirkliche Zeugnis für eine Marienverehrung am heutigen Wallfahrtsort. Erwähnt wird die Urkunde bei Leucht, überliefert wird sie durch Wagner und den zitierten Text von 1726. Rekurriert wird auf sie im Jahre 1610 durch den Rothenfelser Amtsschreiber.[14] Am 20. April 1825 sendet Pfarrverweser Würschmitt von Steinfeld eine Abschrift von ihr, »entnommen dem alten Pfarrbuch«, nach Würzburg.[15] Als Datum des Ablaßbriefes wird hier jeweils das Jahr 1434 genannt, und zwar der 25. August (Bartholomäus ist am 24. August). Nun gibt aber Paul Schöffel in »Herbipolis Sacra« (S. 24) an: »Ablaßbrief für die Marienkapelle zu der Buchen in der Pfarrei Steinfeld von 1430 Aug. 25«. [Ordinariatsarchiv Würzburg]. Nach dessen Kriegszerstörung lassen sich nur noch folgende, vor 1945 gefertigte Regesten Schöffels feststellen: »Mariabuchen: 1430 Aug. 25 B. Johann v. Wzbg. verleiht der Kapelle b.M.v. zu der Buchen Pf. Steinfeld für gewisse Tage vierzigtäg. Ablaß«. Weiterhin: »1430 Aug. 25. Wzbg. B. Johann erteilt Ablaß für die Capella ... b. Mariae virginis ... in loco dicto vulgariter zu der Buchen sita infra limites parochialis ecclesiae in Steinfeldt«. Die Ablaßurkunde hat also wirklich existiert, Schöffels Regesten liegen vielleicht das lateinische Original (Ausstellerausfertigung) oder ihm nahestehende Abschriften zugrunde. Die Urkundenüberlieferung in Maria Buchen und Steinfeld konnte dagegen anscheinend immer nur auf eine deutsche Übersetzung zurückgreifen. Schöffels Regesten und die weitere Kopialüberlieferung geben immer den 25. August, aber verschiedene Jahre an: 1430 bzw. 1434.

Eine sichere Entscheidung kann nicht getroffen werden, doch darf man dem Datum »1430 August 25« aus folgenden Gründen den Vorzug geben: Schöffel arbeitete sehr genau. Er konnte wahrscheinlich auf das Original oder ihm sehr nahestehende Abschriften zurückgreifen. Auch sind seine Regesten wohl unabhängig voneinander. In die Überlieferung Maria Buchen/Steinfeld kann sich leicht ein Fehler eingeschlichen haben. Die Streitigkeiten Johann von Brunns im Jahre 1434 (Schubert, S. 80ff.; Wendehorst II, S. 156f.) lassen es fraglich erscheinen, ob er im August dieses Jahres überhaupt in Würzburg urkunden konnte. Das Aufleben der Marienverehrung gerade in diesen Jahren hängt auch mit den Hussitenkriegen zusammen: »Das Volk bestürmt wallfahrend die Gottesmutter um den Sieg des gewaltigen Reichheeres, das sich im Böhmerwald im Vorsommer 1431 sammelt ... Heinrich von Höfflin, Abt von Schönthal a. d. Jagst, leitet 1431 eine Wallfahrt nach der Marien-Kapelle in Neuses in die Wege. Aus 25 Pfarreien erscheinen Beter mit Kreuzen, unter Führung ihrer Geistlichen, um die Hussitennot zu bannen ... Der Glaube an eine Marienhilfe [...] entspringt ihrer Ablehnung auf Seiten den Neuerer« (Pölnitz, S. 54).

Kirchweihe und Nachrichten des 15. Jahrhunderts

Am 29. Juli 1461 wurde in Maria Buchen durch den Würzburger Weihbischof Johannes Hutter eine Kapelle eingeweiht. Diese Nachricht aus dem Text von 1726 wird durch die Kalendereinträge des Tuchscherers Jakob Röder bestätigt, der anläßlich der nächsten Einweihung am 16. Oktober 1618 das gleiche in seinen Kalender einträgt (Kerler, S. 68). Es wird sich 1461 um die Kapelle handeln, deren Baubeginn schon Brunns Urkunde von 1430/34 feststellte. Die Bauzeit von über 30 Jahren ist angesichts der Verhältnisse im Hochstift nicht weiter verwunderlich. Die nächste Nachricht über die Kirche stammt vom 21. März 1471. Michael Diemar von Rieneck setzt in seinem Testament »unserer lieben Frau zur Buche« 10 fl. (Gulden) aus. Es ist dies die erste bekannte Stiftung, und sie wird wohl kein Einzelfall gewesen sein.[16]

Möglicherweise eine weitere Nachricht über Maria Buchen besitzen wir dann vom 21. November 1494. Ein Sendelbacher Weistum enthält folgenden Text: (11.) »Item X Pfund satzen sie [d. h. die Weiser von Sendelbach] auch jerlich uff die gueter Capell Bethe genant, Nimpt ein Caplann zu Rottenvels uff dem schloss [hier muß ›VI Pfund‹ ausgefallen sein], und die ander IIII Pfund Gerlachs von Carspachs erben. Ich [= der Amtmann zu Rothenfels] finde im alten Register das XVI Pfund heller zu Capell bethe gefallen sollen, sagen das sie nie mere dann X Pfund geben haben, wie aber das ins Register kumpt, wais ich nit, wann es steht, das die herren zu Rothenvels VI Pfund daran haben sollen«[17]. Die »Cappell Bethe« ist eine Abgabe für die genutzten Güter, die einer Kapelle gehören. Von einer Kapelle im Pflochsbacher Filialort Sendelbach ist nichts bekannt; wenn nicht die Kirche in Pflochsbach selbst gemeint ist, könnte die Kapelle Maria Buchen gemeint sein. Dem Burgkaplan von Rothenfels hätte dann die Seelsorge für sie zugestanden.

Wallfahrtsaufschwünge des frühen und späten 17. Jahrhunderts

Aus dem 16. Jahrhundert ist über Maria Buchen nichts bekannt. Gelegentlich behauptet die Literatur, die Kirche sei im Bauernkrieg 1525 zerstört worden (Michel, S. 3 ff.), aber dies ist nicht beweisbar. Auch die Beschreibung von 1726 gibt an, die Kirche sei »in denen kriegs zeiten sehr ruinirt und verwüstet« worden. Aber dies scheint nur eine floskelhafte Begründung für die Renovierung durch Echter zu sein, die an dessen wahren Intentionen vorbeigeht; denn für 1606 ist die volle Funktion der Kapelle bezeugt, der reguläre Gottesdienst wird danach vom Steinfelder Pfarrer besorgt (Barthels, S. 135). 1612 heißt es: »Buch. Wahlfarts würd vom closter auß versehen« (Hoffmann, S. 711). Damit ist Neustadt gemeint; die Benediktiner haben aber den Steinfelder Pfarrer sicherlich nicht abgelöst, sondern unterstützt, wenn an Wallfahrtstagen der Andrang in Maria Buchen besonders groß war. Der Grund für die Erneuerung mit Neueinweihung am 16. Oktober 1618 muß also nicht nur der ruinöse Zustand gewesen sein, sondern war wohl auch der Wunsch Echters, durch eine würdige Gestaltung der Kirche die Wallfahrt zu fördern und hierdurch den katholischen Glauben im Sinne der Gegenreformation zu stärken.[18]

Zu Ende des 17. Jahrhunderts florierte die Wallfahrt wiederum. Von 1669 stammt ein Inventar (Staatsarchiv Wbg. M. S. f. 994), das Auskunft über den Besitz der Kirche gibt, und aus Rechnungen ist zu ersehen, daß die Einkünfte sehr hoch waren (Barthels, Steinfeld). Der Zulauf des Volkes war so groß, daß, als die Kirche »viel zu klein worden, die Menge der Wahlfahrter zu fassen«, die neue und heute noch bestehende Kirche errichtet wurde. Am 29. Mai 1701 ist sie eingeweiht worden; der Pfarrer von Steinfeld erhielt gleichzeitig einen Kaplan, um den Gottesdienst besser versehen zu können. An den Wallfahrtstagen leisteten die Kapuziner von Lohr Aushilfe (Barthels, S. 37).

1726 holte Fürstbischof Christoph Franz von Hutten dann schließlich Kapuziner der fränkischen Ordensprovinz nach Maria Buchen.

Hans-Theo Ruf

Kapuzinerorden und Wallfahrt

Seit über 250 Jahren betreuen Kapuziner die Wallfahrt Maria Buchen. Die Gründung ihres Klosters in der hohen Barockzeit reiht sich ein in die Vielzahl von Klostergründungen an Wallfahrtsorten. Die zahlreichen in der Barockzeit gegründeten Niederlassungen der Kapuziner an aufstrebenden Wallfahrtsorten sind eine Folge des wiedererweckten religiösen Lebens innerhalb der nach den Wirren der Reformation neu gefestigten katholischen Kirche, das in dem immer mächtiger werdenden Strom der Pilger zu Wallfahrts- und Gnadenstätten seinen sichtbarsten Ausdruck fand.

Die Kapuziner waren neben den Jesuiten die Hauptkräfte der kirchlichen Erneuerung. Sie wirkten durch praktische, volksnahe Seelsorge, vor allem durch Predigten, deren Wirkung sie in öffentlichen Glaubensbekundungen zu vertiefen suchten. Mit Vorliebe übernahmen sie die Obhut über Wallfahrtsorte. Anfangs meist nur zur Aushilfe auf der Kanzel und im Beichtstuhl gerufen, gründeten sie bald Konvente an den Gnadenorten, um die gesamte Wallfahrtsseelsorge ausüben zu können. Sie hielten nach Bedarf Gottesdienste ab und Wallfahrtspredigten, förderten Prozessionen und Andachten, spendeten die Sakramente, sorgten aber auch für das leibliche Wohl der Pilger. Die Ansiedlung der Ordensleute brachte den Wallfahrten neue Impulse der Kultpropaganda: mit den auf Kollekte oder zur Predigt umherziehenden Patres und Brüdern verbreitete sich die Kunde von dem Gnadenort, seinem Wallfahrtsbetrieb und seinen wunderbaren Gebetserhörungen. So manche Wallfahrt verdankt ihre Beliebtheit den Kapuzinern.

Nachdem die Konvente in der Säkularisation aufgelöst oder zum Aussterben verurteilt worden waren, brachten Restauration der Ordensprovinzen und die Erneuerung des Ordenslebens auch Neugründungen von Wallfahrtsklöstern; aufgehobene Konvente konnten wieder in Besitz genommen und Wallfahrtsleben neu in Gang gesetzt werden.

Fränkische Kapuzinerwallfahrten

Kapuziner ließen sich in der Barockzeit an sechs bedeutenden Gnadenorten der fränkischen Kultlandschaft nieder: an den marianischen Wallfahrten in Dieburg, auf dem Engelberg bei Großheubach, in Maria Buchen und auf dem Würzburger Käppele, ferner an der Heilig-Blut-Wallfahrt in Walldürn und der Wallfahrt zur freudenreichen Dreifaltigkeit in Gößweinstein.

Das Wallfahrtskloster auf dem Engelberg wurde 1630 mit Genehmigung des Mainzer Erzbischofs Anselm Kasimir von Wambold gegründet, auf Antrag der Gemeinde Großheubach, deren Pfarrer die Seelsorge wegen des starken Andrangs der Wallfahrer nicht mehr bewältigen konnte. Die Kapuziner vollzogen die Marianisierung der alten Engelwall-

fahrt und führten den Antoniuskult ein. Bis 1828 übten sie Wallfahrtsseelsorge aus; dann vertrieb sie ein königlich bayerischer Erlaß. Kirche und Kloster wurden den Franziskanern übergeben, die auch heute die Wallfahrt betreuen.

Von dem gerade gegründeten Kloster Engelberg kamen seit 1631 Patres zur Wallfahrtsaushilfe nach Walldürn. Die Wallfahrtsstadt bot der praktischen Seelsorgetätigkeit der Kapuziner ein lohnendes Ziel. 1653 errichteten sie ein Kloster, und bald wurden sie für die Wallfahrt unentbehrlich. Die Pilger sahen die Wallfahrt zum Hl. Blut als Kapuzinerwallfahrt an. Die Aufhebung des Klosters 1830 beraubte die Pflege des Kultes ihrer tatkräftigen Stütze. Augustiner haben heute die Wallfahrtsseelsorge seit 1939 inne.

Eine dauerhafte Niederlassung konnten die Kapuziner 1650 bei der Wallfahrt zur schmerzhaften Muttergottes in Dieburg begründen, während dem Konvent in Gößweinstein, 1723 errichtet, ein ähnliches Schicksal wie dem Engelberger Kloster beschieden war: 1825 wurden die Kapuziner vertrieben und Franziskaner übernahmen die Wallfahrtsseelsorge.

Das marianische Heiligtum auf dem Nikolausberg von Würzburg, das Käppele, betreuen die Kapuziner nahezu ununterbrochen seit 1747. Von dem Würzburger Fürstbischof Anselm Franz von Ingelheim mit der Abhaltung der Wallfahrtsgottesdienste betraut, erbauten sie ein Hospiz bei der neuerrichteten Kirche Balthasar Neumanns, das sie im Juni 1749 bezogen. Bis dahin hatten sie die Seelsorge in Gnadenkapelle und Wallfahrtskirche von ihrem weit entfernten Würzburger Kloster aus durchgeführt. In der Säkularisation zum Aussterben verurteilt – der letzte, als »Exkapuziner« bezeichnete Superior starb 1835 – konnte das Hospiz bald wieder mit Ordensleuten besetzt werden, durch deren Hilfe der Würzburger Bischof die Erneuerung der Wallfahrt in Gang setzte, die heute zu den beliebtesten des Frankenlandes zählt.

Es seien noch ganz kurz Wallfahrtsklöster der Kapuziner im altbairischen Raum gestreift. In der Barockzeit betreuten die Kapuziner die Sakramentswallfahrt in Deggendorf, die »Gnad«, dann die Maria-Hilf-Wallfahrten in Passau und Vilsbiburg sowie Maria Brünnl in Wemding. Im 19. Jahrhundert übernahmen sie Altötting und Maria Birnbaum, nach Passau und Vilsbiburg konnten sie Ende des Jahrhunderts zurückkehren; Wemding überdauerte die Säkularisation, während in Deggendorf heute die Redemptoristen eine Niederlassung besitzen.

36/37 Zwei der vier lebensgroßen Holzplastiken franziskanischer Heiliger vom ehemaligen Hochaltar des aufgelassenen Kapuzinerklosters Lohr, heute in Maria Buchen.

Gründung des Kapuzinerhospizes Maria Buchen

Die Kapuziner der damaligen fränkischen Ordensprovinz richteten anno 1726 an den Würzburger Fürstbischof Christoph Franz von Hutten die Bitte, ein Hospiz in Maria Buchen gründen und die Wallfahrtsseelsorge übernehmen zu dürfen. Der Fürstbischof, der ein persönlich enges Verhältnis zu diesem Gnadenort hatte – kannte er ihn doch von den frühen Tagen seiner Kindheit vom nahen Steinbach her, dem Sitz seiner Familie – bewilligte den Ordensleuten die Gründung des gewünschten Konvents. Die Familie der Hutten wurde zum Gründer des Klosters Maria Buchen, ein Jahrhundert später sollte sie Retter der Wallfahrtsstätte werden.

Die fürstbischöfliche Stiftungsurkunde berief die Kapuziner zur außerordentlichen Wallfahrtsseelsorge nach Maria Buchen: »Die Pflicht Unsers Bischöflichen Amts fordert mit unverdrossenem Eifer alles das zu fördern, was geeignet ist, den Dienst der göttlichen Majestät und die Ehre der unbefleckten jungfräulichen Gottes Gebärerin zu mehren. Da nun die mindern Brüder des hl. Franciscus aus dem Kapuziner Orden der fränkischen Provinz Uns demühtigst ersuchten, hinsichtlich der steigenden Andacht des gläubigen Volkes und zum Behufe der größeren Gemächlichkeit der nach Maria Buchen wallenden Personen, erlauben zu mögen, daß die gedachten Kapuziner nächst der Wallfahrtskirche am Orte, genannt in der Buche, welche als ein Filial=Kirche zu unserer Pfarrei Steinfeld gehört, ein geregeltes Hospitium errichten, und dasselbe beständig mit drei Priestern und einem Laienbruder aus der fränkischen Provinz besetzen dürften, die dem gläubigen aus besonderem Andachts=Triebe dahin wallenden Volke dienen würden, durch tägliche Lesung der hl. Messe durch Spendung der hl. Sakramente der Buße und des göttlichen Abendmahles, durch Predigten und durch Obsorge für die Zierde des Gotteshauses, so haben Wir dieses Gesuch reiflich erwogen. Nach reiflicher Erwägung und in Hoffnung, die Ehre Gottes und das Heil der Seelen vorzüglich zu fördern, wurden Wir gnädigst geneigt, obenerwähnte Bitte zu gewähren. Wir ertheilen demnach unsere ordnungsgemäße-bischöfliche Erlaubnis, daß an dem genannten Platze ein ordentliches Hospitium errichtet werden möge und überlassen zu diesem Zwecke die der Kirche zur Buche nahestehende Häuser vom Jäger und vom Glöckner ...« (Höfling, S. 81).

Kaum war die Bewilligung höchsten Ortes erfolgt, kamen an Pfingsten 1726 vier Kapuziner aus dem nahegelegenen Kloster Karlstadt: der damalige Provinzial der fränkischen Provinz P. Gedeon, P. Alexius, P. Augustin und Br. Aegidius, um in Maria Buchen das Hospiz einzurichten. Am 25. Mai 1727 bezogen sie den neuen Konvent.

Die Bauarbeiten, die der im Bauwesen erfahrene Br. Aegidius leitete, gestalteten sich außerordentlich schwierig und mühevoll. Das alte Jägerhaus wurde umgebaut und als Hospiz hergerichtet, mit 10 Zellen, einem 18 m langen Refektorium, einer kleinen Küche nebst Keller und einer Pfortenstube. Eine Wasserleitung mußte verlegt werden, die das Wasser eine Viertelstunde wegs zu Hospiz und Kirche führte. Umfangreiche Erdarbeiten waren notwendig, allein 40 000 Fuhren Erde mußten weggeschafft werden.

Der neuen Niederlassung erwuchs nicht von allen Seiten Sympathie. Differenzen zwischen dem Steinfelder Pfarrer Höpffner und den Kapuzinern wegen der Einkünfte der Wallfahrtskirche brachen auf, auch sollen Kräfte am Werk gewesen sein, die Kapuziner wieder aus Maria Buchen zu verdrängen. So trat nach dem Tod des Gönners, Fürstbischof Christoph Franz von Hutten, 1729, ein Stillstand im weiteren Ausbau des Konvents ein, bis der neue Fürstbischof Friedrich Karl von Schönborn die Vollendung der Bauarbeiten sicherte.

Die Einsiedelei

Bruder Aegidius führte Buch über die Errichtung des Hospizes. In seiner Chronik gedenkt er eines Eremiten zu Maria Buchen. Dieser habe bei dem Bau der Wasserleitung keine Hand an das schwierige Werk gelegt, nach deren Fertigstellung aber als erster Wasser von ihr bezogen. Nach der Steinfelder Pfarrmatrikel handelt es sich um den ersten Eremiten von Maria Buchen, Georg Habersack aus Haselbach in der Rhön. 1825 existierten im Steinfelder Pfarrarchiv noch die fürstbischöflichen Dekrete aus der Zeit von 1714 bis 1750, »in denen dem Pfarrer von Steinfeld die Bewilligung zur Errichtung einer Eremitage in Maria Buchen mitgeteilt und die Oberaufsicht über dieselbe anvertraut wird« (Barthels, S. 37). Dies gehörte – wie die Kaplaneistiftung von 1701 und die vorangegangenen Versuche mit einem Kuratus am Ort sowie dem ständig in Maria Buchen wohnenden Mesner – zu den Bemühungen um eine geregelte Wallfahrtsseelsorge, bevor diese von den Kapuzinern übernommen wurde.

Der von ihnen offenbar nicht gerade freundlich akzeptierte Eremit Habersack machte sich weiterhin nützlich und hinterließ uns mit seinem Testament interessante Einblicke in die Lebensweise und geistige Welt eines solchen Einsiedlers (Barthels, S. 26 f.). Zu seiner Lektüre zählten des Jesuiten Rosweyde »Leben der Väter« und Leuchts »Leben der Heiligen« nach Surius. Er bedachte die Wallfahrtskirche mit einem Legat von fünf fränkischen Gulden und bestimmte, die Kirche solle die von ihm selbst erbaute Klause nach seinem Ableben neu besetzen. Ferner vermachte er zum Hostienbacken folgende Geräte: 2 Backeisen, 1 kupfernes Becken, 1 Haarsieb zum Mehlstäuben und 3 Ausstecheisen. Die nachfolgenden Eremiten stellten damit die in der Wallfahrt jährlich benötigten Hostien her.

Georg Habersack starb 1756. Laut Kirchenrechnungen folgte Jakob Fuchs als Maria-Buchen-

38 Blick auf die Wallfahrtskirche mit dem 1742/45 errichteten Konventsgebäude und der einstigen fast französisch anmutenden Gartenanlage. Stark vergrößerter Ausschnitt aus einem lithographischen Andachtsbild des 19. Jhs.

Klausner; dessen Tod beurkundet die Steinfelder Totenmatrikel 1778. Der seit 1777 bezeugte Einsiedler Seraphim Zang starb 1792. In den 90er Jahren findet ein Bruder Johann Baptist Stauder als Hostienbäcker Erwähnung (KR 1756 ff.). Conrad erwähnt einen weiteren, urkundlich aber nicht bezeugten Eremiten, der zu Anfang des 19. Jahrhunderts gelebt und ein unrühmliches Ende gefunden haben soll: »Anstatt aber bei seinem Gebete zu bleiben, ließ er sich in Dinge ein, die nicht in das Amt eines Klausners einschlugen. Er ließ sich nämlich beigehen, Kopulationen vorzunehmen und falsche Zeugnisse auszustellen. Man kam hinter die Sache und nun war seines Bleibens nicht mehr in Maria Buchen« (S. 63–64). Die Einsiedelei wurde 1806 für 52 Gulden, die »Oblaten Eisen« für 17 Gulden verkauft (KR 1806).

Neuer Konventsbau und Klostererhebung 1742/45

Der Zustrom der Pilger zu der Gnadenstätte der Schmerzhaften Muttergottes in Maria Buchen wuchs ständig. Bald war die Zahl der Seelsorger zu klein, die Räumlichkeiten infolgedessen zu beschränkt. Mit fürstbischöflicher Bewilligung und »großen verdrießlichen Schmertzen der Herren Geistlichen Räth« ersetzten die Kapuziner das alte Haus durch einen neuen Konvent. Am 1. Juli 1742 legte der Würzburger Weihbischof Johannes Bernhard Meyer den Grundstein, nach dreijähriger Bauzeit war das neue Haus vollendet. Es umfaßte 16 Zellen und ein 24 m langes und 12 m breites Refektorium; Kloster und Kirche verband nun ein Chor hinter dem Hochaltar miteinander.

Der neue Konvent wurde am 3. Oktober 1745 feierlich zum Kloster erhoben; und den kirchlichen Vorschriften entsprechend am gleichen Tag die Klausur verkündet: »Demnach leisten wir Bruder Marcellus aus Frickenhausen der mindern Brüder Kapuziner-Ordens der fränkischen Provinz Provinzial den obbenannten Päbstlichen Verordnungen gehorsam – wollen also allem Verderben der Seelen zuvorkommen – verkünden demnach und erklären hiemit nach besonders geschehener Anrufung des göttlichen Namens, daß dies unser Ordens=Kloster zu Maria Buchen sammt dem innern Klostertheile, mit Ausnahme des Vorplatzes und äußern Klosters, wo die Wallfahrter ihre Gemächlichkeit pflegen und ihre Bedürfnisse befriedigen können, nebst dem Garten, Schlafhause und allen innern Plätzen heute am dritten Tage des Oktober im J. 1745 bei dem letzten Glockenzuge, der bei dieser Vesper ertönt ... einschlüßig, die wirkliche und ewige Klausur erhalten – annehme und unwiderruflich beobachte, mit Ausnahme jener Geschäfte, die bei einem Gebäude wesentlich geschehen müssen ...« (Höfling, S. 87–88). – Das Kloster war in der Folgezeit mit neun Patres und drei Laienbrüdern besetzt. Ein halbes Jahrhundert später indes entzog die Säkularisation der Wallfahrtsstätte diese wichtige Stütze.

Säkularisation 1803/36

Die Säkularisation der geistlichen Besitzungen brachte 1803 tiefgreifende politische und kirchliche Veränderungen. Nach der Aufhebung des Hochstifts Würzburg wurde Maria Buchen von einer Hand in die andere gereicht. Zunächst löwensteinisch, gelangte es 1809 im Zuge der Mediatisierung der fürstlichen Besitzungen an das Großherzogtum Baden und kam 1819 nach österreichischem Zwischenspiel zum Königreich Bayern.

Die Akten der Säkularisation hatten bestimmt, daß alle Mendikantenklöster (Franziskaner und Kapuziner) nur noch »so lange geduldet werden (sollten), bis die ihren dermaligen Klöstern vorhandenen Mitglieder allmählig ausgestorben sind« (Scheglmann, S. 192). Die Klöster der Bettelorden sollten von der förmlichen Klosteraufhebung verschont bleiben, da sie nicht über Grundbesitz verfügten, den der Staat hätte einziehen können.

Am 17. Oktober 1803 erreichte die Säkularisation Maria Buchen. Die neue löwensteinische Landesregierung verfügte per Dekret, »daß der Guardian keinen Bruder oder Priester ohne vorherige ausdrückliche Erlaubnis aufnehmen dürfe« (Barthels, S. 33). Das Kloster Maria Buchen war damit gleich anderen Kapuzinerklöstern zum Aussterben verurteilt. Als wenige Jahre später sich die Schar der Ordensleute des Buchener Konvents bereits gelichtet hatte, richtete der Superior ein Bittgesuch an die badische Regierung, wenigstens noch einen Pater aufnehmen zu dürfen. Allein das Gesuch wurde abschlägig beschieden: »Da der Capuciner Orden von selbsten bald eingehen wird, auch der Superior über abgängige alimenten klagt, sei man nicht gesonnen, noch einen weiteren Capuciner als ständig aufzunehmen« (Barthels, S. 33).

Nachdem das Urteil über das Kloster gesprochen war, drohte die Beseitigung der Wallfahrtskirche. Die Verordnung der badischen Regierung des Jahres 1809, nach der alle Privatkapellen und Nebenkirchen aufgelöst und abgebrochen werden sollten, betraf auch Maria Buchen. Trotz der Einwände des Superiors der Kapuziner wurde das gesamte Kircheninventar als Folge dieses Erlasses nach Steinfeld überführt, worüber P. Dominicus Zengerlein in einem Schreiben an die Landesvogtei in Wertheim Klage führt: »Am 14. September früh gegen 9 Uhr kam Herr Bauch, Pfarrer zu Steinfeld und Herr Maurer, Kaplan ibid. auf der Buchen mit zwei Wagen an, hielten zwei Jahrtage, derzeit hatten sie auch tags zuvor den Buchenpfleger Brucht bestellt. Gegen 10 Uhr kamen sie zu mir in das Kloster, forderten die silberne Monstranz, zwei große silberne Leuchter und die silbernen Meßkännchen, sagend: Herr Pfarrer hätte vom bischöflichen Vikariate Befehl, die Meßgewänder hier abzuholen. Sie nahmen zwei Kelche mit sich und alles, was in der Wahlfahrts-Sakristei an Weißzeug verwahrt war, brachten auch einen Schrank aus der Sakristei heraus, nicht ein einziges Tuch, welches auf und bei dem Altar notwendig, ist vorhanden ... Eine großherzogliche Landesvogtei bitte ich untertänigst zu belehren, daß hiesige Wallfahrtskirche keine Nebenkapelle ist und denselben zu befehlen, das hinweggeführte Silber und Ornat ... wiederum hieher zu geben ...« (Barthels, S. 33–35). Der Superior erreichte mit seinen Einwänden und rechtlichen Klarstellungen immerhin, daß der Silberwert der enteigneten Kirchengeräte der Wallfahrtskirche erstattet wurde.

Im Jahre 1818 richtete die Gemeinde Sendelbach, auf deren Gemarkung Maria Buchen lag, ein Bittgesuch an die badische Regierung, eine Kirche bauen zu dürfen, und schlug darin vor, die Wallfahrtskirche nach Sendelbach zu verlegen. Bayerisch geworden, zögerte die Gemeinde nicht und wiederholte ihr Ansuchen. Das diesbezügliche Schreiben, datiert den 28ten Juni 1820, gibt die Begründung: »Es ist nach allen Umständen abzusehen, daß das Kapuzinerhospitium Marienbuch, wo sich nur noch ein einziger Priester befindet, der ein alter und schwächlicher Mann ist, nicht mehr lange bestehen kann ... so trägt die Ortskommission von Sendelbach, mit Einstimmung der Gemeinde, die Bitte vor, die Wallfahrtskirche ... mit ihrer inneren Einrichtung der Gemeinde Sendelbach zu überlassen, damit diese auf Gemeindekosten die Kirche einlege und im Orth Sendelbach wieder aufbaue. So würde diese Wallfahrtskirche ... ihrer ursprünglichen Bedeutung gemäß fortbestehen« (Ruf, Sendelbach, S. 14).

Die Reaktion der Regierungskanzlei war nicht abweisend, man gab das Gesuch empfehlend an das Innenministerium weiter. Das Bischöfliche Ordinariat, das in dieser Sache gehört wurde, sprach sich gegen die Verlegung aus. Auch das Huttensche Patrimonialgericht, um Stellungnahme gebeten, antwortete sehr energisch: die Familie von Hutten habe der Wallfahrtskirche bedeutende Stiftungen gemacht, die den Hutten gehörige Buchenmühle sei besonders zu dem Zweck erbaut worden, den Wallfahrern als Gaststätte zu dienen; im übrigen müsse man gegen die geplante Verlegung der Wallfahrtskirche feierlich protestieren. – Erst 1836 entschied das kgl. Innenministerium: »Die beantragte Verlegung der Wallfahrtskirche zu Maria Buchen nach Sendelbach kann bei dem vom bischöflichen Ordinariate dagegen wiederholt erhobenen und hinreichend begründeten Anständen nicht stattfinden, sondern es ist im Benehmen mit dem Pater Provinzial des Kapuzinerordens die Einleitung dahin zu treffen, daß die Wallfahrt in Maria Buchen wieder von Geistlichen des Ordens versehen werde. Einstweilen hat das dermalen bereits bestehende Provisorium fortzudauern« (Ruf, Sendelbach, S. 17).

Inzwischen nämlich hatte das Kloster Maria Buchen aufgehört zu bestehen. Im April des Jahres 1825 war der letzte Kapuzinerpater, Superior P. Leo Metzger, gestorben, nur ein Laienbruder, Br. Rupert Schaar, verblieb im Kloster. Da man sich scheute, ihn aus dem Kloster zu vertreiben, sein baldiges Ableben erwartend, übergab man ihm das Amt eines Wallfahrtskirchners; mit einem Knecht lebte er im Kloster und hütete »mit Eifersucht und Ängstlichkeit« die Wallfahrtsstätte. Nach Kräften und Vermögen verteidigte er das klösterliche Inventar, wenn er auch nicht verhindern konnte, daß die Zelleneinrichtungen durch staatliche Beamte veräußert wurden; die Bibliothek des Klosters war bereits früher um den Spottpreis von 50 Gulden verschleudert worden.

Die Rückkehr der Kapuziner 1836/49

Das ministerielle Dekret des Jahres 1836 hatte den Kapuzinern zugesichert, das Kloster wieder besetzen und die Wallfahrtspflege wieder ausüben zu dürfen. Sie konnten allerdings von diesem Gnadenakt vorerst keinen Gebrauch machen, da es dem Orden an Kräften mangelte und er sich deshalb außerstande sah, das Kloster Maria Buchen wieder zu übernehmen. Auch legte das bischöfliche Ordinariat in Würzburg mehr Gewicht darauf, das Käppele, das seit 1835 verwaist war, möglichst rasch neu zu besetzen. Pläne der Redemptoristen, ein Missionshaus in Maria Buchen zu errichten, wurden verworfen. Man gab den Kapuzinern als dem für die alte Kapuzinerwallfahrt geeigneteren Orden den Vorzug. Im Jahr 1849 endlich konnten die Ordensleute wieder in ihr altes Kloster Maria Buchen einziehen und neu beginnen.

Die Kapuziner ließen in den folgenden Jahren Kirche und Kloster gründlich renovieren, kultivierten den verwilderten Klostergarten und verlegten eine neue Wasserleitung zu Kloster und Kirchenvorplatz. – Mit der Rückkehr der Kapuziner vollzog sich ein neuer Aufschwung des Wallfahrtslebens, das auch durch zwei Weltkriege und die Jahre des Dritten Reichs nicht beeinträchtigt werden konnte. Als die Kapuziner das Verbot der Kollektur traf, schrieb der Chronist vertrauensvoll in die Klosterchronik: »Der Herrgott wird uns nicht verhungern lassen« (Klosterarchiv III, 4, 3, 1936). Als das Kriegsende 1945 nahte und die Amerikaner heranrückten, dienten die Klausurräume des Klosters vielen aus Lohr und Sendelbach evakuierten Familien als Notunterkunft. Während Lohr und Umgebung von amerikanischen Soldaten geplündert wurden, blieb Maria Buchen verschont.
In den letzten Jahren erfuhren Kirche und Kloster umfangreiche Veränderungen. 1971 wurde das alte Klostergebäude abgebrochen und durch einen neuen Konvent ersetzt, den Bischof Josef Stangl am 6. Mai 1972 einweihen konnte. – Das Kloster Maria Buchen ist heute mit drei Patres und zwei Laienbrüdern besetzt.

39 Wallfahrer bei der Predigt in der Wallfahrtskirche nach den jüngsten Restaurierungen, ca. 1975.

Wallfahrts- und Pfarrseelsorge

Die Wallfahrts- und Pfarrseelsorge in Maria Buchen übte einst die alte Benediktinerabtei Neustadt am Main durch die ihr inkorporierte Pfarrei Steinfeld aus. Neustadt hatte das Besetzungsrecht auf die Pfarrei Steinfeld und bestellte einen seiner Konventualen oder einen Weltgeistlichen als Pfarrer. Der Steinfelder Pfarrer hatte in Maria Buchen an allen Marienfesten mit Ausnahme von Maria Himmelfahrt, dem Patrozinium der Pfarrkirche, Gottesdienst zu halten. Außerordentliche Wallfahrtsprozessionen konnten nur dann einen eigenen Gottesdienst erhalten, wenn sie selbst einen Geistlichen mitbrachten. Im Jahr 1701 errichtete der Würzburger Fürstbischof Philipp Johann von Greiffenklau mit ausdrücklicher Berufung auf den Wallfahrtsgottesdienst in Maria Buchen eine Kaplanei in Steinfeld. Der Neustadter Abt führte in seiner Klosterchronik Klage darüber, daß Würzburg ohne seine Einwilligung eine Kaplanei errichtet und dieser den Wallfahrtsgottesdienst übertragen habe.

Aufgrund der fürstbischöflichen Anordnung sollten nun regelmäßige Gottesdienste während der Wallfahrtszeit stattfinden: »Da die Caplaney ist aufgerichtet worden, ist die hochfürstliche Verordnung dahin ergangen, daß der Pfarrer durch und mit dem Caplan die Wallfahrt Buchen an Sonn- und Feyertagen den Sommer hindurch, als von Mariae Verkündigung bis Michaelis Fest inclusive und die Mariae Fest des ganzen Jahrs mit Predig und Mes versehen, den Winter aber hindurch, in welchem gemeiniglich die Wallfahrt nicht frequentirt zu werden pflegt, in denen Filialen dergestalten Gottesdienst nebst der Christlichen Lehr halten lassen sollen, daß je zwei Gottesdienst zu Ansbach der 3te aber zu Waldzell gehalten werde ...« (Höfling, S. 79, nach dem verschollenen Steinfelder Pfarrbuch). Auch halfen Kapuziner aus Lohr im Auftrag der Pfarrei Steinfeld am Wallfahrtsfest Maria Himmelfahrt (seit 1692), desgleichen an den Fastenfreitagen (1724/25) mit Beichthören aus. Nach der Gründung des Kapuzinerhospizes blieb die bisherige Gottesdienstordnung, ebenso die pfarrliche Jurisdiktion, ungeschmälert erhalten; die seelsorgliche Tätigkeit der Kapuziner blieb beschränkt auf die außerordentliche Wallfahrtsseelsorge in Predigt, Beichthören, Kommunionspendung und Zelebration der täglichen Privatmessen: »Die Capuciner haben allda weiters nichts zu sagen, oder zuthuen, als das sie ihre mess lesen und helfen beichtsitzen. dem dritten Sontag den Somer hindurch, vnd an etlichen festägen, nach anordnung des Pfarrers haben sie zwar den gottsdienst allda zu halten, aber anstatt vnd im Nahmen des Pfarrers vnd bekhomen darfür 4 Malder Korn. – Die Walfarth muß denen Capucinern die benothigte Kirchen Paramenta vi Decreti sub 30. Septembris 1733 verschaffen« (Klosterarchiv IV, 1, 1,). Die Pfarrverhältnisse macht auch eine oberhirtliche Verordnung von 1750 deutlich, nach der die

Kapuziner an die Pfarrei Steinfeld als Ersatz für die jährlich der Kirche anfallenden, aber von den Ordensleuten selbst verbrauchten Lebendopfer 20 Gulden zu zahlen hatten.

Im Jahr 1809 wurde den Kapuzinern der gesamte Wallfahrtsgottesdienst übertragen, nachdem der Steinfelder Pfarrer aufgrund einer privaten Abmachung ihn 1794 vorübergehend dem Kloster überlassen hatte. – Nach dem Tod des letzten Superiors, 1825, übertrug das bischöfliche Ordinariat die pfarrlichen Rechte über Maria Buchen der Pfarrei Pflochsbach, deren Pfarrer und Kapläne künftig die Wallfahrtsseelsorge ausübten. Diese Verfügung war auf Drängen des Pflochsbacher Pfarrers Kraus geschehen, gegen die Ansprüche des Steinfelder Pfarrverwesers Würrschmitt, der vergebens auf die älteren Rechte seiner Pfarrei pochte. In einem Eintrag in die Klosterchronik gibt Pfr. Kraus die Gründe für die Übertragung der Seelsorge an Pflochsbach wieder: »Nach dem Ableben des letzten Kapuzinerpriesters in Maria Buchen, des Paters Leo Metzker, welches sich den 9. April 1825 ereignete, ward vom hochwürdigsten bischöflichen Ordinariate Würzburg ... die Besorgung des Gottesdienstes in der Wallfahrtskirche Mariabuchen dem Pfarrer von Pflochsbach übertragen, weil Klostergebäude und Kirche auf Sendelbacher Gemarkung liegen und ... [überall] als zur Pfarrei Pflochsbach gehörig sind aufgeführt worden ...« (Klosterarchiv III, 4, 1, 1826; vgl. Barthels, S. 47).

Eine formelle Auspfarrung von Maria Buchen aus dem Pfarrverbande mit Steinfeld wurde allerdings nicht vollzogen, wie das bischöfliche Ordinariat 1908 der Pfarrei Steinfeld bestätigte. Die Gottesdienstordnung sah vor, daß der Pflochsbacher Kaplan an Sonn- und Feiertagen in Maria Buchen Frühgottesdienst hielt, an den Marienfesten und übrigen Wallfahrtstagen aber Pfarrer und Kaplan gemeinsam die Wallfahrtsgottesdienste besorgten. – Seit 1849 haben die Kapuziner die Wallfahrtsseelsorge wieder inne. Maria Buchen gehört heute der Pfarrei Steinfeld an, wird aber ganz von den Kapuzinern betreut und verwaltet.

Pflege des Wallfahrtskultes

Frequenz und Zulauf einer Wallfahrtsstätte hängen ab von der Rührigkeit ihrer geistlichen Betreuer. Kult- und Wallfahrtsleben in Maria Buchen wurden und werden von den Kapuzinern geprägt. Ablässe fördern den Kult. 1724 ordnet der Würzburger Weihbischof Andachten an den Fastenfreitagen an; der damit verbundene Ablaß, durch gedruckte Ablaßzettel von der Wallfahrtsseelsorge propagiert, zog viele Gläubige an. 1747 verlieh Papst Benedikt XIV. allen Wallfahrern, welche »die Kirche unter dem Titel B. M. V. Sieben Schmerzen in Mariabuchen« besuchen, einen vollkommenen Ablaß. Den Kapuzinern gestattete man, die ihrem Orden verliehenen Indulgentien in der Wallfahrtskirche zu ver-

111

künden. Im Jahre 1886 erwirkten die Kapuziner erneut einen Ablaß für die Buchenwallfahrt. Papst Leo XIII. gewährte mit dem Breve vom 8. Januar 1886 einen vollkommenen Ablaß »allen und jedem einzelnen Christgläubigen beiderlei Geschlechts, welcher wahrhaftig reumütig beichtet, kommuniziert und die Klosterkirche der Minderbrüder der Kapuziner des hl. Franziskus zu Maria Buchen in der Diözese Würzburg und das in ihr aufgestellte Bild der Allerseligsten Jungfrau Maria, genannt die Schmerzenmutter, an einem beliebigen Tag des Jahres ehrfürchtig besucht und dort fromm zu Gott betet um die Einigkeit der christlichen Staatsoberhäupter, um die Ausrottung der Irrlehren, um die Bekehrung der Sünder und um die Erhöhung der hl. Mutter, der Kirche ...« (Klosterarchiv II, 1, 1).

Die Kapuziner brachten neue Frömmigkeitselemente in das Kultleben ein durch Einführung kapuzinisch geförderter Andachten, durch Prozessionen, durch Abhaltung von Volksmissionen und durch die Feier der Ordensfeste im Dienste der Wallfahrt. Die Verschmelzung von Wallfahrtspflege mit kapuzinischen Seelsorgeanliegen spiegelt sich besonders in der Feier der Wallfahrtsjubiläen. In den Tagen vom 6. bis 13. Oktober 1895 begingen die Kapuziner das 500jährige Jubiläum der Wallfahrt Maria Buchen durch Abhalten eine Volksmission, die von über 20000 Gläubigen besucht wurde. Die Jubiläumsmission fand ihren Abschluß in einer sakramentalen Prozession, deren Ablauf und Gestaltung die Chronik schildert: »Hierauf begann die großartige Prozession. Das Allerheiligste trug der hochwürdigste Moralprofessor Franz Göpfert aus Würzburg. Zuerst kamen die Kinder, Jünglinge, Männer, Jungfrauen; dann das von Lohrer Jungfrauen prachtvoll gezierte Gnadenbild von vier Kapuzinern in Leviten Kleidung getragen ... Vor dem Brunnen der schmerzhaften Mutter Gottes war ein Altar und da das Te Deum angestimmt und das »Großer Gott« von Tausenden gesungen, mit Musik begleitet. Man kehrte in die Kirche zurück, wo dann das Gnadenbild zum Kusse gereicht wurde« (Klosterarchiv III, 4, 2, 1895).

Im Jahre 1926 konnte das Kloster auf sein 200jähriges Bestehen zurückblicken. Die Kapuziner feierten dieses Jubiläum als Triduum an den Pfingsttagen, an denen seit 1903 das Vierzigstündige Gebet mit Gottesdienst, Andacht und eucharistischer Prozession durch das Buchental, stattfindet. Die Festpredigt hielt der Würzburger Bischof Matthias Ehrenfried, der ihr das Motto voranstellte: »Maria Buchen, das mußt du suchen, dort findest du Maria, die Mutter der Gnade und des Trostes«. Auch zum 250jährigen Jubiläum im Jahr 1976 war der Würzburger Diözesanbischof Josef Stangl zugegen.

Alois Döring

40 Andenken an das 500jährige Jubiläum der Wallfahrt 1895.

Wallfahrt einst und jetzt

»Concursus populi« und »processiones«, Zulauf der vielen einzelnen Gläubigen und Prozessionen erheben ein besonderes Kultobjekt oder Gnadenbild und den damit verbundenen speziellen Kult zu einer Wallfahrt. Die Legende von dem durch einen Frevel auf wunderbare Weise aufgefundenen Vesperbild begründete in Maria Buchen eine besondere Verehrung. Das Bild der Schmerzhaften Muttergottes erwies sich als mirakulös: Wunderzeichen wurden berichtet, Heil- und Hilfesuchende eilten herbei, Heilungen geschahen: »Denn da seindt die lahmen krancken Personen, so sich dahin verlobt, also bald geradt vnnd gesundt worden, vnnd die von fern kranck vnnd schwach dahin komen, sein gesundt wider zu Hauß kommen« (Leucht, S. 277).

Der Zulauf der Pilger setzte im 15. Jahrhundert ein. Pilger und fromme Stifter ermöglichen mit ihren Spenden den Bau einer Kapelle. Direkte Zeugnisse für Wallfahrtskult liegen indes erst im 17. Jahrhundert vor. Um 1600 bezeichnen die Quellen Maria Buchen als Wallfahrt. So nennt der Würzburger Tuchscherer Jakob Röder, der laut seinen Kalenderaufzeichnungen über die Jahre 1598 und 1618 an im Zuge der Gegenreformation restaurierten Wallfahrten nach Iphofen, Dettelbach und Walldürn teilnahm, Maria Buchen, das er ebenfalls besucht hat, »unser lieben Fraw walfart capeln zu der Buchen« (Kerler, S. 68). Den sich ausprägenden Kult bezeugt beispielsweise folgende Stiftung eines Lohrer Bürgers, der 1653 zwei Kreuze aufzustellen verlobt »auf die Straßen welche von Lohr nach der buchen kirchen gebraucht wird« (LWAR Rep. 45g, No. 46). Die Karlstädter Ratsprotokolle erwähnen am 11. 5. 1639 einen »Jakobsbruder«, der eine »buchenwallfahrt« unternahm.

Seit Mitte des 17. Jahrhunderts zogen auch außerordentliche, verlobte jährliche Kreuzgänge nach Maria Buchen, wie etwa die Langenprozelter Prozession, die 1655 zum ersten Mal bezeugt ist, oder die Wallfahrt der Gemeinde Retzbach, die um 1660 aufkam. Wallfahrtsregister des 18. Jahrhunderts vermerken die Prozessionen mit ihren genau festgelegten Terminen. Das älteste bekannte Verzeichnis legten 1726 die Kapuziner an. Es erfaßt 30 Gemeinden, deren Prozessionen von alters her jährlich nach Maria Buchen kamen. Gropp führt 1744 fast die gleichen Wallfahrtszüge an.

Die Opferstatistik pflegt ein gutes Bild der Kultentwicklung zu vermitteln. Für Maria Buchen sind wir jedoch erst seit dem Ende des 17. Jahrhunderts durch kontinuierlich erhalten gebliebene Rechnungen darüber informiert. Aber auch hier bringen verschiedene Abrechnungsarten Interpretationsschwierigkeiten mit sich. 1646 hatte der Fürstbischof bestimmt, daß der Pfarrer von Steinfeld für seine Mühewaltung in Maria Buchen ein Drittel des dort anfallenden Opfergeldes nebst »den lebenden Opfergaben« erhalten solle. 1651 betrug der Geldanteil des Pfarrers 43 Gulden (Barthels, S. 13). Ob in dieser Summe auch ein Drittel vom Erlös der verkauften Lebendopfer enthalten war, läßt sich schwer beurteilen. Die nicht unerheblichen Wachsopfer gehörten laut Kirchenrechnungen der Kapelle allein. 1689 weisen die Kirchenrechnungen folgende aufschlußreiche Zahlenrelation aus: 2 Gulden Opfergeld nur, aber 47 Gulden für Wachsopfer und 27 Gulden an Lebendopfer, macht also 76 Gulden Wallfahrtsgesamteinnahmen aus, während für 1651 eventuell dreimal 43 Gulden zu errechnen sind, was einer Summe entspricht, die erst nach 1700 wieder erreicht wurde. 1695 lautet das Verhältnis 47:32:20 Gulden. 1707 bis 1754 entfällt in den Abrechnungen der Posten »Lebendopfer«, erscheint jedoch in der zweiten Jahrhunderthälfte wieder, aber nicht als eingelöster Geldbetrag, sondern in genauer Mengenspezifikation der geopferten Naturalien.

Der Pfarrer von Steinfeld hatte nämlich 1704 zwei Drittel der Lebendopfer zugestanden bekommen, um dafür einen Hilfspriester halten zu können. Schon 1689 ist der Vertrag mit einem entsprechenden Kuratus belegt (Barthels, S. 37). Obgleich er »rector ecclesiae« blieb (1731/33), ging seit dem Auftauchen der Kapuziner sein Lebendopferanteil ständig zurück, weil die Wallfahrer solche Gaben di-

41 Die Zellinger Prozession trifft nach 23 Kilometern Fußmarsch in Maria Buchen ein, 1978.

rekt an der neuen Klosterpforte abzugeben pflegten. Seit 1745 mußten daher die Kapuziner auf bischöflichen Befehl für diesen Ausfall jährlich 20 Gulden dem Pfarrer zur Haltung eines Kaplans zusätzlich zahlen (Barthels, S. 37, u. KR), und offenbar darum wurde nun wieder genauer Buch geführt. Wir können deshalb für die zweite Jahrhunderthälfte gut ablesen, wie die Naturalopfer ständig zurückgingen. Von 1714 an wurden in den Kirchenrechnungen die Wachsopfererlöse leider zu den Opfergeldeinnahmen gezählt, so daß hier für uns nur noch die allgemeine oder Gesamtentwicklung abzulesen bleibt. Vom Jahre 1700 mit 111 Gulden (aus 70 fl Opfergeld und 41 fl Wachsgeld) an erreichte die Kultfrequenz ihren Höhepunkt. Die Pilgerzahl wuchs auf über 20000 Besucher an; die Opferstockeinnahmen beliefen sich auf etwa 220 Gulden; die anfallenden Lebendopfer waren beträchtlich, z. B. 1755: 290 Eier, 10 Hähne, 1 Maß Butter, 17½ Pfund Flachs (KR). Mit wachsendem Kirchenvermögen konnte die Wallfahrtspfarrei zur Darlehenskasse für Bewohner der umliegenden Ortschaften werden. Der Maria-Buchen-Fonds entlieh Kapitalien an: Ansbach, Burg Rothenfels, Birkenfeld, Karbach, Erlenbach, Erlach, Hafenlohr, Neustadt, Oberndorf, Pflochsbach, Roden, Sendelbach, Steinfeld, Waldzell, Windheim, Zimmern und an das Gotteshaus Kissingen.

Gegen Ende des Jahrhunderts zeigt sich ein Rückgang an Geld- und anderen Opferleistungen bei gleichzeitigem Anstieg der Wallfahrtsbesucher (1790: 27000 Kommunionen). Auch noch nach der Klosteraufhebung wurden jährlich über 10000 Kommunionen gezählt (1805: 17000, 1814: 10000 (KR 1805/1814).

Kirchliche und staatliche Verordnungen richteten sich vor allem gegen Mißstände oder Auswüchse und beschnitten ganz allgemein das Wallfahrts- und Prozessionswesen. Das Denken der Aufklärung über Maria Buchen spiegelt sich wider in einem Bericht des Rothenfelser Herrschaftsrichter Häcker aus dem Jahre 1839: »Polizeilich könne aber diese (die Wallfahrt) nicht mehr so günstig beurteilt werden, besonders auf weitere Entfernungen, längere Dauer und an Orten, wo große Versammlungen von Menschen verschiednen Alters und Geschlechts in sehr beschränkten Herbergen zusammentreffen« (Barthels, Steinfeld II, S. 114).

Während wenige Gemeinden den staatlichen Verfügungen zufolge (z. B. Lohr) oder durch den von der kirchlichen Aufklärung erreichten niederen Klerus (z. B. Wernfeld) ihre traditionellen Wallfahrtszüge abstellten, kamen andere Prozessionen im Laufe des 19. Jahrhunderts erst in Übung. – Maria Buchen galt auch als Ausweichstation für andere Wallfahrten. Die Aschaffenburger und Würzburger Bürgersodalitäten pflegten Wallfahrten nach Dieburg und Det-

42 Feierlicher Einzug der Fuldaer Prozession, 1976.

telbach zu halten. Für beide war Maria Buchen Ausweichstation. Im Ersten Weltkrieg bildete das Marienheiligtum die kleinere Ersatzwallfahrt für die Aschaffenburger große Walldürn-Prozession.

Nach dem Zweiten Weltkrieg nahmen verschiedene Gemeinden (u. a. Karlburg und Gambach) ihre im letzten Jahrhundert eingestellten, aber im Kriege erneuerten Wallfahrten wieder auf. Heute sind es nur noch wenige Gemeinden, die regelmäßig ihre versprochenen, jährlichen Prozessionen durchführen. Die Frequenz der Wallfahrt Maria Buchen ist also, gerade in den letzten hundert Jahren, fluktuierend, nicht so konstant und gleichmäßig, wie bisweilen vermutet wurde (H. Dünninger II, S. 82 f.). Hierzu vergleiche die Wiedergabe des »Ordo processionum« auf S. 120/121.

Prozessionsordnungen und Walltermine

Gemeinschaftswallfahrten halten ihre festen Termine ein. Der Konkurs der Wallfahrtsprozessionen in Maria Buchen verteilte sich in der Barockzeit über den ganzen Sommer hinweg, vom Fest des hl. Josef (19. 3.) an bis zum Feste Mariä Geburt (8. 9.). Eine auf wenige Tage oder Wochen beschränkte und durch Wallfahrtsfeste begrenzte Hauptwallfahrtszeit, wie sie sich einst an vielen Wallfahrtsorten ausgebildet hat, kannte man in Maria Buchen nicht. Die Termine haben sich zum 19. Jahrhundert fast nicht geändert; unter den Wallfahrtstagen der neu aufgekommenen Prozessionen fällt der Rochustag besonders auf. Die heutigen Hauptwalltage sind vornehmlich die Bittage und die Marienfeste.

Im 18. Jahrhundert gab es eine ganze Reihe von besonderen Terminen in Maria Buchen, die zur Steigerung des Konkurses beitrugen oder diesen regeln helfen sollten. In den Kirchenrechnungen tauchen z. B. stets die Unkosten für den Steinfelder Lehrer und Organisten an den Samstagen zwischen Ostern und Pfingsten auf. Das gehörte auch nach der Kapuzineransiedelung zu den Seelsorgspflichten des Pfarrers, hier an dem – wie uns der Lohrer Lemmer berichtet – in Würzburg so eifrig gefeierten Marienwochentag, eine Messe zu lesen. 1724 verlieh der Würzburger Weihbischof einen Ablaß auf Fastenandachten an allen Freitagen der Fastenzeit. Besonders starker Beichtandrang entwickelte sich daraufhin am Freitag der sieben Schmerzen (Barthels, S. 18).

Das Einzugsgebiet der Wallfahrt reicht im Norden bis nach Fulda, im Westen wird es durch die Gegend um Aschaffenburg und das Freigericht begrenzt, erstreckt sich im Osten bis nach Würzburg und im Süden bis nach Wertheim, wie unsere nebenstehende Karte ausweist.

43 Karte der Orte mit regelmäßigen Prozessionen nach Maria Buchen in Vergangenheit und Gegenwart; vgl. die Übersicht auf den folgenden Seiten.

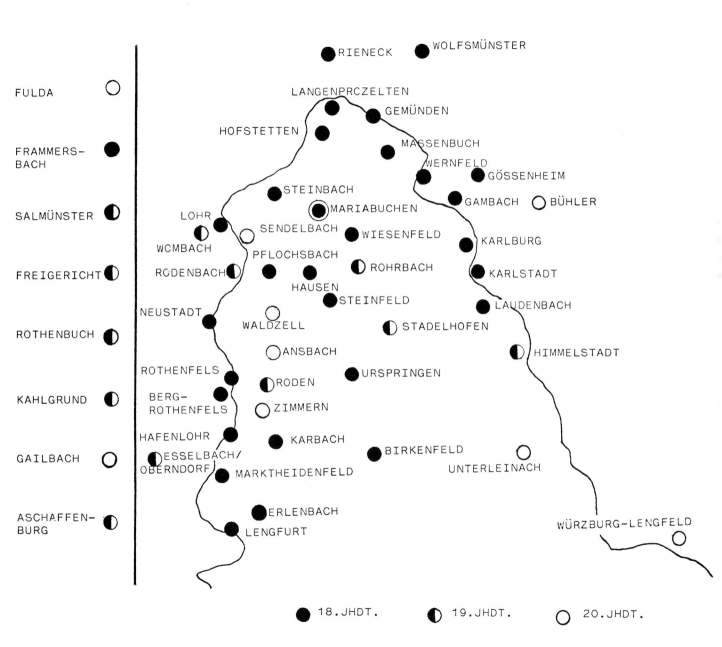

Prozessionen nach Maria Buchen

	1726 (Conrad, S. 26)	1744 (Gropp, S. 84)	1876 (Link, S. 517)	1926 (Klosterchronik)
Ansbach				Di. i. d. Bittwoche
Aschaffenburg			Tag n. Klara	
Bergrothenfels	Mo. n. Mariä Geburt			
Birkenfeld	So. n. Kilian	So. n. Peter u. Paul		Peter u. Paul
Bühler				Dreifaltigkeit
Erlenbach	Antonius	Antonius	Oktav v. Fronleichnam	
Esselbach/Oberndorf			Mariä Geburt	
Frammersbach	Rochus	Rochus		
Freigericht			Klara	
Fulda				Dreifaltigkeit
Gailbach				So. i. Juli
Gambach		Peter u. Paul		
Gemünden	Tag n. Rochus	Tag n. Rochus	Rochus	
Gössenheim		Mariä Heimsuchung		
Hafenlohr	Kreuzerfindung	Kreuzerfindung	Kreuzerfindung	
Hausen	Rochus		Rochus/Mariä Geburt	
Himmelstadt			Schutzengelfest	
Hofstetten	Bartholomäus	Bartholomäus	So. v. Bartholomäus	
Kahlgrund			Vigil v. Mariä Himmelfahrt	
Karbach	Kreuzerfindung	Kreuzerfindung		
Karlburg	Peter u. Paul	Mariä Heimsuchung	Peter u. Paul	
Karlstadt	Laurentius	Laurentius	Peter u. Paul	
Langenprozelten	Bartholomäus	Batholomäus	Bartholomäus	
Laudenbach	Mariä Heimsuchung	Mariä Heimsuchung	Schutzengelfest	
Lengfeld				So. i. Juli
Lengfurt	Maria Schnee	Maria Schnee	Maria Schnee	Maria Schnee
Lohr	Di. i. d. Bittwoche	Di. i. d. Bittwoche		

	1726 (Conrad, S. 26)	1744 (Gropp, S. 84)	1876 (Link, S. 517)	1926 (Klosterchronik)
Marktheidenfeld	Portiunkula	Portiunkula	Portiunkula	
Massenbuch	Mo. n. Laurentius	Tag n. Rochus	Di. i. d. Bittwoche	
Neustadt	Ostermontag	Ostermontag	Ostermontag	
Pflochsbach	Kreuzerfindung	Kreuzerfindung	Markus / Mo. i. d. Bittwoche	Markus / Mo. i. d. Bittwoche
Rieneck	Laurentius	Laurentius		
Roden			So. i. Sommer	So. i. Juli
Rodenbach			Di. i. d. Bittwoche	Mi. i. d. Bittwoche
Rohrbach			Rochus	
Rothenbuch			Rochus	
Rothenfels	Maria Magdalena	Maria Magdalena	Kreuzerfindung	Peter u. Paul
Salmünster			Klara	
Sendelbach				Markus / Mi. i. d. Bittwoche
Stadelhofen			Mo. i. d. Bittwoche	
Steinbach	So. n. Joseph / Di. i. d. Bittwoche	So. n. Joseph / Sebastian	Sebastian / Mi. i. d. Bittwoche	Markus / Mo. i. d. Bittwoche
Steinfeld	Oster- / Pfingstmontag	Oster- / Pfingstmontag	Mo. i. d. Bittwoche	Di. i. d. Bittwoche
Stetten				So. i. Juli
Unterleinach				So. i. Juli
Urspringen	Kilian	Kilian		
Waldzell				Di. i. d. Bittwoche
Wernfeld	Mariä Heimsuchung	Mariä Heimsuchung		
Wiesenfeld	Osterdienstag / Jakobus	Oster- / Pfingstdienstag / Jakobus	Mariä Geburt	
Wolfsmünster	Mariä Heimsuchung	Mariä Heimsuchung		
Wombach			Franz v. Assisi	
Zimmern				Peter u. Paul

Die Langenprozeltener Schiffswallfahrt

Die Buchenwallfahrt der Gemeinde Langenprozelten geht auf das Jahr 1655 zurück, in dem sie erstmalig belegt ist. Die jährlich am Bartholomäustag stattfindende Prozession setzte anfangs nach Hofstetten über den Main und legte den gesamten Weg nach Maria Buchen zu Fuß zurück. Um das Jahr 1750 kam die Schiffswallfahrt auf. Die Wallfahrer fuhren mit dem Schiff mainabwärts bis nach Steinbach. Von dort wallten sie zu Fuß zur Gnadenkirche. Auf dem Rückweg wurde das »Buchenschiff« von starken Pferden, vier- oder sechsspännig, stromaufwärts gezogen.
Wallfahrten zu Wasser sind seit dem frühen 17. Jahrhundert als besondere Ausprägung barocker Wallfahrtsprozessionen nach Walldürn bezeugt. Schiffswallfahrten führten etwa die Aschaffenburger, Heidelberger oder Mainzer Prozessionen durch. Ende des 19. Jahrhunderts kamen die letzten außer Gebrauch. Nicht mehr barocke Pilgerreise, sondern nur noch billigere Beförderung, wurden diese durch Bus- oder Eisenbahn(wall)fahrten ersetzt (Brückner, S. 192–197).

Die »Fuldaer« Wallfahrt

Die berühmte Fuldaer Wallfahrt geht auf eine angebliche Wunderheilung des 19. Jahrhunderts zurück. Die ehemalige Wallfahrtsführerin berichtet:

»Gründerin der Fuldaer Wallfahrt ist Frau Marie Müller († 1934). In ihren jüngeren Jahren (1899) ist sie schwer krank darnieder gelegen an Starrkrampf. Im Geiste sah sie das Gnadenbild von Maria Buchen. Und sie machte das Gelübde, barfuß nach Maria Buchen gehen zu wollen, falls sie wieder gesund würde. Nach ihrer Gesundung hat sie ihr Gelübde gehalten, und ist barfuß hierher gewallt. In den folgenden Jahren haben sich ihr auch andere angeschlossen. Von Jahr zu Jahr sind es immer mehr geworden, bis sich schließlich die jetzige alljährliche Dreifaltigkeitswallfahrt herausgebildet hat« (Klosterarchiv III, 4, 3, 1939).

Die Fuldaer Wallfahrt nach Maria Buchen sieht also ihren Ursprung in einem Wallfahrtsmirakel, in einer wunderbaren Gebetserhörung durch Traumweisung. Solches gehört zu dem übernatürlichen Geschehen, durch das sich der Gnadenpatron eines Wallfahrtsortes den Gläubigen mitteilt. Gott oder der Heilige bietet durch eine wunderbare Erscheinung dem heilsuchenden Menschen seine Hilfe an. Dieser antwortet durch verschiedene religiöse Akte: Gebet, Gelübde, Wallfahrt. Das Verlöbnis der Barfußwallfahrt stellt als Ausdruck verstärkter persönlicher Opferleistung die verbreitetste Form erschwerter Wallfahrt dar.

Die Entstehungszeit der Fuldaer Wallfahrt ist nicht sicher zu datieren. Vermutlich reicht sie in das Jahr 1892 zurück; nicht 1899, wie der Bericht der Pilgerführerin behauptet, aber auch nicht 1750, wie in

44 Aufstellung vor der Wallfahrtskirche zur Prozession durchs Buchental.

der Literatur genannt (H. Dünninger II, S. 83). 1942 jedenfalls feierten die Fuldaer das 50jährige Jubiläum, zu dessen Erinnerung alle Teilnehmer der Jubiläumswallfahrt Andenkenbildchen erhielten.
Der Wallfahrtszug der Fuldaer kam früher an Maria Himmelfahrt nach Maria Buchen. Seit 1923 findet die Wallfahrt an Dreifaltigkeit statt, mit vorabendlicher Lichterprozession, die 1912 für die Fuldaer Wallfahrer eingeführt wurde. Beachtlich sind die Teilnehmerzahlen der Fuldaer Wallfahrtszüge. Sie schwanken zwischen 400 und über 1000. 1948 zählte man 1500 Teilnehmer.

Autobus-Wallfahrten

Beharrung und Wandel zugleich prägen die Wallfahrt der Gegenwart. Ausgehend von alten Traditionen hat sich eine Fortführung, ja Ausweitung von Wallfahrt vollzogen. Neben den traditionellen Gemeindeprozessionen haben sich in den letzten Jahrzehnten die Autobus-Wallfahrten als eigene Besuchsform des Gnadenortes ausgebildet.
Auch Maria Buchen übt eine zunehmende Anziehungskraft auf moderne »Gruppenwallfahrten« aus. Nicht nur an Sonn- und Feiertagen, auch unter der Woche treffen Pilgergruppen per Autobus ein: Katholische Vereine, Organisationen, Kongregationen, Verbände, Reisegruppen. Von diesen regelmäßigen oder zufälligen »Wallfahrten« heben sich die Gemeinschaftswallfahrten ab, die mit Bussen oder der Eisenbahn veranstaltet werden. Die Fuldaer Wallfahrt kommt mit der Bahn nach Lohr und zieht von dort in Prozession nach Maria Buchen.
Zu den Autobus-Wallfahrten zählen auch die Diözesanwallfahrt des Frauenbundes, Heimkehrer- und Kriegerwallfahrt (1953/54) und die Wallfahrt des Dekanats Lohr. Zu dem jährlich am 2. Sonntag im Oktober stattfindenden Dekanatswallfahrtstag finden sich die Wallfahrer in Prozessionen und Bussen in Maria Buchen ein. Mit dieser Wallfahrt endet die jährliche Wallfahrtszeit.

Wallfahrt der Heimatvertriebenen und Exilpolen

Maria Buchen ist für die Wallfahrt von Heimatvertriebenen, die eine besondere Gruppe unter den Autobuswallfahrten darstellt, in dreifacher Hinsicht von Bedeutung. Hierher veranstaltete die Diözesanflüchtlingsseelsorge regelmäßige jährliche Wallfahrten der Vertriebenen. Die in Deutschland lebenden Exilpolen pilgern seit 1955 jährlich nach Maria Buchen, und die Oberschlesier Unterfrankens hielten hier 1963 einen Flüchtlingstag ab.
Der erste von der Flüchtlingsseelsorge organisierte Wallfahrtstag der Heimatvertriebenen fand 1947 statt. Von 1950 bis 1963 wurden diese Flüchtlingswallfahrten regelmäßig durchgeführt. Maria Buchen zählte zu den anfänglich 16 Wallfahrtsorten der Diözese Würzburg, an denen Vertriebenenwallfahrten abgehalten wurden.

13. Juli 1947:   2000 Teilnehmer
23. Juli 1950:   2000 Teilnehmer
31. August 1952:   1500 Teilnehmer
16. August 1953:   900 Teilnehmer
22. August 1954:   3000 Teilnehmer
23. Juni 1957:   350 Teilnehmer
19. Mai 1963:   900 Teilnehmer

Die Wallfahrten der Heimatvertriebenen trugen ausgesprochenen Kundgebungscharakter, verbanden religiöse Gesinnung mit politischer Demonstration: Gottesdienst und Predigt, Nachmittagsandacht, Reden von Verbandsfunktionären, Kundgebung im Freien.

Die Landsmannschaft der Oberschlesier traf sich am 14. Juli 1963 zu einem Flüchtlingstag in Maria Buchen und Lohr. Am Vormittag versammelten sich die Oberschlesier zu einer gemeinsamen Wallfahrt nach Maria Buchen, nachmittags veranstalteten sie ein Heimattreffen. In der Wallfahrtspredigt sprach der Kapuzinersuperior von Maria Buchen von einem »zweiten Annaberg«, zu dem Maria Buchen für die Oberschlesier geworden sei. Die Wallfahrt der Oberschlesier findet allerdings zu wechselnden Gnadenorten statt, so daß von einer jährlichen Annawallfahrt nach Maria Buchen, von der Schroubek (S. 117) spricht, nicht die Rede sein kann.

Die Exilpolen pflegen in Maria Buchen die Tradition der Wallfahrt zur Schwarzen Madonna von Tschenstochau. 1955 hielten hier 300 Polen aus allen Teilen Frankens und Hessens eine Gedenkfeier ab. Aus Anlaß der 300. Wiederkehr des Tages, an dem der Polenkönig Jan Kasimier sein Land unter den besonderen Schutz der Gottesmutter gestellt und Maria als »Königin des Polenreiches« ausgerufen hat, veranstalteten sie 1956 eine Jubiläumswallfahrt nach Maria Buchen und versprachen, die Wallfahrt künftig jährlich abzuhalten. Ein Jahr später brachten sie zum Gedenken an das »Weichselwunder« des Jahres 1920, als am Fest Maria Himmelfahrt die polnischen Truppen des Marschalls Pilsudski die Bolschewisten vor Warschau schlugen, eine Votivtafel an mit dem Bild der Muttergottes von Tschenstochau und der Devise »Polonia semper fidelis« (s. Abb. S. 162). Höhepunkt der 15. Wallfahrt der Exilpolen 1969 war die Weihe einer Pilgerfahne mit der Abbildung der Schwarzen Madonna von Tschenstochau. Zur 20. Jubiläumswallfahrt 1974 überbrachte der polnische Seelsorger, der die Wallfahrt leitete, Grüße des Papstes und verkündete einen Ablaß.

Die Beteiligung an den Polenwallfahrten bewegt sich meist bei etwa 500 Teilnehmern. Mit der Wallfahrt ist gewöhnlich eine Feierstunde oder eine kulturelle Veranstaltung verbunden. Maria Buchen wird von den Exilpolen als »deutsches Tschenstochau« bezeichnet. So ist einem alten Marienheiligtum mit einem kleinen Vesperbild die Tradition eines anderen Marienkultes, der verletzten Ikone der Schwarzen Madonna, zugewachsen.

Alois Döring

Maria-Buchen-Kultstatistik

Jahr	Geld
1700	70 fl
1705	103 fl
1710	96 fl
1715	139 fl
1720	142 fl
1724	157 fl
1729	173 fl
1735	141 fl
1738	205 fl
1744	214 fl
1750	219 fl
1755	184 fl
1759	177 fl
1765	160 fl
1770	107 fl
1776	91 fl
1800	36 fl
1802	45 fl
1814	15 fl

Jahr	Wachs
1700	41 fl
1705	49 fl
1710	58 fl

Jahr	Lebendopfer
1755	290 Eier, 10 Hähne, 1 Maß Butter, 17½ Pfd. Flachs
1759	220 Eier, 4 Hühner, 5½ Pfd. Flachs
1765	115 Eier, 2 Hähne, 3 Pfd. Flachs
1776	50 Eier, 9 Hühner, 2 Pfd. Flachs
1780	30 Eier, 1 Spanferkel
1785	21 Eier, 2 Pfd. Flachs
1790	15 Eier, 1½ Pfd. Flachs
1794	6 Eier

Jahr	Kommunionen
1759	20 000
1765	21 000
1770	19 000
1776	34 400
1780	23 000
1785	24 000
1790	27 000
1794	18 300
1800	16 000
1802	17 500
1814	10 000

Wallfahrtskirche und Dankzeichen

Die Wallfahrtskirche und ihre Umgebung

Maria Buchen ist als Kirchbauplatz vom Zufall der besonderen Kultpflege an einer einstigen Waldrast geprägt. Der durch Andacht geheiligte Ort bestimmte trotz ungünstiger Lage inmitten eines steilen bewaldeten Berghanges alle zukünftigen Baumaßnahmen. Bezeichnendstes Merkmal: Die heutige Kirche, auf den Titel »Mariä Heimsuchung« geweiht, ist nicht mehr geostet, wie früher unabdingbar und wohl beim kleinen Vorgängerbau noch eingehalten gewesen. Die Parallele findet sich hierzu in Franken auf dem Würzburger Nikolausberg, wo der Neubau des Käppele von Balthasar Neumann ebenfalls »gedreht« werden mußte.

Geistige und geographische Voraussetzungen

Aus Zwängen der Natur pflegen die interessantesten architektonischen Lösungen entwickelt zu werden. Auch Maria Buchen steht oben im Wald und doch, vom tiefen Buchental des kleinen Baches aus gesehen, sichtbar herausgehoben über die steile Rodungsfläche des einst in symmetrischer Barockaufteilung gegliederten Klostergartens und seiner künstlichen Terrassen für die frühere Nutzung. Der hoch aufgereckte Chorturm akzentuiert die Anlage aus Wallfahrtskirche, Klosterbau und Stützungsmauer am vorspringenden Punkt der engen Baugrundfläche. Heute ragt dahinter die moderne Wallfahrtsgaststätte heraus, nachdem baufällige Teile des ohnedies zu groß gewordenen Klosters abgetragen werden mußten und ein niedrigerer Verbindungstrakt 1972 mehr Blick auf die Kirche gewinnen lassen wollte. Noch existiert – vom Tal aus gesehen – ein wohl abgewogenes Ensemble typischer Wallfahrtssituation, die das zu romantischer Stimmung neigende Gemüt der Menschen unserer Zeit anzieht und darum einem Kultplatz dieser Art unverminderte, ja gesteigerte Anziehungskraft sichert.

Noch in der ersten Hälfte des vorigen Jahrhunderts waren derartige Empfindungen dem Durchschnittsbürger, erst recht aber dem Landbewohner ziemlich fremd. Wald und Berge bildeten Hindernisse und bargen Gefahren. Sie zu meiden, wenn möglich, galt als normal. Es bedeutete also in der Barockzeit und erst recht im Mittelalter schon etwas, wenn man ausgerechnet in die Wildnis zog, um Gott besonders zu verehren. Unsere Sonntagsausflüge lassen sich also in keiner Weise mit den gefährlichen Pilgerreisen der Vergangenheit und auch nur bedingt mit den unternehmungslustigen Wallerzügen unserer Vorfahren vergleichen. Von daher wird man verstehen können, warum während der Aufklärungszeit eine das Volksleben in besonders rigorosem Maße reglementierende Obrigkeit hier einschreiten zu müssen meinte. Darum richtete sich in Maria Buchen, wie andernorts auch, das Verbot gegen die Ordensseelsorge, so daß zwischen 1803 und 1836/49 kein Kloster existierte. Von daher wird aber auch klar, warum es zur Erhaltung und Blüte einer so abgelegenen Wallfahrt stets besonderer organisatorischer Hilfen und Dienstleistungen bedarf, die nur von Ordensleuten erbracht werden können und mit deren Ausbleiben daher oft genug eine Wallfahrt steht und fällt. Das ist ein gegenwärtig aktuelles Problem; das wußten schon die Aufklärer, weshalb sie den Kapuzinerkonvent von Maria Buchen zum Aussterben bestimmten.

Früher lebten im Umkreis des Heiligtums seit 1714 auch Eremiten, wie oben im Kapitel über die Wallfahrtsseelsorge schon berichtet worden ist; und für diese gab es eine feste Einsiedlerklause, zu der wohl auch ein kleiner Garten gehört haben muß, denn die Kirchenrechnungen vom Jahre 1783 vermerken den Verkauf eines Zwetschgenbaumes »beim Eremitenhäuslein«. Ansonsten lebten im späten 18. Jahrhundert die jeweiligen Einsiedler unter anderem vom Hostienbacken für die Wallfahrtskirche. Für uns heute ist die Gestalt des Einsiedlers nur noch eine Theater- und Romanfigur. Auch mit dieser Möglichkeit des Ausbruchs aus den Zwängen der Gesellschaft in Dorf und Stadt hat erst die Aufklärung, hat erst der moderne Polizeistaat aufgeräumt, aber der Drang sich »abzusetzen« ist geblieben, und er wird in unseren Tagen geradezu wieder belebt, nur bieten unsere durchkultivierten europäischen Landstriche und hochtechnisierten westlichen Lebensformen mit ihren omnipotenten Vewaltungsmechanismen keine Chance des geordneten Rückzuges für die Einzelnen, oder genauer für Einzelne, einmal ganz abgesehen von der individuellen, geistig-seelischen Bewältigung, für die ebenfalls eine hierzu notwendige tragende gesellschaftliche Basis fehlt: die Religion. Wir leben nun einmal in einer Welt mit allen Vor-, aber auch Nachteilen einer solchen zur Schizophrenie neigenden Sinnteilung.

Es ist notwendig, von diesen Dingen zu sprechen, weil aus der Ansiedelung von Menschen an der Straße im Wald zugleich eine Station, ein Haltepunkt nicht nur geistlicher Art zu entstehen pflegt, und das bedeutet auf die Dauer: Bautätigkeit. Von solcher ist in einem der vorangegangenen Kapitel anhand der spärlichen Zeugnisse der Frühzeit schon die Rede gewesen: 1434 ein erster Kapellenbau, 1461 eine Kirchweihe, 1613/17 ein weiterer Ausbau und 1618 Neuweihe der Kirche, ab 1612 Neubau der heutigen Kirche durch den Maurermeister Chri-

45 Heutiger Zustand des Chors der Wallfahrtskirche nach den Restaurierungen und Umbauten der Liturgiereform.

stoph Nemlich aus Steinfeld, der Pfarrei, zu der Maria Buchen gehörte. 1701 konnte sie geweiht werden. 1726/27 erfolgte der Bau eines ersten Kapuzinerhospizes, 1742/45 die Errichtung des Konventsgebäudes, das nach Renovierungen von 1849 und 1890 in den Jahren 1971/72 abgerissen und durch den Diözesanbaumeister Schädel erneuert wurde. Schon der Vorgängerbau der heutigen Kirche besaß 1669 drei Altäre, »so alle gegen Orient stehend«. Die also geostete Kapelle war allerdings nur 66 Schuh lang und 21 1/3 Schuh breit (ca. 18×6 m) und dürfte gewiß nicht einmal mit den Andeutungen einer Kirche auf den frühesten Legendendarstellungen des 18. Jahrhunderts verglichen werden.

Bautätigkeit ist immer ein Ausdruck von wirtschaftlicher Potenz und das heißt an einem Wallfahrtsort Zeichen für regen Besuch und entsprechende Geldopfer. So läßt sich allein aus den Baudaten der Gang der Geschichte ablesen. Die heutige Kirche und ihre Einbettung in die Gesamtanlage von Kloster und Wallfahrtsplatz mit Freialtar stammt aus der Zeit der Hochblüte Maria Buchens und der besonderen Förderung durch einzelne Würzburger Fürstbischöfe, voran jenem aus der benachbarten Familie von Hutten. Auch unsere Zeit mit ihren umfangreichen Renovierungs-, Restaurierungs- und Neubauarbeiten in Maria Buchen darf für den Wallfahrtsort als eine Epoche des Wohlstandes und eifrigen Zuspruchs gelten. Mit gutem Geschmack sind Verluste und Schäden der Jahrhunderte ausgeglichen und ergänzt worden, so daß sich die Kirche heute, auch nach den geschickten und einfühlsamen Umbauten der jüngsten Liturgiereform in einem Zustand präsentiert, wie er in seiner Gediegenheit nicht einmal für die Entstehungszeit angenommen werden kann. Dennoch existiert von der Innenausstattung dieser Zeit nicht mehr allzuviel an Originalem.

Schon im vorigen Jahrhundert hatte der Holzwurm die drei aus den ersten Jahrzehnten des 18. Jahrhunderts (KR 1720–24) stammenden Altäre zerfressen. Kirchenerneuerungen der Jahre 1858, 1875 und 1897 belegen die erhaltenden Bemühungen des 19. Jahrhunderts. Der Hauptaltar mußte 1897 gänzlich abgebrochen und durch den Nürnberger Bildhauer Stärk rekonstruiert werden. 1901 weihte der Würzburger Bischof den Hoch- und den Gnadenaltar neu. Von den entsprechenden Wandlungen des 1882 und 1897 ebenfalls stark erneuerten Gnadenaltars war oben schon in einem anderen Kapitel ausführlich die Rede. Er hat 1971, wie sein Pendant vor der Kanzel, ein neues farbkräftiges Barockgemälde erhalten, Kopien aus der Kapuziner-Klosterkirche Burghausen von Nepomuk della Croce (1670): Maria als Tempeljungfrau (anstelle des Buchenlaubes) sowie Mariä Heimsuchung (anstelle desselben Themas). Die neuen Bilder passen sich nun in die 1965 von der Bayerischen Denkmalpflege vorgeschlagene bunte Neufassung der Altäre ein, die am Ende des vorigen Jahrhunderts in den damals üblichen dunklen Abtönungen gefaßt und 1925 renoviert worden waren. Dies gilt ebenfalls für die schöne Kanzel aus der Mitte des 18. Jahrhunderts und den Orgelprospekt von 1716.

Der sonst schlichte Saalbau des Kirchenschiffes erfährt allen Schmuck von der bunten Front dieses Ensembles der drei Altäre, die einst von der Balustrade der den eingezogenen Chor abtrennenden, 1922 im alten Stil erneuerten Kommunionbank optisch noch stärker zusammengeführt wurde. Jetzt ist sie zur freistehenden Mensa verarbeitet worden. Je ein flankierender Ambo versucht nun zu den Seitenaltären zu vermitteln. Im gewölbten Chorraum stehen heute zwei überlebensgroße ungefaßte Holzplastiken von bester künstlerischer Qualität. Sie stammen vom Hochaltar der Kapuzinerkirche in Lohr und stellen darum Heilige aus den Orden des heiligen Franziskus dar. Von der ursprünglichen Vierer-Gruppe aus Franziskus, Laurentius von Brindisi, Fidelis von Sigmaringen und Antonius von Padua befindet sich der dritte im Saal der Wallfahrts-Gaststätte »Waldrast«, der letzte im Kloster. Die heutigen Kreuzwegbilder in der Wallfahrtskirche sind 1966 aus dem aufgelösten Kapuzinerkloster Königshofen hierher übertragen worden und stammen vom Maler Johann Peter Herrlein. So werden der lebendige Kultort und das aktive Kloster zu einem sinnvollen Auffangplatz für funktions- und herrenlos gewordene Schätze verwandter Orte. Oft genug sind in unserer Zeit die Antiquitätenhändler schneller als die bisweilen zu langsam planende Hand übergeordneter kirchlicher oder zuständiger staatlicher Stellen.

Ebenso vorausschauend hat man die äußere Umgebung der Kirche gestaltet. 1964 ist der Freialtar des Wallfahrtsplatzes vor der Kirchenfassade aus der großen steinernen Kreuzigungsgruppe vom Beginn des 18. Jahrhunderts gebildet worden, die einst vor dem Eingang des alten Klosters stand. Dort befindet sich heute am neuen Bau von 1971 eine Sandstein-Pieta von ca. 1760. Neues war während der Wohlstandsjahre des späten 19. Jahrhunderts dazu gekommen: 1870 neben einem ersten aufwendigen Geläute die beiden Steinfiguren in den Nischen der Kirchenfassade, Maria und Josef, eine Würzburger Stiftung, gestaltet von dem Würzburger Bildhauer Behrens. Er schuf 1880/81 auch die Sandstein-Pieta der Brunnennische auf den Kirchenvorplatz, seit 1882 in einer Tuffsteingrotte des Klostergartens befindlich. 1890 legte man einen Stationsweg von Sendelbach nach Maria Buchen an. »Die gußeisernen Stationsbilder fertigte das Lohrer Eisenwerk Rexroth, die Fassung besorgte der Vergolder Riesler, die 14 Kapellen baute Maurermeister F. Wirth aus Lohr« (Barthels, S. 5).

Der Freialtar war 1916 von den oben als besonders eifrige moderne Pilgergruppe geschilderten Fuldaer Wallfahrern durch eine Holzplastik der Hl. Familie geschmückt und dafür umgebaut worden. Sie befindet sich heute im Kapuzinerkloster und stammt von einem der drei bekannten bayerisch-fränkischen

Künstlerbrüder, deren seit der Jahrhundertwende entstandenen Werke heute wieder geschätzt zu werden beginnen, von Heinz Schiestl (1867–1940 Würzburg). Sein aus Tirol stammender Vater Matthäus Schiestl der ältere, der seit 1875 in Würzburg eine Werkstatt betrieb, hatte schon 1882/83 den Gnadenaltar der Wallfahrtskirche umgestaltet, 1892 eine Herz-Jesu-Statue und Engel mit Leidenswerkzeugen geliefert, 1909/10 die Figuren der Weihnachtskrippe, 1911 vier Leuchterengel am Gnadenaltar, 1914 eine St.-Josef-Statue (Barthels, S. 61). Er verbrachte in der Nachbarschaft des Wallfahrtsortes bei seiner einzigen Tochter den Lebensabend und verstarb 1915 in Sendelbach, dem Dorf, in dessen Gemarkung Maria Buchen entstanden ist.

Vor der Kirche gibt es ein weiteres öffentliches Zeugnis der besonderen Anhänglichkeit der Fuldaer Wallfahrer an Maria Buchen: das heutige Sandsteinbild der schmerzhaften Mutter Gottes in der Brunnengrotte; es stammt aus den späten zwanziger Jahren von dem Würzburger Bildhauer Arthur Schleglmünig.

Pilger-Wirtschaft und Verkaufsstände

Keine Wallfahrt ohne Wirtschaft. Kirche und Gasthaus lassen sich so wenig trennen wie Geist und Leben. Wo viele Menschen zusammenkommen, muß für Essen und Trinken gesorgt sein. Daß sich mit solcher Vorsorge auch geschäftliche Interessen verbinden, ist selbstverständlich. Daraus erwachsen nicht selten Konflikte zwischen geistlichen Anliegen und weltlichem Treiben. Auch die Geschichte der Wallfahrtsbetreuung in Maria Buchen spiegelt solchen Zwiespalt.

Schon bevor die Kapuziner zu Beginn des 18. Jahrhunderts die Seelsorge und Pilgerbetreuung übernahmen, gab es natürlich einen obrigkeitlich geregelten Ausschank von Getränken. Nur hören wir erst spät davon, weil gewöhnlich erst bei Streitigkeiten die sonst selbstverständlichen Dinge aktenkundig werden. 1712 rissen die Sendelbacher eine »Steinfelder Holzhütte bei Maria Buchen« ein, die wahrscheinlich dem Weinausschank diente (Barthels, S. 15). 1719 gab es Ärger um den würzburgischen Jäger oder fürstlichen Wildmeister zu Maria Buchen, der dort eine Weinschänke betrieb, weil das Hochstift die übliche Steuer verlangte, der Pfarrer von Steinfeld aber dagegen protestierte, da der Schankpächter im Jahre 1701 ausdrücklich davon befreit worden sei mit der Auflage, »jederzeit unentgeltlich den nötigen Meß- und Kommunikantenwein für Maria Buchen zu verabfolgen« (Barthels, S. 16). Dieser staatliche Förster, der zunächst in Steinfeld und Waldzell wohnte, hatte nämlich, um das »Kirchhäuslein« bewohnen zu können, den dortigen Mesnerdienst übernommen. Es war 1692

46 *Gottesdienst an dem 1964 neu gestalteten Freialtar.*

neben dem alten Jägerhaus ein neues »Kirchnerhaus« errichtet und ein Mesner bestellt worden (Barthels, S. 14), während die Kirchenrechnungen 1660 gemeldet hatten: »Gelbe Hausfarb wegen des neuerlichen Wohnhaus unserer lieben Frauencapellen zu der Buchen genannt« (KR).
Schon 1675 hatte sich ein würzburgischer Jäger aus Waldzell angeboten, den Schutz der Wallfahrtskirche zu übernehmen, wenn er dafür die Wohnung des verstorbenen Kirchners im »Buchenhaus« erhielte. Ab 1689 wird dann der Jäger Valentin Schirmer dort genannt. Er lebte 33 Jahre bis zu seinem Tode 1722, betreute den Neubau der Kirche mit und bewachte auch späterhin noch ständig das Gotteshaus. Seine Witwe erhoffte darum gleiches für ihren Sohn, aber 1726 kamen die Kapuziner und bauten das Jäger- und Kirchnerhaus zu einem »Hospiz«, also zu einem Kloster für weniger als 6 Insassen, um. Jetzt erst wurden in Ermangelung eines Brunnens eine Wasserleitung gebaut und der Terrassengarten angelegt (Barthels, S. 14, 17, 21).
Für die Bewachung mußten nun die Patres selbst sorgen. Sie hielten sich zu diesem Zwecke stets einen großen Hund, zu dessen Futtergeld der Kirchenfonds jährlich 3 Gulden zusteuern mußte (z.B. KR 1782/1830, aber auch schon vorher).
1730 stellte der Kirchenpfleger bei der würzburgischen Hofkammer folgenden, abschlägig beschiedenen Antrag: »Nachdem das bisherige Wirts- und Jägerhaus zu Buchen den Kapuzinern eingeräumt wurde, erscheint die Erbauung eines neuen Wirtshauses dringend notwendig. Schon hat die Wallfahrt eher ab als zugenommen. Wohl haben einige umwohnende Wirte Hütten daselbst aufgeschlagen und schenken Wein aus, aber dies nur an Sonn- und Feiertagen. An Werktagen können die Wallfahrer weder Speise noch Trank bekommen, auch kein Futter für ihre Pferde. Auch stehen diese Hütten so unschicklich an der Kirche, daß Personen von Stand sich schämen, die Kirche überhaupt zu betreten. Die jüngst über dem Bach erbaute Huttensche Mühle ist zwar auch als Wirtshaus eingerichtet; aber wegen der Höhe des Berges mag niemand hinuntersteigen. Es wird vorgeschlagen, auf Kosten der Wallfahrt ein Wirtshaus im ehemaligen Krautgarten des Jägerhauses nächst der Eremitage zu erbauen ...« (Barthels, S. 22). Nach der Ablehnung dieses Planes bemühten sich die Wirte der Bretterbuden um weiteren Ausbau ihrer Plätze und erhielten 1732 strenge Auflagen. 1748 gab es neuerliche Auseinandersetzungen, weil Johann Valentin Hermann aus Steinfeld inzwischen ohne Wissen des zuständigen Pfarrers von Steinfeld anstatt der genehmigten Bretterhütte ein ordentliches Haus »mit Kämmerlein« als Gastwirtschaft erbaut hatte (Barthels, S. 25).
Später sprechen die Kirchenrechnungen über »das in

47 Klosterumbauten von 1971. Heute gibt ein niedriger Verbindungstrakt den Blick zur Kirche frei.

anno 1758 an die Wallfarths Kirchen gehörig und erkauffte Weinschänck Häusslein«, eingelöst von eben dem Hermann aus Steinfeld (KR 1784). Laut Steinfelder Akte wurde in diesem Jahr 1784 Johann Genssler weiterhin Pächter (Barthels, S. 31). Er stammte aus Sendelbach und zahlte jährlich ein Stand- oder »Bestandgeld« von 20 Gulden (z. B. KR 1782/89). Als sich 1777 ein Balthasar Gütlein aus dem Amt Hofheim beim Fürstbischof über fehlgeschlagene Verhandlungen beschwerte, erfahren wir: »Bei Mariabuchen, dem berühmten Wallfahrtsort ohn weit Rothenfels ist ein kleines Wirtshäuschen zum Behuf der Wallfahrenden gelegen, worüber Hochwürdiger Herr Pfarrer zu Steinfeld und Herr Pfleger zu Rothenfels die Obsorge haben. Dieses Wirtshäuschen wurde zu Wallfahrtszeiten als verlehnt um 2–3 und höchstens 5 Gulden. Vor einem Jahr und länger boten mir diese beiden Pfleger gedachten Wirtshäuschen zum Kauf oder Bestand an« (Barthels, S. 29).

Im Gefolge der Klosteraufhebung und des Wallfahrtsrückgangs in der ersten Hälfte des vorigen Jahrhunderts sind auch die Gaststätten zum Teil endgültig privatisiert worden, und sie blieben es in unserem Jahrhundert (Barthels, S. 63–65). Neben der späteren Klosterschänke, »Waldrast« geheißen, die von den Kapuzinern verpachtet wurde, gehörten das heute noch im alten Bau existierende »Buchenstübl« und die »Buchenmühle« im Tal der Familie Brei. Sie führt heute das der Kirche am nächsten gelegene, wohl eigentliche erste feste Wirtshaus noch weiter, während man die »Buchenmühle« 1973 an das Bischöfliche Ordinariat verkauft hat. Dasselbe taten die Kapuziner 1970 mit der von ihnen 1962/64 modern ausgebauten »Waldrast«, die ihnen seit 1922 wieder gehörte. Die neue Rechtsperson »Wallfahrtswerk« löst seit 1969 als eingetragener gemeinnütziger Verein den alten Stiftungsfonds der Buchenkapelle ab, der drittelparitätisch darin aufgegangen ist neben Kloster und Diözese Würzburg, aber inzwischen auch 4000 Einzelmitglieder umfaßt. Solche Konstellationen sagen etwas über heutige Organisationsmöglichkeiten der Beteiligten und über deren Engagement für die Wallfahrt aus: Maria Buchen besitzt klare Statuten. Diese haben sich schon bald ausgezahlt. Die »Buchenmühle« konnte zu einem modernen Gasthof und gepflegten Restaurant umgebaut werden. Die behördliche Auflage einer Kläranlage für den gesamten Bereich von Kirche, Kloster und Wallfahrtsort ist verwirklichbar geworden. Nun soll eine Neuanlage des einstigen barocken Klostergartens als eine Art Pilgerpark in Angriff genommen werden.

Von Devotionalienhändlern, ihren Ständen und späteren Buden hören wir in der Mitte des 18. Jahrhunderts bisweilen etwas. 1748 z. B. erhielten Wachs- und Lebzelter aus Karlstadt eine Legitimation durch den Pfarrer von Steinfeld. Sie boten in Maria Buchen Wachs, Zuckerwaren, Rosenkränze, Bilder, Weck und Obst an (Barthels, S. 25). Später erscheint in den jährlichen Kirchenrechnungen ein zusammenfassender Posten »Bilder und Rosencräntz den Zucker Beckers Crämer das gantze Jahr überhaupt vor Blatz Geld« (z. B. KR 1782). In unseren Tagen hat es – fast selbstverständlich – auch immer wieder kleinere Abgrenzungskonflikte zwischen der Wallfahrtsseelsorge und den Interessen der Händler gegeben, deren Stände in gebührendem Abstand von der Kirche gehalten werden sollten. Unsere Zeit ist darin noch empfindlicher geworden als frühere Epochen es waren. Reibungsmöglichkeiten ergaben und ergeben sich, wie überall im Leben, meistens aus ungeklärten Kompetenzen und sich verändernden rechtlichen Zuständigkeiten der Beteiligten. Mit der Gründung des »Wallfahrtswerks« 1969 ist auch hier in den letzten Jahren vieles einfacher geworden.

Die Initiative dazu ging von Pater Arno Fahrenschon OFMCap aus, als er Guardian war und sein Orden das Kloster wegen Baufälligkeit und Nachwuchsmangel aufgeben wollte. Es wäre sicher der Anfang vom Ende der Wallfahrt gewesen, sagen die heutigen Laienträger des »Wallfahrtswerks« aus Lohr. Noch heute ist Pater Arno die Seele der Wallfahrt und ihrer gegenwärtigen Blüte.

Wolfgang Brückner

Votationen und Votivbilder

Der Ort, an dem sich Gnade ereignet, an dem für den Gläubigen die Macht des Jenseits spürbar wird, an dem der Himmel immer wieder, glaubt man nur fest daran, für einen kurzen Augenblick die Erde berührt, vermenschlicht göttliche Wunderkraft. Am Wallfahrtsort sind nicht nur bestimmte Legendenmotive verortet, auch göttliche Hilfs- und Heilkraft wird am Grabe eines Heiligen oder bei einem wundertätigen Kultgegenstand durch die volkstümliche Verehrung personifiziert. Mit der Verortung besonderer Gnadenerweise entsteht eine Rangfolge der Wunderwirksamkeit, ein Vorrang anzurufender heiliger Personen am festgelegten geheiligten Ort. Eines der um 1660 entstandenen Mirakelbilder, die sich in der Wallfahrtskirche Maria im Sande zu Dettelbach befinden, berichtet von einem Seesturm, in den drei Karlstädter Bürger 1507 auf ihrer Rückreise von Santiago di Compostela gerieten; doch nicht den hl. Jakob, zu dem sie gepilgert waren, riefen sie an, sondern die heimische Muttergottes von Dettelbach. Der Volksglaube sieht als Ursprung des Wunders nicht allein die Allmacht Gottes, auch nicht bloß die Mittlerfunktion der Heiligen, an ihrer Spitze Maria, sondern das an einem bestimmten Ort verehrte Gnadenbild.

Der Bilderstreit in Byzanz wurde für die Ostkirche mit der Festlegung eines Formenkanons beendet, der die Gestalt Christi und der Heiligen auf Ikonen bis in die moderne Zeit hinein genau beschreibt, da sich weder das Wesen Gottes noch der Heiligen ändere. Bis ins Mittelalter hinein durfte Gott Vater, da er nie selbst, sondern durch seinen Sohn Mensch geworden war, nur mit der aus einem Wolkenloch herausragenden, gnadenspendenden Hand dargestellt werden. Für die volkstümliche Bilder- und Vorstellungswelt ist es schwer, solchen Grad theologischer Abstraktion nachzuvollziehen.

Die Verpersönlichung *und* die Vermenschlichung der Gottheit, die Verortung spezifischer Gnadenmöglichkeit und Gnadenwirksamkeit sind religionsgeschichtliche Erscheinungen, die bereits in der Geisteswelt der Sumerer und Akkader seit dem 3. Jahrtausend vor Christus in zahllosen Weihe- und Votivinschriften auf in Tempeln gefundenen Gegenständen belegt sind. Meist sind Objekte wie Statuen nur allgemein »für das Leben« (= Wohlergehen) des Stifters dargebracht, bisweilen aber berichten die Texte mit großer Ausführlichkeit über den Votationsanlaß. Rımsînšalabaštašu, Ehefrau des frühaltbabylonischen Königs Rımsîn, stiftete für ihre kranke Tochter Lirišgamlum der Göttin Inanna/Ištar ein Steingefäß mit der Bitte, daß ihr Kind »aus der Hand des Bösen ... gerettet, der azag-Dämon der Kopfkrankheit, der sich in ihrem Leib befindet, einem (ihm) überlegenen Dämon überantwortet, ŠÀ. HAL aus ihrem Auge gerissen und daß ihr Leben behütet werde« und stellt sich schließlich selbst mit ihrem Geschenk der Göttin anheim.[19]

Das Stiften von Gegenständen aus einem bestimmten Anlaß, der mit Bitte und Dank für (erhaltene) Gnade umschrieben werden kann, ist generell Bestandteil des Kultes am Wallfahrtsort. Zu Beginn steht ein Akt der religiösen Devotion: in einer leiblichen oder seelischen Krise stellt sich der Mensch unter Gottes oder eines Heiligen besonderen Schutz; diese Anheimstellung erstreckt sich auf Leben *und* Tod; auf Votivbildern werden daher verstorbene Familienmitglieder mit einem Kreuz bezeichnet (Kriss-Rettenbeck, Bilder und Zeichen, S. 94 f.).

Es ist nicht immer leicht, Votiv- und Opfergaben an Wallfahrtsorten exakt auseinanderzuhalten; sie alle aber belegen die Möglichkeit der Gnadenwirkungen am heiligen Ort, die Wirklichkeit des subjektiv erfahrbaren Wunders, und sie erhalten damit sowohl Propaganda- wie Hilfsfunktion, denn die für jeden sichtbare Bestätigung des wunderbaren Ereignisses schafft erst wieder jene persönliche Bereitschaft, in der sich Wunder ereignen kann, und erzeugt Nachfolgegeschehen, erneuert immer wieder den Glauben an die Machthaltigkeit des Ortes und seines heiligen Patrons.

Der sichtbarste Ausdruck des Votationswesens sind die Votivtafeln, die in Mitteleuropa um 1500 in Gebrauch kommen. Als bislang ältestes erhaltenes Bild in Deutschland gilt die 1501 nach Altötting gestiftete Tafel des Gmünder Bürgers Dienstl. Das gemeinsame Charakteristikum der Votivtafeln im gesamten katholischen Bereich besteht in vier Hauptelemen-

48 Zwanzig zumeist ältere Votivtafeln hängen heute unter dem spätgotischen Kruzifix an der Südwand neben dem Gnadenaltar.

ten: 1. die Darstellung der angerufenen heiligen Person, meist in Gestalt eines Gnadenbildes in einem Wolkenloch in der oberen Bildhälfte; 2. der bittende Votant in kniend-betender Haltung als Kennzeichnung des Anheimstellungsaktes; 3. der Votationsanlaß, oft gekennzeichnet durch im Bett liegende Personen, und 4. die schriftliche Information, die von der im 17. Jahrhundert aufkommenden Formel »EX VOTO« über die Bestätigung, daß die Bitte erhört worden sei, bis zum detaillierten Krankheits- oder Unfallbericht mit Nennung der Stifter und des Datums ausgeweitet werden kann (Kriss-Rettenbeck, Votivbild, S. 112; Ex Voto, S. 156).

Neben die Votivtafeln tritt eine Fülle anderer Votivgaben: Darstellungen der erkrankten oder geheilten Körperteile und Organe in Wachs oder Holz, Ton, Eisen oder Silber. Votive aus Silberblech werden seit 1700 immer beliebter. Es gibt Zeichen für bestimmte Krankheiten, z. B. Löffel für Zahnschmerzen, Kröten bei Unterleibskrankheiten der Frau, aber auch Gegenstände, die das Leiden bewirkt haben (»Akzidenz«) wie Nadeln, Gewehrkugeln usw. Alle diese Objekte können ihrerseits wiederum auf Votivtafeln als bildliche Hinweise dargestellt werden.

Eine andere Gruppe von Objekten, die am Wallfahrtsort zusammen mit den Votivgaben auftreten, sind Opfer- oder Weihegaben von bisweilen beträchtlichem materiellem Wert: Münzen, Schmuck, Uhren, Kriegsorden, Kreuze, Rosenkränze und anderes mehr, hinter denen der Schenkungsanlaß anonym zurücktritt. Die wohl eindrucksvollste Gruppe von Opfer- und Weihegaben aber stellen jene Instrumente der Krankheit dar, die der Geheilte am heiligen Ort zurückläßt: Krücken und in neuerer Zeit Rollstühle und orthopädische Schuhe von Verletzten und Gelähmten.

Indirekte Zeugnisse der älteren Buchener Votivtafeln

In Franken spielt Maria Buchen im Vergleich mit den großen Wallfahrtsorten Käppele, Dettelbach, Vierzehnheiligen und Gößweinstein hinsichtlich der Zahl der Pilger keine überragende Rolle. Es gehört aber zu jenen Kultstätten, die nicht nur eine beträchtliche Anzahl von Votivtafeln und Weihegaben bis in die Gegenwart bewahren konnten, sondern in denen immer neue Objektivationen volkstümlicher Frömmigkeit die Kontinuität von Wallfahrts- und Votivwesen bis in die Gegenwart bezeugen.

Die zweifelsohne große Anzahl von Votivbildern, die einst nach G. Link um die große Legendentafel gruppiert in der Kirche hingen, erscheint heute stark vermindert; dazu trug nicht nur die moderne Zeit mit Kunstdiebstahl auf der einen und der Unterscheidung von Kunst und Kitsch auf der anderen Seite bei, sondern auch die seit der Aufklärung vorsichtige Haltung der Kirche gegenüber der öffentlichen Zurschaustellung wunderbaren Geschehens. Doch auch in früherer Zeit wurden immer wieder

Votivtafeln weggeräumt. Die handschriftliche Chronik des Klosters Maria Buchen (Bl. 3r–4r) berichtet im frühen 18. Jahrhundert (Klosterarchiv II): »Zu bedauren ist, daß die vilfältige Votiv- oder gelübt-Tafeln bey abbrechung der letzteren Capellen von denen Handtwerckhern, worunter viel Lutheraner und Calvinisten gewesen, fast alle gottloser weiß seint zerbrochen, undt verbrennet worden: Wann die annoch zugegen wären, würden sye bezeügen, waß alles denckhwürdiges sich bey diesem Gnaden-Bildt habe zugetragen ... Obwohlen Erwehnte boßhaffte Ketzer vil dergleichen gelübt-tafeln zerbrochen, und verbrennt, so haben sye doch die andacht zu diesem Gnadenbild auß den Hertzen der Liebhabern Mariae nit reißen können, noch ist dardurch der wunderthatige arm Mariae nit kürtzet worden, ja es wurd die andacht zu diesem wunderthätigen, und gnadenreichen Mariae-bild von tag zu Tag desto größer, der gestalten, daß auch die jetzige Kirche für die viele ankommende wallfahrter schier will zu klein werden. Eß werden auch andere neue gelübt-tafeln alda aufgehenckht, worauff sattsamb erscheinet, daß Maria in mehr besagter Wallfarth – Buchen allen Kranckhen, beträngten, und nothleydenten seye und bleibe commune asylum, ein allgemeiner Zufluchtsorth. Spes publica eine offene Hoffnung und auxilium indefiniens ein immerwährende Hülff, die gegen allen sich außgießet, und Keinem versagen wird.«

Diese Quelle belegt den Massencharakter der Gattung Votivtafel, und die gewollte oder auch unbeabsichtigte Bestandserneuerung. 1729 werden in der Kirchenrechnung Ausgaben zu dem Zweck erwähnt, »Votivtafeln einzufassen und in bessere Ordnung zu bringen«. Hinzu kommt die materielle Wertlosigkeit der Votivtafeln. In den Inventarien des Klosters wird jede am Gnadenaltar gestiftete Münze oder Schmuckkette genau beschrieben und verzeichnet, dagegen keine einzige Votivtafel. Es ist daher unmöglich, den alten Bestand zu rekonstruieren; Handwerkerrechnungen wie in Altötting fehlen ebenso wie ein Mirakelbuch, von dem aus man auf die Existenz von Votivtafeln schließen könnte. Daß solch ein Mirakelbuch wohl auch nie vorhanden war, belegt eine handschriftlich verfaßte »Entstehung der Wallfahrt Mariabuchen«, die in der zweiten Hälfte des 19. Jahrhunderts (letzte erwähnte Jahreszahl 1858) niedergeschrieben wurde: »Wollte man die Gnaden aufzählen, die hier empfangen wurden, die Wunder, welche auf die Fürbitte der Hl. Jungfrau in der Kirche geschehen, so könnte man ein großes Buch damit vollmachen« (Klosterarchiv III, 1, 4).

Vereinzelt geben die Akten des Klosterarchivs Auskunft über Votivtafeln, von denen heute nur noch das Huttenbild existiert. Als ältestes Votivbild wird übereinstimmend in der Literatur (Barthels, S. 13; Conrad, S. 61) das des Buchenmesners Hans Körner angesprochen, über das es bereits in der »Kurtzen Beschreibung deß Anfangs und Wachsthums der

Wallfahrt« von 1726 (Bl. 3 r–4 r) eine Beschreibung gibt (Klosterarchiv II):
»Eine Votiv-Taffel, welche errettet worden, und noch vor-handen ist, würd an Stell aller röden (= reden) – auff dieser Taffel stehet ein merckhliches Miracl und Wunder abgemahlet mit folgender Beyschrift: Anno 1660 den 20. Augusti ist des Ehrsamen Hanns Körners damahlen Buchen-Kirchners 3 jährige Töchterlein Anna Maria von der Steinernen Treppen bey dem Buchen-Hauß in ein Messer gefallen, daß das Messer tiefer als eines Manns-fingersglied Lang durch die Hirn-Schalen eingestoßen, also daß der Vatter das Messer mit gewalt hat müssen ausziehen, worauff die Mutter das tödtlich verwundte Kindt genohmen, darmit in die Kirchen geloffen, und daß bluttige Kindt vor dem Miraculos altar getragen, worauf daß Kindt also bald ohne Hülff, und rath eines Eintzigen anderen Wundtarztes curirt und heyl worden ist.«

Ein für die Topographie des Klosters wichtiges Votivbild, das 1883 noch in der Kirche hing, verzeichnet Conrad (S. 61). Es stammt aus der Zeit des Klosterbaues 1726; auf ihm war Fr. Aegidius dargestellt, der um die Fürsprache Mariens bittet, da ein Wagen samt Pferd und Fuhrmann den steilen Abhang vor der Kirche hinabgestürzt war. Die Beischrift »EX VOTO« wies darauf hin, daß alle Beteiligten das Unglück ohne größeren Schaden überstanden hatten. Fr. Aegidius war im gleichen Jahr zusammen mit P. Gideon, Provinzial der fränkischen Kapuzinerprovinz, P. Augustin und P. Alexius aus Karlstadt nach Maria Buchen gekommen und hatte die Umbauarbeiten für das Hospiz, die sich nicht nur wegen des abschüssigen Geländes, sondern auch wegen der Mittellosigkeit der Kapuziner als sehr schwierig erwiesen, geleitet; 40000 Fuhren Erde mußten mit geliehenen Pferden weggeschafft werden (Barthels, S. 20). Bei diesen Arbeiten dürfte sich das Unglück ereignet haben. Nach Conrad ist das Bild vor allem deswegen bemerkenswert, weil noch das alte Jägerhaus ohne Verbindung mit der Kirche dargestellt war; erst später ist zwischen Jägerhaus und Kirche der Chor eingezogen worden.

Aus verschiedenen Nachrichten kann die Existenz weiterer Votivbilder als wahrscheinlich angenommen werden. Im »Archivum Mariafagense« von 1754 (Klosterarchiv IV, 1, 9) ist für das Jahr 1746 eine Wallfahrt der Lohrer Bürger nach Maria Buchen erwähnt, die wegen des heißen und äußerst trockenen Sommers um Regen baten, der auch sofort am Nachmittag der Wallfahrt einsetzte, obwohl der Tag als völlig wolkenlos geschildert wird. Im Zusammenhang mit diesem und mit anderen, nicht namentlich genannten wunderbaren Ereignissen werden Stiftungen von »votivae tabulae« und »oblationes« nach Maria Buchen erwähnt.

Georg Link (S. 516) zitiert die Inschrift eines weiteren, nicht mehr vorhandenen Votivbildes »Zum Danke für die Verschonung der Stadt Würzburg am 27. Juli 1866«, also während des preußisch-österreichischen Krieges, als die Festung in Brand geschossen wurde. Anlaß zur Stiftung von Votivtafeln oder Gaben könnten weiterhin Ereignisse gewesen sein, die ebenfalls Link zitiert: einer Jägersfrau bleibt um das Jahr 1825 ein Knochen im Halse stecken, sie kommt unbeschadet davon, nachdem sie der Muttergottes von Maria Buchen ein Versprechen gemacht hat. Zwei Protestanten reiten in den Steinfelder Wald, um Holz auszuzeichnen; dabei bäumen sich die Pferde auf, werden aber wunderbarerweise aufgehalten. Die beiden besuchen daraufhin jährlich den Wallfahrtsort, und als Alter und Krankheit sie davon abhalten, schicken sie einen anderen an ihrer Stelle.

Wachsvotive

Votivwesen aber besteht nicht allein aus Votivtafeln, es findet oft anderen dinglichen Ausdruck von manchmal unvergleichlich höherem materiellen Wert. Wachsvotive wie bekleidete Figuren, wie sie z. B. noch auf dem Findelberg, in Gößweinstein und Vierzehnheiligen in größerer Zahl vorhanden sind, Fatschenkinder wie z. B. in Fährbrück oder originalgetreue Nachbildungen der erkrankten Körperteile fehlen heute in Maria Buchen. Daß solche einmal im direkten Umkreis der Wallfahrtskirche erworben werden konnten, belegt ein Eintrag in die Chronik für den 30. März 1748: Karlstädter Wachszieher und »Labezelter« erhalten vom Steinfelder Pfarrer die Erlaubnis, ihren Bestand an Wachs, Zukkerwaren, Rosenkränzen, Bildern, »Weck« und Obst in Maria Buchen feilzubieten (Barthels, S. 25). In den Kirchenrechnungen taucht seit 1668 als eigener Einnahmeposten das »gebilt und ungebilt wachß« auf, das am Gnadenaltar niedergelegt wurde. Für 1719/20 z. B. verzeichnet die Kirchenrechnung »43 pfundt an gebilt- und andern Wachs Kertz dieß Jahr bey denen Walltäg geopfert worden«, im folgenden Jahr (1720/21) sind es immerhin 35 Pfund. 1713 erwähnt die Kirchenrechnung einen »New erbauten Wachßstand«, der vielleicht mit dem identisch ist, der 1749 ausgebessert werden muß.

Eine 1898 entstandene Fotografie zeigt an der Wand neben dem Gnadenaltar noch zwei kleine Holzbrüstungen unter der Judentafel, in denen sich Fatschenkinder, Wachsnachbildungen von Beinen und Kerzen befinden, und noch für 1935 ist im Klosterarchiv (III, 1, 4, 1, 5) die Stiftung eines Wachskopfes belegt: eine Frau aus Hamburg überweist am 23. April 1935 in einem Brief mehrere Briefmarken und bittet darum, für deren Gegenwert »einen Wachskopf für mein Kopf und Ohrenleiden, auf den Gnadenaltar der Hl. Muttergottes zu legen«, nachdem diese schon bei einem Beinleiden wunderbar geholfen habe.

Anders verhielt es sich allerdings mit einem Gipsbein, das von der Familie einer Frau aus Bremen-Lesum, die sich von einem Beinleiden geheilt wähnte, im August 1957 nach Maria Buchen gestiftet und zusammen mit dem Brief in einer Nische neben dem Gnadenaltar öffentlich ausgestellt wurde. Die »geheilte« Frau kam immer wieder zusammen mit ihrem Mann und zuletzt an Pfingsten 1962 mit ihren zwei erwachsenen Töchtern nach Maria Buchen, wo sie sich im Gasthaus »Waldrast« derartig schlecht benommen haben muß, daß die Familie am Pfingstdienstag von der Polizei zum Verlassen des Lokals aufgefordert werden mußte. Spätestens in diesem Moment waren den Patres Zweifel an der Integrität sowohl der Familie wie des »Wunders« gekommen, der Fuß, so glaubte man plötzlich, sei aus dem Schaufenster eines Schuhmachers entwendet worden, und so griff ein Pater zum Hammer, zertrümmerte den Gipsfuß und warf die Reste im Wald den Abhang hinunter.

Maria Buchen konnte aber auch eine große Anzahl von Weihegaben aus Gold, Silber und Edelsteinen vorweisen, von denen heute nur noch die Krone des Gnadenbildes, ein Maria-Theresien-Taler, der als Brosche gefaßt ist, ein Goldarmband, sieben Fingerringe, davon zwei Eheringe, und ein Rosenkranz mit Silberkreuz erhalten sind. Säkularisierung, Verkauf, aber auch Umschmelzen zu neuen Sakralgegenständen bewirkten die Verminderung des Bestandes. So wurden bereits 1751 aus dem Erlös von Weihegeschenken zwei silberne Leuchter im Gesamtwert von 245 Gulden erworben (Barthels, S. 26). 1745 war bei Schweidnitz in Schlesien der kaiserliche Generalfeldzeugsmeister Adam Sigmund, Freiherr von Thüngen gefallen. Seine Familie stiftete 500 Gulden mit der Bedingung nach Maria Buchen, daß von den Zinsen jährlich ein Amt und sieben Messen zelebriert werden müßten; bei den Exequien hing die Witwe selbst ihren Ehering dem Gnadenbild als Opfergabe an (Barthels, S. 24; Conrad, S. 60). Georg Link (S. 516) berichtet von einem jungen Mann, der, als er endlich von den Eltern des Mädchens, das er liebte, die Einwilligung zur Heirat erhalten hatte, seiner Braut eine in Gold getriebene Kette und ein Duplikat davon der Muttergottes von Maria Buchen zum Geschenk machte. Mit dieser Kette wurde das Gnadenbild an Festtagen geschmückt.

Das Inventar zu den Kirchenrechnungen von 1770 verzeichnet an Weihegaben, die am Gnadenbild hängen: 5 Goldringe, 3 Dukaten, 1 Silberkreuz, 1 Goldkreuz, 1 Kreuz mit Öse, das 1767 gestiftet worden war, und ein nicht näher beschriebenes »vergoldetes Stücklein«. Ein Inventar vom 20. August 1793, verzeichnet für zwei Altarpyramiden einschließlich zweier frei hängender Bänder an Gold- und Silbergegenständen 21 Herzen, 3 Ganzfiguren, 6 Augenpaare, 1 Brustnachbildung, 2 Hubertushörnlein, 1 »silbern Platten mit 2. Oehrlein«, 1 Nepomukzunge, 11 Agnus Dei, 67 Halskreuzchen, 61 Münzen, die z.T. angeöhrt waren, 33 »silber Stuck«, wobei es sich auch um Münzen und Medaillen handeln dürfte, 11 »Pater«, 12 Ringe, 1 Kette, 24

»Bollen« und 5 Rosenkränze (Klosterarchiv IV, 2, 2). Daß diese teilweise sehr wertvollen Weihegaben immer wieder veräußert oder auch konfisziert wurden, belegt eine am 2. Januar 1852 von Pfarrer Kraus aus Pflochsbach unterschriebene Quittung über den Erhalt von 33 Stück dieser Weihegaben »zum Behufe der Verwerthung«. 1900 scheinen allerdings noch so viele Weihegeschenke vorhanden gewesen zu sein, daß für ihren Erlös beim Münchener Hofjuwelier Harrach eine goldene Krone im Werte von 400 Mark für den Gnadenaltar in Auftrag gegeben werden konnte (Barthels, S. 59).

Die Huttentafel

Das berühmteste Votivgeschenk aber, lange Zeit vergessen auf dem Dachboden des Klosters lagernd, ist das Huttenbild, das einst an der Epistelseite neben dem rechten Seitenaltar hing. Die älteste Nachricht über dieses Votivbild steht im »Archivum Mariafagense« von 1754 (Klosterarchiv IV, 1, 9) verzeichnet:

»Cum prout ex adjacentibus manuscriptis patet Beatissima Virgo ac gratiaruṁ Mater, plurimas gratias ac beneficia iis, qui eandem in hujate loco thaumaturgo aut devotâ visitatione, aut piis votis venerabantur, â pluribus jam Saeculis usq. ad modernum tempus saepissimâ impetrârit. prout addabantur votivae tabulae in Ecclesia in Saeculo decimo octavo appensae, antiquiores enim temporum injuriis perierant, gratiosum gratiosae Matris beneficium praeter alios pluras ergà Se quoqú. expertus fuit gratiosus ac Perillustris D(omi)nús D(omi)nús [sic!] Franziscus Christophorus Liber Baro âb Hutten de Stoltzenberg, cui Locus Natalis erat Pagus Steinbach Baronibus âb Hutten proprius, qui dùm in nobili Juventute exteras visitare nationes, in maris procellis gravi adveniante naufragio, praesentimo vitae periculo expositus post votum ad Beatissimam Virginem in Loco Mariae-Buchen Thaumaturgam emissum de eâdem, si naufragio eriperetur, in hujate loco piâ honoranda, instanti vitae periculo feliciter ereptus fuit, qui postmodùm in patriam redux in contestationem factae Sibi praefatae gratiae in Ecclesiâ hujate votivam imaginem appendi jussit, quae defacto videnda est propè cathedram appensa, aliaq. pietatis obsequia B. Virgini hic Thaumaturgae exhibut, imitatus laudabilissimum Exemplum priorum ac Prae nobilium ex inclytâ Hutterianâ familiâ prae decessorum Suorum, qui ex variis legatis, & fundationibus hujatam Ecclesiam ad parochiam Steinfeldensam pertinentem condecorârunt.«

Die bisherige Literatur schrieb das Votivbild dem am 21. März 1729 verstorbenen Würzburger Bischof Christoph Franz von Hutten zu, während es in Wirklichkeit auf den am 14. November 1743 als Bischof von Speyer inthronisierten und am 23. November 1761 zum Kardinal ernannten Franz Christoph von Hutten (1706–1770) zu beziehen sein dürfte. Dieser vitale Rokokofürst, Vollender des

Bruchsaler Schlosses, der nicht nur Kunst und Musik, Jagd und Hofstaat liebte, sondern sich auch intensiv um die Volksbildung und Priesterförderung seiner Zeit bemühte, hatte in seiner Jugend eine Bildungsreise in fremde Länder unternommen; auf offener See geriet er in einen Sturm, verlobte sich nach Maria Buchen, und als er glücklich in die Heimat zurückgekehrt war, stiftete er das jetzt noch vorhandene und soeben restaurierte Bild, das wohl in der ersten Hälfte des 18. Jahrhunderts entstanden ist und damit den 1729 verstorbenen Christoph Franz von Hutten als Stifter ausschließt, es sei denn, man nähme an, daß es erst kurz vor dessen Tod gemalt und in der Kirche aufgehängt worden sei, wofür es aber keine Hinweise gibt. Das Bild selbst ist ungewöhnlich groß (148 x 110 cm ohne Rahmen) und auf Leinwand gemalt. Dargestellt sind zwei Schiffe, an deren Masten Fähnchen mit den Hutten'schen Farben Rot-Gelb wehen, inmitten einer vom Sturm aufgewühlten See. Die Insassen der beiden Boote beten zu dem im rechten oberen Bildeck von Wolken umgebenen Gnadenbild von Maria Buchen. Die Votivtafel trägt keine Beischrift, lediglich das Hutten'sche Wappen am linken unteren Bildrand weist auf den Stifter hin.

Die heutige Votivwand

Neben der Huttentafel nehmen sich die 25 anderen Votivbilder des klassischen Schemas, die heute noch vorhanden sind, eher bescheiden aus. Zwanzig Votivtafeln hängen unter dem spätgotischen Kruzifix an der linken Kirchenwand vor dem Gnadenaltar, eines befindet sich in der Sakristei, zwei weitere wurden erst bei der Inventarisierung im Februar 1976 wiederentdeckt.[20] Der heutige Bestand stammt größtenteils aus dem 19. Jahrhundert; davon sind zehn Tafeln mit 1830, 1856, 1860, 1861, 1865 (zweimal), 1875 (zweimal), 1882 und 1884 bezeichnet und acht Tafeln undatiert; diese dürften aber, sowohl was Stilistik wie Bekleidung, Interieur und Bildaufbau anbelangt, ebenfalls im 19. Jahrhundert entstanden sein. Eine weitere datierte Tafel stammt von 1799, das Huttenbild sowie ein Votivbild mit Überfall auf einen Kaufmannszug sind undatiert, aber sicherlich der frühen ersten Hälfte des 18. Jahrhunderts zuzurechnen.

Soweit Herkunftsorte überhaupt erwähnt sind, weisen sie auf einen relativ nahen Einzugsbereich: zweimal Lohr, je einmal Krommenthal, Sendelbach und Wiesenfeld. Zwei Votivtafeln stammen von Auswanderern. Die eine gibt zwar in der Bildunterschrift »Meine Bitte ist erhört worden! von Steinfeld

49 *Ausschnitt des Schiffs im Sturm aus der sogenannten Huttentafel von ca. 1730/40, gestiftet von dem späteren Speyerer Fürstbischof und Kardinal Franz Christoph von Hutten (1706–1770).*

1865« den vermutlichen Heimatort an, darüber aber steht »EX VOTO aus Amerika«; die andere nennt bereits die neue Heimat: »Maria hat geholfen. Neu York 1856«, zwei Belege für das Festhalten am heimatlichen Gnadenort in der Ferne.

Zu den unbekannten Tafelmalern

Tafelmaler sind für Maria Buchen namentlich unbekannt; ob die Wallfahrtsleitung Tafelbestellungen von den Wallfahrern entgegennahm wie z. B. im schweizerischen Mariastein und dann an Maler weiterleitete, ist nicht zu ermitteln. Daß man sich aber ab und zu direkt an die Patres wandte, belegt der handgeschriebene Brief einer Deutschamerikanerin vom 25. August 1912, die um die Beschaffung von zwei Bildern bittet: »Beiliegend 20. – wollen Sie die große Güte haben und 2 *Bilder* für den Gnadenaltar besorgen mit der Beischrift: »O schmerzhafte Mutter Gottes bitt für uns und hilf uns«. – Monaca, Pa. America« (Klosterarchiv III, 1, 4).

Sind die Maler auch namentlich nicht zu ermitteln, so lassen sich doch mehrere »Hände« feststellen, denen einzelne Bilder mit Sicherheit zugeschrieben werden können. Deutlich wird dies an zwei Tafeln, von denen eine 1861 datiert ist. Stiftungsanlaß ist beidemale Krankheit der Ehefrau. Bildaufbau wie Details gleichen sich in einer Weise, an der man die Serienproduktion eines mit der Herstellung von Votivtafeln betrauten Handwerkers erkennen kann.

Während Einzelheiten wie die in einem Spätbiedermeier-Bett mit oben ausgerollten Kopf- und Fußbrettern liegende Frau, Tisch mit Kreuz, Arzneiflasche und herabhängenden Tuch, ein nach Zentralperspektive gezeichneter Bretterfußboden und das in der Mitte des Raumes in Wolken erscheinende Gnadenbild praktisch aufeinander reproduzierbar erscheinen und offensichtlich als Typus für einen genau festgelegten Stiftungsanlaß vorproduziert sind, mußte in der rechten Bildhälfte nur noch auf Bestellung die anheimstellende Person, in dem einen Fall ein Rosenkranz betendes Paar unter einem Fenster, im anderen Fall eine auf einem Fußschemel kniende Frau mit dem Rosenkranz in den Händen, eingetragen werden.

Von einem anderen unbekannten Maler stammen zwei Tafeln, deren Gemeinsamkeiten in der Ausführung des Gnadenbildes in der rechten oberen Bildhälfte, des wolkigen Himmels und der Verwendung einer Phantasielandschaft bestehen, in die einmal eine kniende Frau, zum anderen eine Kuh mit ihrem Kalb hineingesetzt sind. Beide Tafeln tragen die gleiche Textinformation (»Meine Bitte ist erhört«), beide sind auf Weißblech gemalt.

Ein dritter Maler schuf 1875 zwei Votivtafeln, die beide auf Weißblech gemalt, sogar identische Maße (29 x 29 cm) aufweisen. Der Votationsanlaß ist jeweils unbekannt, in beiden Fällen kniet eine Frau vor dem in einem Wolkenloch erscheinenden Gnadenbild, einmal in einer Landschaft, auf dem zweiten Bild auf einem Betschemel, darüber ist die Anrufung »O Maria Hilf!« zu lesen, während unterhalb des Gnadenbildes steht: »Meine Bitte ist erhört! 1875«. Die Gnadenbilder auf beiden Tafeln gleichen sich darüber hinaus in einer Weise, die bei der identischen Größe beider Votivbilder die Benutzung eines Vorlagerisses wahrscheinlich macht.

Von einem vierten Maler stammen die folgenden beiden Tafeln, die in der rechten Bildhälfte identisch sind: das Gnadenbild, eine stehende (!) Maria mit Kind, befindet sich in einem Baumstamm, der mehr an einen Bildstock erinnert und das Bild streng in zwei Hälften teilt. Vor dem Marienbild steht einmal eine Franziskanernonne, während auf der anderen, 1863 gestifteten Tafel, ein Ehepaar und seine drei Töchter ein viertes Kind der Fürbitte der Muttergottes anheimstellen.

Die formale Definition des »klassischen« Votivbildes durch die Bestimmungen »heilige, helfende Person (Gnadenbild)« und »anheimstellende Person«, die den Akt des Sich-Gelobens vollzieht, auf der einen, »anheimgestelltes Objekt« und »textliche Information« auf der anderen Seite machen »Konstante« und »Vektor« dieses zeichenhaften Schemas deutlich: letztlich erscheinungsmäßig gleiche, regional untypische, zeitlich kaum entwickelbare Feststellungen von Zustand (z. B. Krankheit) und Geschehen (göttliche Hilfe) werden dadurch aber auch eindeutig vorgeschriebene Äußerungen von Kunstschaffen und Ansatzpunkte für die handwerkliche Massen- und Vorausproduktion der »Konstante«, in die der »Vektor«, der Stiftungsanlaß, in der ganzen Bandbreite menschlichen Lebens mit seinen Sorgen und Nöten zeichen- oder bildhaft eingebracht und durch die zusätzliche Textinformation zumindest teilweise wieder entschlüsselt wird.

Votationsanlässe

Die Stiftungsanlässe der 26 in Maria Buchen noch vorhandenen »klassischen« Votivtafeln spiegeln das Panoptikum menschlichen Lebens zwischen Freude und Leid, Leben und Tod wider. In zwölf Fällen ist Krankheit von Erwachsenen oder Halberwachsenen Votationsanlaß, ohne daß allerdings auf der Tafel die Art der Krankheit näher umschrieben wäre. Siebenmal handelt es sich bei der anheimgestellten Person um eine Frau; hier wäre natürlich an eine glücklich verlaufene Geburt zu denken, was nur auf zwei Tafeln aus Wiesenfeld 1882 und New York 1856 sicher scheint, da die Frau zusammen mit dem Neugeborenen im Bett liegend wiedergegeben ist. Mehr als 30 Prozent der Tafeln in Maria Buchen haben also Krankheiten der Frau im weitesten Sinne zum Anlaß. Obwohl die erhaltenen Tafeln sicherlich nicht den ursprünglichen Bestand repräsentieren können, so vermag man doch aus dieser Zahl auf eines der Hauptanliegen früherer Zeiten zu schließen: die hohe Kindersterblichkeit und der Tod der Mutter im Wochenbett. Auf dem aus New York 1856 gestifte-

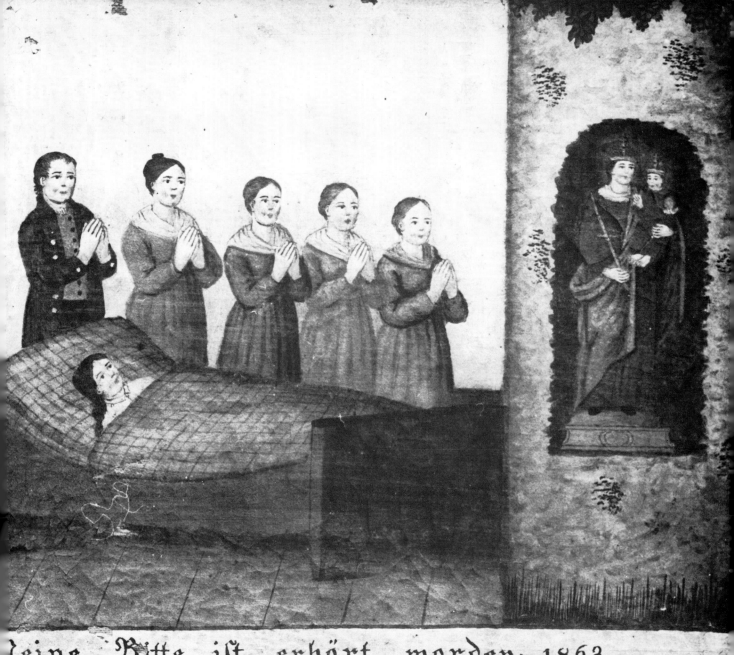
Meine Bitte ist erhört worden. 1863.

52 Votiv einer Auswandererfamilie für die Wallfahrtskirche in der alten Heimat.

53

ten Bild stehen neben dem Bett der Frau, die glücklich entbunden hat, deren Mann und die vier heranwachsenden Kinder, zwei Buben und zwei Mädchen, in der für Votivbilder typischen Darstellungsweise wie an einer Kette aufgereiht, Anheimstellende und Anheimgestellte zugleich.

Drei Tafeln berichten durch die Aufschrift »Meine Bitte ist erhört« von glücklich überstandener Krankheit von Kindern, eine vierte, 1860 datierte Tafel, die eine aufrecht im Bett sitzende Person zeigt, läßt wegen der stark vereinfachenden Malweise nicht genau erkennen, ob es sich bei der dargestellten Person, die laut Text die Gesundheit wiedererlangte, um ein Kind handelt. Zwei Tafeln fallen dabei ins Auge: auf der einen, die durch die Form der Betten in die Mitte des 19. Jahrhunderts datiert werden kann, fehlt das Gnadenbild, an dessen Stelle die Wallfahrtskirche getreten ist, vor der die Betten stehen, in denen die Kinder liegen. Die andere Tafel, deren gekonnte malerische Ausführung einen geschulten Künstler der zweiten Hälfte des 19. Jahrhunderts verrät, zeigt ein in seinem Bettchen liegendes Kind, über dem nicht das Gnadenbild von Maria Buchen, sondern eine Maria mit Kind schwebt.

Eine wesentliche Rolle im bäuerlichen Leben spielt die Gesundheit des Viehs, das an jedem Wallfahrtsort auf Votivtafeln, in plastischen Darstellungen aus Wachs oder Holz und vor allem in der charakteristischen Form des Eisenvotivs dem Schutz eines Haustier-Patrons, z.B. des hl. Leonhard, oder der Muttergottes anheimgestellt wird. In der Mirakelkammer der Wallfahrtskirche von Gößweinstein hängt eine Fotografie, die eine Bäuerin von sich und ihrer Kuh anfertigen ließ, mit einer Bittinschrift versah und an den Wallfahrtsort stiftete. In Maria Buchen sind nur zwei Votivbilder erhalten, auf denen Vieh anheimgestellt wurde. Das eine ist 1864 datiert und zeigt im klassischen Dreierschema die bittende Person, den Votationsanlaß, eine Kuh, und als helfende Person eine stehende Maria mit Kind. Die zweite Tafel stellt eine Kuh mit Kalb dar, ist undatiert (wohl Mitte 19. Jahrhunderts) und wurde wohl anläßlich des gut verlaufenen Kalbens nach Maria Buchen gestiftet.

Unfälle, gerade aus dem bäuerlichen Bereich, sind ebenfalls sehr häufig auf Votivbildern dargestellt. In Maria Buchen ist noch eine Tafel erhalten, die den glimpflich verlaufenen Sturz des Sohnes von Michael Joseph Schwab aus Sendelbach am 19. Juli 1857 vom Apfelbaum zeigt. Die Beischrift »Unsere Bitte ist erhört worden« weist auf die Eltern, die diese Tafel aus Dank stifteten.

Unbilden des Meeres, der Seenot und Schiffskatastrophen gehören sicherlich nicht zu den alltäglichen Unglücksfällen, sind in Maria Buchen aber neben dem Huttenbild auf zwei weiteren Votivtafeln vertreten. Die eine, 1865 datiert, zeigt einen Dreimaster auf stürmisch bewegter See. Die Schiffsgesellschaft, unter der sich der anonyme Stifter aus Steinsfeld befinden muß, betet zu dem rechts in einem hellen

54

ges Segelschiff mit einer Reise- oder Pilgergesellschaft. An letzteres läßt eine schwarz gekleidete Figur (Geistlicher) am Bug des Schiffes denken. Der Main diente ja als Anfahrtsweg für Wallfahrten nach Maria Buchen. Interessant ist die Darstellung des Gnadenbildes auf dieser Tafel, die bisweilen fälschlich für das Huttenbild gehalten wurde: es erscheint im Wappenzelt und von ihm gehen Gnadenstrahlen zum Schiff hin, über dem schon wieder teilweise blauer Himmel leuchtet. Die Tafel ist nicht datiert, dürfte aber im frühen 19. Jahrhundert entstanden sein.

Das neben der Huttentafel wohl älteste noch erhaltene, bei der Inventarisierung wieder aufgefundene Votivbild, stilistisch wie von der Kleidung der dargestellten Personen her in die erste Hälfte des 18. Jahrhunderts zu datieren, ist eine auf Weißblech gemalte Darstellung eines nächtlichen Überfalls auf einen Kaufmannszug, dem die Einwohner eines in der linken oberen Bildhälfte wiedergegebenen Dorfes zu Hilfe kommen. Über der nächtlichen Szene schwebt das Gnadenbild von Maria Buchen. Leider fehlt der Tafel jede Beischrift für eine Lokalisierung.

Wolkenloch erscheinenden Gnadenbild von Maria Buchen. Das Schiff selbst befand sich auf dem Wege nach Amerika, denn oberhalb des Schriftbandes am unteren Rande steht »EX VOTO aus Amerika« vermerkt. Das andere Votivbild zeigt ein einmasti-

Die Gnadenbildgestalt

Die heutige Gestalt des Gnadenbildes ist Ergebnis mehrerer Restaurierungen, von denen oben ausführlich gehandelt wird. Ist das moderne Aussehen sicherlich nicht das ursprüngliche, so können viel-

leicht die Votivtafeln trotz ihrer vereinfachten und pauschalisierenden Malweise Hinweise auf die frühere Gestalt geben. Der Großzahl der Tafeln gemeinsam ist die Wiedergabe des lose vom Leichnam herabhängenden Arms, auf allen Tafeln sind die Beine angewinkelt dargestellt. Die frühesten erhaltenen Belege hierfür sind auf der Huttentafel und dem 1799 datierten EX-VOTO-Bild zu finden. Eine Ausnahme bildet allerdings die ebenfalls im 18. Jahrhundert entstandene Überfall-Tafel, auf der die Haltung des rechten Arms des Leichnams der heutigen, restaurierten Fassung entspricht; eine ähnliche Haltung weist noch das 1830 von einem Lohrer Bürger gestiftete Bild auf. Ein Teil der Bilder zeigt weiterhin übereinstimmend die stützende rechte Hand Mariens unter der Schulter des Leichnams. Die vergröbernde Darstellung auf den Votivbildern interpretiert allerdings diese Handstellung so, als hebe Maria den Kopf des Toten ein wenig an. Nicht verstanden wurde hingegen die Haltung der linken Hand Mariens: während diese auf dem Gnadenbild auf den Knien Christi ruht, hält sie auf den Votivtafeln die linke Hand Christi oder hebt sie sogar ein wenig in die Höhe.

Wohl unbedeutend für die Rekonstruktion des früheren Gnadenbildes mag die auf einigen Tafeln dargestellte Hinwendung des Kopfes Christi zum Betrachter sein, was der Profilwiedergabe auf einer anderen Reihe von Bildern gegenübersteht. Auszuschließen ist jedoch nicht – auch wenn man mit der Vorliebe des Tafelmalers für En-face-Darstellung spekuliert –, daß es vor 1880 einen Zustand des Gnadenbildes mit seitlich gewendetem, leicht herabfallendem Kopf des Leichnams gab und daß beide Formen des Gnadenbildes auf Drucken, die sicherlich als Vorlage für das Gnadenbild auf den Votivtafeln dienten, eine Zeitlang miteinander konkurrierten. Daß das Gnadenbild nach einer graphischen Vorlage auf die Votivbilder übertragen wurde, machen zwei Tafeln deutlich, auf denen das Gnadenbild zwar ikonographisch bis ins Detail korrekt, aber seitenverkehrt wiedergegeben ist. Dies kann nur damit erklärt werden, daß dem Tafelmaler bereits eine seitenverkehrte Vorlage zur Verfügung stand, die dadurch entstand, daß der Stecher das Gnadenbild nicht seitenverkehrt, sondern seitenrichtig in den Druckstock schnitt.

Auf zwei Votivtafeln ist das Gnadenbild zwar ikonographisch korrekt als Pieta wiedergegeben, der Leichnam Jesu aber liegt nicht mehr auf dem Schoß seiner Mutter, sondern in einem Falle auf dem Boden, im anderen lehnt sich der Oberkörper an die Beine an und kniet mit den Füßen auf dem Boden. Vier Votivtafeln zeigen weder das Gnadenbild von Maria Buchen noch das auf diese Wallfahrt ikonographisch zu beziehende Vesperbild. Auf drei Bildern ist eine gekrönte stehende Maria mit Kind dargestellt, auf einem ein Halbbild Maria mit Kind, nicht vom Typus, wohl aber von der Idee her dem Maria-Hilf-Bild zuzuordnen.

56 Ausschnitt aus Abb. 32, Titelholzschnitt um 1889.

57 Ausschnitt aus einem anderen Wallfahrtsbildchen des späten 19. Jhs. Der Xylograph mißdeutete die Gewandfalte der offensichtlichen Vorlage Abb. 56 und gestaltete sie zu einem herabfallenden Arm Jesu.

58 Ausschnitt aus einer Buchener Votivtafel. Auch hier fällt der rechte Arm Jesu herab, so daß das Gnadenbild denen von Dettelbach und vom Käppele ähnelt.

59 Hier derselbe Untertypus des Vesperbildes, jedoch spiegelverkehrt wiedergegeben.

»Moderne« Tafeln und Bildweihungen

Votivbrauch endet nicht, wie es die Denkmalpflege bislang erscheinen läßt, in der zweiten Hälfte des 19. Jahrhunderts. Technische Entwicklungen haben neue Möglichkeiten der graphischen Reproduktion geschaffen, der Zeitgeschmack neue Formen und Darstellungsinhalte, deren ästhetische Wertung ebenfalls dem Wandel unterworfen ist. So falsch es wäre, allein gemalte Votivtafeln in ihrer oft expressiven Form als typische Zeugnisse von »Volkskunst«, als primäre Leistung eines Tafelmalers überzubewerten, so falsch ist es, Marmortäfelchen mit vergoldeten Inschriften wie »Die Mutter Gottes hat geholfen und wird weiter helfen«, handgeschriebene oder gedruckte Zettel mit ähnlichen »Notrufen«, Chromolithographien aus der Zeit um 1890 mit Darstellungen von »Herz Jesu« und »Herz Mariens«, Gips-, Holzmasse- und Wachsfiguren, all die in großen Mengen produzierten Devotionalien, die heute noch am Wallfahrtsort erworben werden können, gering zu achten. Votivbrauch paßt sich neuen Kulten (Immaculata, Lourdes), dem Geschmack und den technischen Möglichkeiten seiner Zeit an. Öldrucke lösen nicht nur Hinterglasbilder oder auf Holz und Leinwand gemalten Wandschmuck zu Hause ab, sie beginnen gegen Ende des 19. Jahrhunderts auch das gemalte »klassische« Votivbild in Wallfahrtskirchen zu ersetzen.

Mit dem Einzug der Öldrucke als Votivbilder in die Wallfahrtskirchen setzt sich eine bezeichnende Entwicklung fort: die Votivgaben werden noch untypischer für den lokalen Wallfahrtsort und den konkreten Votationsanlaß. Doch dieser Prozeß beruht schon auf dem Fehlen einer geschichtlichen Entwicklungsfähigkeit des »klassischen« Votivbildes. Öldrucke privatisiert nur noch die handgeschriebene oder aufgedruckte Beischrift. Das für den jeweiligen Ort typische Gnadenbild wird auf ihnen durch überregionale Welttypen alter und neuer Mariengnadenbilder ersetzt. In Maria Buchen finden sich Drucke mit Darstellungen der Erscheinung von Lourdes, von Paris (Wunderbare Medaille), der Tschenstochauer Madonna, dem Maria-Hilf-Bild, aber auch eine Fotografie des Heilandes in der Wies. Die Kommunikationsmöglichkeiten der modernen Welt fördern Sekundärkulte. Neue Pilgerziele und Heiligenkulte werden an alten Wallfahrtsstätten neben den ortsgebundenen traditionellen Zeugnissen sichtbar.

In Maria Buchen befinden sich zwei Votivgaben, die lediglich dadurch, daß sie dorthin gestiftet wurden, eine Beziehung zu diesem Wallfahrtsort besitzen: ein kleines, auf Holz befestigtes Metallmedaillon mit Brustbild des hl. Bruders Konrad von Parzham und ein gerahmter Kunstdruck mit Aufschrift »Meine Bitte ist erhört. Sendelbach 1933«, der den Heiligen betend vor dem Altöttinger Gnadenbild zeigt. Es ist verständlich, daß dieser Kapuzinerbruder, der als Marienverehrer zum Heiligen wurde, in einer von Kapuzinern betreuten Wallfahrtskirche Aufnahme findet. Aber auch das gläubige Volk ist an neuen Verehrungsobjekten anregend beteiligt. In einem an das Kapuzinerkloster Maria Buchen gesandten Brief von Weihnachten 1934 heißt es: »Herzlichen Dank für Ihren freundlichen Besuch. Dies um so mehr, da Sie nun durch Ihre Bereitwilligkeit in der Annahme meines Bildes vom hlg. Bruder Konrad mir dazu verholfen haben, meinen Wunsch und mein Versprechen zu erfüllen, die Verehrung des hlg. Bruders Konrad zu fördern. Es sei Ihnen offen gestanden: Maria Buchen und der heilige Bruder Konrad haben mir und meiner Frau geholfen, uns zur gottgewollten Eheführung durchzuringen! Möge durch das Bild der heilige Bruder Konrad zu den Seelen der Gläubigen sprechen und den betenden und hilfesuchenden Christen Fürbitte bei Gott bringen. Heiliger Bruder Konrad bitte für uns!« (Klosterarchiv III, 1, 4).

Daß in Maria Buchen alte und neue Votivgaben aufbewahrt werden, belegt die intakte Kontinuität sowohl was Pilger, wie auch die Wallfahrtspflege anbelangt. Formal beschreibbar und kulturhistorisch bestimmbar dokumentiert aber die Sachgruppe Votivgaben eine Sphäre, in der sich das Wunderbare aus der Sicht des Gläubigen vollziehen kann. Von Goethe stammt der Spruch »Das Wunder ist des Glaubens liebstes Kind«, doch er selbst bestellte bei der Malerin Luise Seidler 1816 ein Votivbild für die Rochuskapelle bei Bingen. Mag es sich hier um eine

60 *Stifter: Anton Eich, Kommenthal*

»folkloristische Aktion« (Kriss-Rettenbeck) handeln, die weit entfernt von der Gefühls- und Erlebniswelt jener Menschen ist, die ihre Votiv- und Weihegaben über Jahrhunderte hinweg nach Maria Buchen brachten, so hat Votivbrauch doch letztlich seine Wurzeln in einer menschlichen Haltung, für die im Kreis von geheiligtem Ort, begrifflich faßbarer göttlicher Präsenz und bedingungslosem Glauben Gnade konkret erfahren werden kann.

Christoph Daxelmüller

Anmerkungen

¹ Dr. Alfred Schädler, Bayerisches Nationalmuseum München, Brief vom 10. 3. 1976.

² Gegen diese Beurteilung des Gnadenbildes wendet sich 1936 der damalige Superior des Klosters, P. Hermann Josef Stärk aus Schwendi, in zwei Schriften (Das Gnadenbild von Maria Buchen. Eine historisch-ästhetische Untersuchung, in: Provinzbote der Bayer. Kapuziner 30, Altötting 1936, S. 75–82; Kurze Geschichte des wundertätigen Gnadenbildes. – Letztere anonym erschienen). Nach seiner Argumentation mußte Feulner zu einem falschen Schluß kommen, da er nicht wußte und berücksichtigte, daß die Gruppe zu Beginn des Jahrhunderts stark restauriert und dabei das zuvor (angeblich) herabhängende Christushaupt erneuert und in seiner Haltung verändert worden war. P. Hermann Josef will dazu erfahren haben, daß der Restaurator – ein Mitglied der Würzburger Künstlerfamilie Schiestl – »auch an den Füßen herumschnitzelte«. P. Hermann Josef erklärte das Bild als »romanisch, und zwar eher früh- als spätromanisch«, ja schließlich mutmaßt er gar, die Buchen-Pieta könnte Wolfram von Eschenbach, der auf der Odenwälder Burg Wildenberg der Herren von Durne zwischen 1200 und 1210 wohl das 5. Buch des »Parzival« geschrieben hat, Anregung gewesen sein für dessen dichterisches Bild der um den toten Schionatulander trauernden Sigune.

Wie abwegig solche Spekulationen auch sind, so haben sie doch, einmal gedruckt, ihr Fortleben. Dabei suchte man sich im Kloster Maria Buchen schon in den vierziger Jahren Klarheit zu verschaffen über die Datierung des Gnadenbildes und damit zusammenhängende Fragen, wie aus einem Korrespondenzakt im Klosterarchiv hervorgeht. Er enthält auszugsweise die Abschrift eines Gutachtens über das Gnadenbild von Prälat Dr. Ferdinand von Werden, Prof. für Kunstgeschichte an der Phil.-Theol. Hochschule Eichstätt von 17. 11. 1944; Abschrift einer Dokumentation über Wallfahrt und Gnadenbild als Antwort auf eine Anfrage – an Diözesanrat Erich Raudisch, Paderborn (zusammengestellt wohl von P. Timotheus Hartmann; datiert: November 1944); Brief des früheren Superiors P. Hermann Stärk, damals stationiert auf dem Käppele in Würzburg, vom 27. 11. 1944 an P. Timotheus Hartmann; Brief von Prof. Dr. Ferdinand von Werden vom 14. 12. 1944 an P. Timotheus Hartmann; Empfangsbestätigung des Diözesanrates Raudisch (Postkarte an P. Timotheus Hartmann vom 13. 1. 1945) über die Materialien zur Wallfahrt Maria Buchen, aus der hervorgeht, daß Raudisch die Herausgabe eines Wallfahrtswerkes vorbereitete. Die gesamten Bemühungen von 1944 dürfen wohl im Zusammenhang mit dieser geplanten Publikation gesehen werden.

Das von Prof. Dr. Ferdinand von Werden erbetene, auszugsweise in Abschrift vorliegende Gutachten vom 17. 11. 1944 hat folgenden Wortlaut: »... Was nun die Figur der Gnadenmutter von Maria Buchen angeht, so wäre ich noch geneigt, sie frühestens auf (1390)–1400 anzusetzen; Adolf Feulner jedoch setzte sie im Kunstinventar auf die erste Hälfte des 15. Jahrhunderts an (Die Kunstdenkmäler Bayerns – Unterfranken – Heft IX, Bezirksamt Lohr, S. 53). Der Zeitraum von 1200 bis 1250 ist gänzlich indiskutabel, das beginnende 15. Jahrhundert ist das nächstliegende. – Das scheinbar Altertümliche an der Plastik ist nicht Archaismus, sondern Unbeholfenheit. Tracht und Haltung der Mutter ist um 1400, und zwar evident; demnach ist auch das Übrige zu werten. Füße und Thorax sowie alle Hände und sämtliche Finger sind, wie auch Bart und Gesicht des Herrn, eher schon späte Gotik, soweit dies aus der Abbildung zu entnehmen ist ...«

³ Vgl. Erich Wimmer, Maria im Leid. Die Mater dolorosa insbesondere in der deutschen Literatur und Frömmigkeit des Mittelalters. Diss. (masch.) Würzburg 1968, bes. S.

48–52. – Der erste, nicht gedruckte Teil dieser Arbeit beschäftigt sich mit der Geschichte der Compassio-Vorstellung vor allem in ihren literarischen Zeugnissen; der Teildruck (s. Lit.-Verz.) bringt nur die »Stationen« und Motive der marianischen Passion.

[4] Kunst um 1400 am Mittelrhein, S. 76.

[5] Sonja Fecher, Die Sagen des bayerischen Untermains. Zulassungsarbeit für das Lehramt an Volksschulen, Würzburg 1976/II (Ms.), S. 51. Die Geschichte wurde von der Verf. in Kleinostheim aufgezeichnet; sie vermerkt dazu: »Ein einziger Mann kann unmöglich, so wie es in der Sage heißt, den Bildstock getragen haben. Sein Gewicht wird auf 4 Zentner geschätzt.« – Von Hessenthal war gewiß nur die wohl serienmäßig gefertigte Kopie des Gnadenbildes – und nicht mit Sicherheit die des Hessenthaler Bildes – mitgebracht und dann in den Bildstock gestellt worden. Es war jedenfalls eine »bewegliche« Pieta, die sich jetzt an einem anderen Standort befindet.

[6] Annette Piekarcyk, Pflochsbach, hat in einer Seminararbeit im Sommersemester 1976 um Lohr–Maria Buchen insgesamt 11 Bildstöcke mit Vesperbildern aufgenommen. Sie wurde dabei durch Hinweise unterstützt von Herrn Rektor a.D. Schulter und Herrn Apotheker Barthels, Lohr. Bildstock Nr. 4 stand früher am Ortsausgang von Sendelbach. Die Pfarrchronik von Sendelbach gibt weitere Auskunft über den direkten Bezug des Bildstocks zur Wallfahrt Maria Buchen. Diese Angaben zu Nr. 4 und den Hinweis auf Bildstock Nr. 3 verdanke ich Herrn Fred Rausch, Lohr.

[7] Den gesamten Text dazu in zusammenhängender Form, dazu die Texte Leuchts und Lemmers s. Ruf, Mfrk. Jb., S. 49 ff.

[8] Über die Zusammenhänge zwischen Leucht und der verschollenen Handschrift lassen sich noch mehrere Hypothesen aufstellen, die aber alle zu keinem konkreten Ergebnis führen.

[9] Da mir 1973 die Ausgabe Leuchts von 1595 nicht bekannt war, kam ich im Mfrk. Jb., S. 65, bezüglich des Datums 1395 zu einem anderen Ergebnis.

[10] Es sei verwiesen auf den Beitrag »Bäume« des Autors im LdM I (1967) Sp. 508–520. Des weiteren vgl. den Aufsatz des Verf. 1964 (s. Lit.-Verz. II S.) sowie Kriss-Rettenbeck, Bilder und Zeichen (²1971), S. 91–92, mit Abb. 313–319.

[11] Mussafia I, 925; II, 59, 89. – D. Chwolson, Die Blutanklage und sonstige mittelalterliche Beschuldigungen der Juden, Freiburg 1901. – Günter 1906, S. 175; 1910, S. 160 f. – Heinrich Löwe, Die Juden in der katholischen Legende, Berlin 1912. – Encyklopaedia Judaica s. v. Antisemitismus, Blutlüge, Hostienschändungen, Ritualmord. – HDA s. v. Hostien, Juden, Kruzifix, Ritualmord. – RDK s. v. Blut, hl. – Kriss III, Reg. s. v. Blutfluß, Judenfrevel, Hussiten, Ketzerlegenden, Strafwunder.

[12] Kretzenbacher, S. 75–79, mit dem Abdruck der Legendenfassungen nach Renatus und Leucht, wobei aufgrund unzureichender Angaben der Sekundärquelle für Renatus, dessen Daten einem anderen, angeblich unbekannten rheinischen »Wunderort« zugewiesen werden.

[13] Strobl (1709), Nr. 16–19, S. 18 f., zitiert Drexel (Zungenschleiffer), zweimal Abraham (Judas) und einmal Leonard Mayr (Mariae Stammenbuch, 3. Dez.). – Martin von Cochem erzählt im »Auserlesenen History-Buch« I (1687) neben der Legende von Maria Buchen (Nr. 29, S. 206 ff.) die vom Beiruter Kruzifix (Nr. 44, S. 303 ff.), den tödlichen Steinwurf auf ein Kreuz (Nr. 46, S. 309 ff.) und von der zunächst verunehrten Maria de Victoria (Nr. 48 u. 49, S. 319 ff.).

[14] Barthels, Stf. I, S. 71 f. Staatsarchiv Würzburg, Gericht Karlstadt 11/521. – Kopie, wohl des 18. Jhs., im LWAR, Lit. B. Nro 2624.

[15] Barthels, MB, S. 37. Der dortige Text aus dem Pfarrarchiv Steinfeld, Akt »Mariabuchen 1809–1900«. Das

»alte Pfarrbuch« existiert wenigstens in Steinfeld nicht mehr. Mehrere Nachrichten über Maria Buchen standen auch in der 1733 gefertigten Pfarreibeschreibung des Steinfelder Pfarrers Höpffner. Auch diese Beschreibung ist nicht mehr aufzufinden; vgl. Höfling, S. 21, 29, 40 Anm. 5; Beilage 3; Barthels, S. 23; Barthels, Stf. II, S. 149. Das Steinfelder Archiv dürfte vom Verfasser von 1726 mitbenutzt worden sein.

[16] Auf diese Stiftung verweist bereits Höfling, S. 17/18 Anm. 13, aber unter dem falschen Datum 1481. Wiederaufgefunden wurde das Testament durch H. Betz, Heimatland 19, 1960, Nr. 7. Das Testament (Staatsarchiv Wbg. M. R. A. VII, Lehenakt 191, fol. 75 r–79 v) ist eine Kopie ohne Datierung, der Akt geht von 1597 bis 1604.

[17] Staatsarchiv Wbg., Gericht Rothenfels, Fasc. V/138 (IV). Spätere Abschrift mit einer Notiz von Lorenz Fries, daher auf vor 1550 datierbar. Fast identischer Text im Salbuch 136, fol. 113 r (alt: 98). Dieser Text gedruckt bei Grimm VI, S. 57 f., aber ohne die oben zitierten Abschnitte. Vgl. Arnold, S. 837 f. mit Anm. 70. Die Datierung des Weistums auf 1444 in der Chronik von Sendelbach (1923, S. 59, Pfarrarchiv Sendelbach) und die Lesung »Cappeln Buchen« statt »Cappell Bethe« sind falsch.

[18] Müller, WDGBl 35/36, S. 345 f. Man könnte versucht sein, das von Höfling, S. 20, für den Beginn des Umbaus angesetzte Jahr 1613 als einen auf Gropp I, S. 416, beruhenden Trugschluß anzusehen; Barthels, Stf. I, S. 73, weist indes auf die Protokolle des Würzburger Gebrechenamts als Quelle für seine Angaben über die Beschädigungen der Kirche hin. Baumeister sollen 1618 Hans Scheiner d. Ä. und Caspar Riedmann von Steinfeld gewesen sein (Conrad, S. 19, wahrscheinlich aus dem Pfarrarchiv Steinfeld; vgl. Barthels, Stf. I, S. 73, 76). Der in den Kunstdenkmälern, S. 52 f., mehrmals zitierte »Caspar« steht irrtümlich für »Conrad«.

[19] Ilmari Kärki, Die sumerischen Königsinschriften der frühaltbabylonischen Zeit. Textband zu »Die Sprache der sumerischen Königsinschriften der frühaltbabylonischen Zeit«, Helsinki 1968 (= Studia Orientalia 35), S. 89–91. Inschrift Rimsîn 18, Z. 31–39.

[20] Die vorliegende Arbeit wäre ohne die im Februar 1976 durchgeführte Inventarisierung, Vorarbeiten und zahlreiche Hinweise von Herrn Fred Rausch in dieser Form nicht entstanden. Dafür sei ihm an dieser Stelle gedankt.

61 *Die Votivtafel der Exilpolen, gestiftet 1957 (s. S. 125).*

Eine theologische Sicht der Buchen-Wallfahrt

Jetzt wissen wir es also, welchem Typ das Vesperbild in Maria Buchen zugehört, wie sich die uralten Motive von Baumkult, Judenfrevel, blutenden Bildern und wunderbaren Ortsweisungen zur Legende um die Entstehung der Wallfahrt verschlungen haben, welches Schicksal die Kirchenbauten nahmen, wer den Ort betreute, welche Pilgergruppen ihn besuchten und wie Menschen dankten, die in Maria Buchen beim Gebet erhört wurden.

Der Wallfahrer wird vielleicht eine solche wissenschaftliche Untersuchung nach der Lektüre zunächst mit einiger Beklemmung aus der Hand legen – etwa wie ein Liebender, dem man Entstehung, Symptome und Parallelen seiner Liebe wissenschaftlich erklärt hat. Was nun? Soll ich weiter lieben? Soll ich weiter »zu der Buchen« wallen? Oder tue ich damit etwas, worüber aufgeklärte Menschen nur noch milde lächeln?

Der Herausgeber dieses Buches sagt im Vorwort, die Verfasser könnten »nur gewissenhafte Beobachter bleiben«, der Seelsorger werde sich von seinen pastoralen Gegenwartsproblemen her eigene Gedanken machen. Das soll hier in ein paar Zeilen versucht werden. Denn wenn sich keine auch heute annehmbare Begründung für das Wallen nach Maria Buchen fände, dann gäbe es dort wohl auch bald nichts mehr »gewissenhaft zu beobachten«, weil die Wallfahrt erstorben und zum distanzierten Besuch eines Museums abgesunken wäre. Natürlich müssen auch solche »Gedanken« von Gewissenhaftigkeit geleitet sein.

Am Ende seines Beitrages zur Legendenverortung in Maria Buchen sagt Wolfgang Brückner, es bleibe nach all seinen Überlegungen »nur Maria in der Buche«. Maria überdauere sozusagen die Relativität und Zeitlichkeit menschlichen Denkens.

Damit ist bereits theologisch Wesentliches gesagt. Mag auch der Anfang der Wallfahrt nach Maria Buchen nur ein Bild gewesen sein, das ein frommer Beter an einem Baum befestigt hatte, so ist es doch auch heute noch sinnvoll, zu dieser Stelle zu wallfahren. Zum einen braucht der Mensch einen heiligen Bezirk für sein Beten. Das war zu allen Zeiten und in allen Religionen so. Zwar kann und soll man auch am Herd in der Küche, im Selbstbedienungsladen und im Bus beten, aber es betet sich doch besser an einem eigens dafür bestimmten Ort, an dem alles, Raum, Bilder und die Gemeinschaft von Mitbetern, dazu hilft. Jede Kirche ist ein solcher Ort, auch im kleinsten Dorf.

Aber das genügt nicht. Der Mensch ist zu Gott unterwegs, besonders heute, da er ihm durch viele

Umstände des modernen Lebens zu entschwinden droht. Sich aufmachen und nach dem verlorenen Gott suchen ist aber bei der leib-seelischen Einheit des Menschen nicht nur eine Sache des Grübelns, des Fragens und der Innerlichkeit, sondern auch des sichtbaren und zu Fuß oder mit dem Fahrzeug vollzogenen Aufbruchs dorthin, wo Gott Zeichen seiner Anwesenheit gesetzt hat, eben zu Wallfahrtsorten. Die steigenden Teilnehmerzahlen an Wallfahrten, gerade unter der Jugend, sind sicher ein Symptom dieses Suchens nach Gott.

Die meisten unserer fränkischen Wallfahrtsorte sind marianisch. Werden damit Menschen, die Gott suchen, nicht auf ein Nebengeleis geschickt? Sollte man unsere Wallfahrtsorte nicht christologisch und theologisch umfunktionieren und sie mit zentralerem Inhalt füllen?

Man könnte es versuchen. Aber wohl kaum mit Erfolg. Wallfahrten sind historisch gewachsen. Sie sind beinahe wie Persönlichkeiten. Wenn man ihnen ihr Gesicht nimmt, tötet man sie.

Warum so viele Wallfahrten marianisch sind, ist ein Geheimnis. Man kann aber schwerlich leugnen, daß die Stätten, an denen Gottes Gegenwart heute besonders deutlich wird, marianische Wallfahrtsorte sind. Die Krankenheilungen und das innere Gesundwerden zahlloser Menschen, etwa in Lourdes und Fatima, sind unübersehbar.

Es scheint Gott zu gefallen, sich an Marien-Wallfahrtsorten zu zeigen. Das wäre gewiß nicht nötig. Es gibt nur einen Gott und nur einen Mittler zwischen ihm und den Menschen: Jesus Christus. Maria darf nicht als weitere Mittelsperson zwischen Jesus und uns verstanden werden. Wenn von Maria etwas Gutes kommt – so sagt das Zweite Vatikanische Konzil (Kirche, n. 60) – dann nicht aus irgendeiner sachlichen Notwendigkeit heraus, sondern weil Gott es so gefällt. Er wollte uns ihr Beispiel, ihre Fürsprache, die Wunder an ihren Wallfahrtsorten als eine zusätzliche Gabe überreichen, die nicht sein müßte. Gott hätte auch auf andere Weise zu uns kommen können. Jesu Eltern hätten gewöhnliche Eheleute sein können. Sie hätten keine Heiligen sein müssen. Jesus hätte auch von einem anderen Planeten kommen und bei uns landen können.

Aber tatsächlich wollte Gott aus der Jungfrau Maria Mensch werden, aus einer Heiligen, deren heilsame Kraft bis heute unter uns wirksam ist, auch an ihren Wallfahrtsorten. Maria ist ein Geschenk an uns. Geschenke aber weist man nicht ab, schon gar nicht, wenn sie von Gott kommen.

Wir sollten kindlich genug sein, Maria Buchen als Konkretisierung dieses Gottesgeschenkes dankbar anzunehmen. Warum sollte es Gott nicht gefügt haben, daß jener unbekannte Fromme des Mittelalters ein Marienbild an der Buche befestigte und daß in vielfach verschlungenen geschichtlichen Entwicklungen daraus die heutige Wallfahrt entstand? Es steht uns wohl auch nicht zu, wenn wir die Votivtafeln betrachten, von »angeblichen« Gebetserhörungen zu sprechen, als ob sie alle nur eingebildet gewesen wären. Nur wenige Menschen, deren Gebet erhört wurde, werden anderen dies beweisen können. Das wird jedoch ihre Überzeugung nicht schmälern, sondern nur ihr echtes Mitleid herausfordern.

Dankbar sollten wir auch sein, daß das Wallfahrtsbild gerade eine Pieta ist. Jeder Beter kann seine Sorgen darin ausgedrückt finden. Jeder kann sich an dieser Schmerzensmutter aufrichten. Denn »gesammelt und gefaßt im Leid senkt Maria von Buchen das Haupt« (Erich Wimmer).

Alles in allem: Wer nach Maria Buchen wallt, wird von Gott gesegnet sein, wenn er es im rechten Geiste tut.

Vielleicht, lieber Leser, erscheinen Ihnen diese Zeilen zu fromm. Aber ich wollte dieses mit vielen wissenschaftlichen Erkenntnissen gefüllte Buch in richtiger Gesinnung gelesen wissen. Denn ich halte es mit Papst Gregor dem Großen (gest. 604): »Es liegt keine Wissenschaft vor, wenn sie keine Früchte der Frömmigkeit trägt; und Frömmigkeit ist nutzlos, wenn ihr die Erkenntnisse der Wissenschaft abgehen.«

Dr. Joachim Korbacher
Pfarrer und Dekan in Lohr

Anhang

Chronologische Tabelle

1395	Legendäres Ursprungsdatum der Wallfahrt. Das Gnadenbild dürfte jedoch dieser Zeit um 1400 entstammen.
1430/34	Ablaßbrief für den Bau einer Kapelle.
1461	Kapellenweihe am 29. Juli.
1618	Umbau der Kapelle, Konsekration am 16. 10. 1618.
1692/01	Bau der heutigen Wallfahrtskirche, Weihe am 19. 5. 1701.
1701	Errichtung einer Kaplanei zu Steinfeld für die Wallfahrtsseelsorge in Maria Buchen.
1726	Errichtung eines Kapuzinerhospitiums.
1742	Grundsteinlegung für den Bau des Kapuzinerklosters.
1745	Erhebung des Hospizes zum Klosterkonvent.
1747	Ablaßbrief Papst Benedikts XIV. für die Wallfahrt.
1803	Die Säkularisation bestimmt das Kloster zum Aussterben.
1809	Verordnung über die Auflösung aller Nebenkirchen. Überführung des gesamten Kircheninventars der Wallfahrtskirche in die Pfarrei Steinfeld.
1818/20	Anträge der Gemeinde Sendelbach auf Abbruch der Wallfahrtskirche und deren Wiederaufbau in Sendelbach.
1825	Tod des letzten Kapuzinerpaters und Übertragung des Wallfahrtsgottesdienstes an die Pfarrei Sendelbach.
1836	Regierungserlaß zur Erhaltung der Wallfahrtskirche.
1845	Bemühungen der Redemptoristen, ein Missionshaus zu errichten.
1849	Rückkehr der Kapuziner und Übernahme der Wallfahrtsseelsorge.
1886	Ablaßbrief Papst Leos XIII.
1895	500-Jahr-Jubiläum der Wallfahrt. Volksmission.
1926	200-Jahr-Jubiläum des Kapuzinerklosters.
1947/63	Wallfahrten der Heimatvertriebenen.
1955	Beginn der jährlichen Polen-Wallfahrten.
1971/72	Neubau des Kapuzinerklosters, Weihe am 6. Mai.
1976	250-Jahr-Jubiläum der Klostergründung.

Archivalische Quellen

Klosterarchiv	=	Archiv des Kapuzinerklosters Maria Buchen.
II	=	Loser Akt Nr. II »Kurtze Beschreibung deß Anfangs und Wachstums der Wahlfahrt zu der Schmertzhafften Mutter Gottes Maria, die Buchen genannt, gehörig in die Pfarrey Steinfeld, Würtzburger Bistumbs auß der Fränckischen Chronik und anderen alten Documentis gezogen«.
II, 1, 1	=	II Behörden, 1 Geistliche Behörden, 1 Päpstlicher Stuhl.
III, 1, 3	=	III Kirche, 1 Kirchendienst, 3 Außerordentliche Veranstaltungen.
III, 1, 4	=	III Kirche, 1 Kirchendienst, 4 Wallfahrt »Entstehung der Wallfahrt Maria Buchen«.
III, 1, 4, 1, 5	=	III Kirche, 1 Kirchendienst, 4 Superiorat, no. 1 Urkunden, 5 Berichte über Gebetserhörungen.
III, 4	=	III Kirche, 4 Wallfahrt »Chronica Capucinorum Mariaefagi«. 1: 1754–1868 2: 1869–1922 3: 1923–1959 (Klosterchronik) 4: 1959–
IV, 1, 9	=	IV Haus, 1 Hausgeschichte, 9 Alte Chronik bis 1868 »De Origine Hospitij Mariaefagensis Fratrum Minorum S. P. Francisci Capucinorum Provincia Franconica«. In: »Archivum Mariafagense Fr[a]trum Minorum S. P. N. Francisci Capucinorum ex Variis Manuscriptis collectum Anno Domini 1754«.
IV, 2, 2	=	IV Haus, 2 Haushalt, 2 Inventarien.
KR	=	Kirchenrechnungen Maria Buchen von 1660/61, 1686/87, 1688/89, 1689/90 bis 1817/18. Löwenstein-Wertheim'sches Archiv, Abteilung Rosenberg (LWAR), in Wertheim Rechnungsbestand 57.
LWAR	=	Löwenstein-Wertheim'sches Archiv, Abteilung Rosenberg, Wertheim, Lit. B Nro. 2624 und Rep. 45g, No. 46.
Barthels	=	Karl Josef Barthels, Kleine Chronik von Maria Buchen. Lohr 1954 (s. Lit.-Verz. II), chronologisch geordnete Exzerpte aus den Archivalien der Kirchenverwaltungen Lohr, Maria Buchen, Pflochsbach, Sendelbach und Steinfeld.
Walter-Archiv	=	Dr. h. c. Max Walter – Archiv des Instituts für Deutsche Philologie – Volkskundliche Abteilung – der Universität Würzburg

Literaturverzeichnis

I. Primärliteratur zur Legendenüberlieferung von Maria Buchen (chronologisch geordnet)

Leucht, Valentin, Miracula s. imaginum oder Historische Beschreibung vieler herrlicher Miraculn vnnd Wunderwercken: Welche bei dem heiligen Creutz und Biltnussen Christi, Marie, der Aposteln, Martyrern, Beuchtigern und anderer ... geschehen, Mainz 1591.

–, Speculum Historicum Illustr. miraculorum S. Imaginum. Das ist historischer Spiegel, darinnen viel herrliche Miracula und Wunderzeichen zu sehen, und zu finden ... Nuhnmehr aber recognoscirt und mit vielen treflichen Miraculn gemehret und gebessert, Mainz 1595.

–, Viridarium Regium Illustrium miraculorum et historiarum. Daß ist, Königlicher Lustgart, Darin die aller vortrefflichsten Miraculn vnd Historien, so Gott zu allen Zeiten, an berumbten orten, bey heiligen sachen, Fürnemlich ... Zur bestettigung des wahren glaubens, großmachtig gewirckt, Mainz 1614. (Weitere Aufl. Köln 1652; 1678 unter dem Titel: Viridarium miraculosum et historicum regium, Köln o. J.)

Gumppenberg, Wilhelm, Atlas Marianus sive de imaginibus Deiparae per Orbem Christianum Miraculosis, Ingolstadt 1657–1659, München 1657.

–, Atlas Marianus, quo Sanctae Dei Genitricis Mariae imaginum miraculosarum origines duodecim historiarum centuriis explicantur. 2 Bde., München 1672 und München 1682.

–, Marianischer Atlas von Anfang und Ursprung zwölfhundert Wunderthaetiger Maria-Bilder. Beschriben in Latein von R. P. Guilielmo Gumppenberg. Anjetzo. Durch R. P. Maximilianum Wartenberg in das Teutsch versetzt. 2 Bde., München 1673.

Lemmer, Laurentius, Lauretanum Mariale ... worin fast über 200. Exempel von Maria, Würzburg 1687 (2. Aufl. Mergenthal [= Mergentheim] 1690).

Martin von Cochem, Außerlesenes History-Buch oder Ausführliche, anmüthige und bewegliche Beschreibung Geistlicher Geschichten und Historien. 4 Bde., Dillingen 1687–92. (Weitere Aufl. des 1. Teils: 1692, 1694, 1696, 1706, 1732.)

Scherer, Heinrich, Atlas Novus. Pars 1–7. Pars 3: Geographia Mariana, Dillingen/Frankfurt 1710.

Renatus, Marianischer Gnadenfluß, abgetheilt in 31 geistliche Bächlein Gott und Mariam die Himmelskönigin nach dem Exempel der Heiligen täglich zu verehren, Mainz 1717 (2. Aufl. 1752, 10. Aufl. 1768, 11. Aufl. 1775).

–, Die Hand des Herrn, Das ist Wunderwürckende Bild-Säulen, sehr berühmte Andacht und Wallfahrten, als wahrhaffte Zeugnussen der Göttlichen Allmacht und Weißheit, Mainz 1743 (16. Aufl. Köln 1777, 28. Aufl. Köln 1798).

Ruland, Ignaz, Das wundertätige Gnaden-Bildlein der schmerzhaften Mutter Gottes zu Buchen im Frankenlande. Eine Sage im Volk, Würzburg 1847.

Schöppner, Alexander, Sagenbuch der Bayerischen Lande. 3. Bde., München 1852/53.

Ruttor, Julius, Maria Buchen bei Lohr. Fränkische Sage, in: Erheiterungen. Ein Unterhaltungsblatt, Aschaffenburg 32 (1856).

Schober, Johann, Sagen des Spessarts. 2. Band, Aschaffenburg 1912 (Neuaufl. 1943).

Zeitler, Eine Sage aus dem Spessart (Maria Buchen), in: Die Frankenwarte. Blätter für Heimatkunde. Beilage zum Würzburger Generalanzeiger 1938, Nr. 21.

Dünninger, Josef, Fränkische Sagen vom 15. bis Ende des 18. Jahrhunderts, Kulmbach 1963 (2. Aufl. 1964).

II. Sekundärliteratur zur Wallfahrt Maria Buchen
(chronologisch geordnet)

Gropp, Ignatius, Collectio novissima scriptorum et rerum Wirceburgensium. 2 Bde., Würzburg 1741/44.

–, Wirtzburgische Chronik. 2 Bde., Würzburg 1748/50.

Ussermann, Aemilianus, Episcopatus Wirceburgensis sub Metropoli Moguntina Chronologice et Diplomatice illustratus, St. Blasien 1794.

Bundschuh, Johann Kaspar, Geographisch-Statistisch-Topographisches Lexikon von Franken, Ulm 1799.

Jäck, Johann Heinrich, Kurze Geschichte der Kapuziner-Konvente der fränkischen Provinz. XII: Maria Buchen, in: Wöchentlicher Anzeiger für die katholische Geistlichkeit 2 (1833), S. 638f.

Höfling, Johann Georg, Beschreibung und Geschichte der Wallfahrt und des ehemaligen Klosters Maria Buchen bei Lohr am Main, Lohr 1841.

Sulzbacher Kalender = Sulzbacher Kalender für katholische Christen 1855, S. 98–105.

Kraus, Johann Anton, Die Benediktinerabtei Neustadt am Main, Würzburg 1856.

Schermer, Friedrich Johann, Maria Buchen, in: Myrthenzweige in den Jubelkranz Sr. Bischöfl. Gnaden des Hochwürdigsten Herrn Herrn Georg Anton [von Stahl], Bischofs von Würzburg, dargebracht am 4. Oktober 1865 von Priestern der Diözese Würzburg, Würzburg 1865.

Bavaria = Bavaria. Landes- und Volkskunde des Königreichs Bayern. 4. Band, 1. Abteilung: Unterfranken und Aschaffenburg, München 1866.

Conrad, Franz, Geschichte der Wallfahrt und des Klosters zu Maria Buchen. 1. Aufl. Lohr 1869; 2. Aufl. Lohr 1883; 3. Aufl. Würzburg 1905.

Chronica = Chronica Bavaricae Capucinorum Provinciae, Augsburg 1869.

Link, Georg, Klosterbuch der Diözese Würzburg. 2 Bde., Würzburg 1873/76.

Treppner, Hermann, Darstellung der Verhältnisse der unmittelbaren Stiftungen im Regierungsbezirk Unterfranken und Aschaffenburg, Würzburg 1878.

Herchenbach, Wilhelm, Die heiligen katholischen Gnaden- und Wallfahrtsorte, Stuttgart–Nürtingen 1883.

Müller, Aegidius, Das heilige Deutschland. Geschichte und Beschreibung sämmtlicher im deutschen Reiche bestehender Wallfahrtsorte, Köln 1888.

Conrad, Franz, Missions-Büchlein. Jubiläumsausgabe 1395–1895, Würzburg 1895.

Amrhein, August, Realschematismus der Diözese Würzburg, Würzburg 1897.

Kerler, Daniel (Hg.), Kalendereinträge des Tuchscherers Jakob Röder, in: Archiv des Historischen Vereins von Unterfranken und Aschaffenburg 41 (1899), S. 1–69, 283f.

Eberl, Angelikus, Geschichte der Bayerischen Kapuziner-Ordensprovinz (1593–1902), Freiburg i. Br. 1902.

Henner, Theodor, Der Wallfahrtsort Maria Buchen bei Lohr, in: Altfränkische Bilder, Würzburg 1906.

Beissel, Stephan, Geschichte der Verehrung Marias in Deutschland während des Mittelalters, Freiburg i. Br. 1909 (Reprint Darmstadt 1972).

Bichmann, Fritz, Der Wallfahrtsort Maria Buchen, in: Bayernland 22 (1911).

Beissel, Stephan, Wallfahrten zu Unserer Lieben Frau in Legende und Geschichte, Freiburg i. Br. 1913.

Amrhein, August, Die Archivinventare der katholischen Pfarreien der Diözese Würzburg, Würzburg 1914.

Feulner, Adolf, Die Kunstdenkmäler von Unterfranken & Aschaffenburg. Heft IX: Bezirksamt Lohr, München 1914.

Donhauser, Joseph, Maria Buchen, in: Spessartkalender 7 (1917), S. 81.

Salvi, Cäsarius, Wallfahrt und Kloster Maria Buchen bei Lohr am Main, in: Franziskaner-Kalender, Altötting 1919.

Riedmann, Max, Allerlei aus der Geschichte von Lohr und Umgebung, Lohr 1920.

Schneider, Hans, Zwischen zwei Heiligen. Lohr–Maria Buchen, in: Lohrer Zeitung 1926, Nr. 232.

Führer = Führer durch Lohr und Umgebung, hg. vom Fremdenverkehrsverein Lohr, Lohr 1927.

Amrhein, August, Maria Buchen bei Lohr, in: Schreiber, Christian (Hg.), Wallfahrten durchs deutsche Land, Berlin 1928, S. 502.

Weißenberger, Paulus, Geschichte der Wallfahrt Maria Buch bei Neresheim, Regensburg 1931.

Fries, Anton, Aus fränkischen Wallfahrtsorten. 4.: Maria Buchen, in: Fränkische Heimat 21 (1929), S. 1.

Steger, Wilhelm, Maria Buchen, in: Lohrer Zeitung 1933, Nr. 276.

Otter, Friedrich, 500 Jahre Wallfahrt Maria Buchen, in: Fränkisches Volksblatt 1935, Nr. 10.

Steger, Wilhelm, Maria Buchen, 500 Jahre Wallfahrt, in: Lohrer Zeitung 1935, Nr. 81 (zugl. in: Aus der guten alten Zeit, hg. v. F. Keller, Bd. I, Lohr 1949).

P. Hermann Josef (von Schwendi), Das Gnadenbild von Maria Buchen. Eine historisch-aesthetische Untersuchung, in: Provinzbote der Bayer. Kapuziner 30 (1936), S. 75–83.

Steger, Wilhelm, Maria Buchen. Geschichte der Wallfahrt, Maria Buchen 1938.

Droll, Hermann, Auf dem Main von Würzburg nach Rothenfels, in: Mainfränkisches Land 1 (1950).

Lexikon = Lexicon Capuccinum, Rom 1951.

Nestmeier, Hans, 250 Jahre Maria Buchen, in: Lohrer Zeitung 1951, Nr. 79 (zugl. in: Aus der guten alten Zeit, hg. v. F. Keller, Bd. II, Lohr 1957).

Aulbach, Helmut, Die Wallfahrt zu »Maria in den Buchen«, in: Lohrer Zeitung 1954, Nr. 297 (zugl. in: Aus der guten alten Zeit, hg. v. F. Keller, Bd. II, Lohr 1957).

Droll, Hermann, Maria Buchen, in: Rund um den Saupurzel, Beilage der Karlstadter Zeitung 1954, Nr. 3.

Barthels, Karl Josef, Kleine Chronik von Maria Buchen (Schriftenreihe zur Geschichte der Stadt Lohr, des Spessarts und des angrenzenden Frankenlandes, Heft 3), Lohr 1954.

–, Steinfeld bei Lohr am Main (Schriftenreihe zur Geschichte der Stadt Lohr, Heft 4), Lohr 1956; (Heft 5), Lohr 1957; (Heft 6), Lohr 1959.

Betz, Hermann, Das Testament des Michael von Diemar aus dem Jahre 1471, in: Heimatland, Beilage zur Lohrer Zeitung 19 (1960), Nr. 7.

Dünninger, Josef, Die Marianischen Wallfahrten der Diözese Würzburg, Würzburg 1960.

Emmert, Pater Walther, Maria Buchen, Maria Buchen 1960.

Dietrich, Theodor Josef, Die alten Matrikel der Pfarrei Steinfeld bei Lohr 1600–1702, in: Würzburger Diözesangeschichtsblätter 23 (1961), S. 177–228.

Dünninger, Hans, Processio peregrinationis. Volkskundliche Untersuchungen zu einer Geschichte des Wallfahrtswesens im Gebiet der heutigen Diözese Würzburg, in: Würzburger Diözesangeschichtsblätter 23 (1961), S. 53–176; 24 (1962), S. 52–188.

–, vgl. unten Lit.-Verz. III.

Treutwein, Karl, Unterfranken. Landschaft, Geschichte, Kultur, Kunst, Nürnberg 1961.

Dietrich, Theodor Josef, Nachrichten über Kapuzinerpatres in Maria Buchen 1908–1953, in: Heimatland 23 (1964), Nr. 1.

Schott, Josef, Der Landkreis Lohr und seine Gemeinden. Aus der Geschichte des Landkreises anläßlich ihres 100jährigen Bestehens am 1. Juli 1962, Lohr 1964.

Ruf, Alfons, Sendelbach und seine Kirche. Eine ortsgeschichtliche Studie (Schriften des Geschichtsvereins Lohr, Folge 5), Lohr 1966.

–, Wallfahrtskirche Maria Buchen, Lohr 1967.

Riedmann, Max, Heimat. Aus Geschichte und Volkskunde des Kreises Gemünden. Aus dem Nachlaß von Max Riedmann, hg. v. Landkreis Gemünden, durchgesehen und geordnet durch Philipp Seltsam, Gemünden 1972.

Rauch, Edmund Josef, Geschichtsbeiträge aus Lohr und Umgebung, erarbeitet von E. J. Rauch, der Stadt Lohr gewidmet im Mai 1972 (Masch., Stadtarchiv Lohr).

–, Maria Buchen, berühmte Gnadenstätte im Frankenland, in: Die rettende Macht. Katholische Pilgerzeitung, hg. v. B. Günthner, 7 (Karlsfeld-Rothschwaige 1973), Nr. 5.

Ruf, Hans-Theo, Die Legende von der Entstehung des Wallfahrtsortes Maria Buchen und ihre Überlieferung, in: Mainfränkisches Jahrbuch 25 (1973), S. 49–68. (Auch als Sonderdruck: Volkach 1973).

Kolb, Karl, Heiliges Franken, Würzburg 1973.

–, vgl. unten Lit.-Verz. III.

Müller, Wolfgang, Beobachtungen zum Bau der Dorfkirchen zur Zeit des Bischofs Julius Echter von Mespelbrunn, in: Würzburger Diözesangeschichtsblätter 35/36 (1974), S. 331–353.

Hoffmann, Hermann, Vier Archivalien (1611–1614) über Julius-Echter-Bauten außerhalb Würzburgs, in: Würzburger Diözesangeschichtsblätter 37/38 (1975), S. 687–745.

Anderlohr, Karl, 250 Jahre wirken die Kapuziner in Maria Buchen, in: Lohrer Zeitung, 5. Juni 1976 (dazu Fred Rausch: Kaplan Höfling irrte nicht. Lohrer Zeitung, 25. Juni 1976).

III. *Allgemeine Literatur zum Thema*
(alphabetisch geordnet)

Arnold, Klaus, Die Armledererhebung in Franken 1336, in: Mainfränkisches Jahrbuch 26 (1974), S. 35–62.

–, Dorfweistümer in Franken, in: Zeitschrift für bayerische Landesgeschichte 38 (1975), S. 819–876.

Aurbacher, Ludwig, Ein Volksbüchlein enthaltend die Geschichte des Ewigen Juden, München 1926.

Barthels, Karl Josef, Steinfeld bei Lohr am Main. Beiträge zu einer Chronik (Schriftenreihe zur Geschichte der Stadt Lohr, H. 4–6), Lohr 1956–1959.

–, s. oben Lit.-Verz. II.

Bauer, Robert, Die Altöttinger Votivtaferl, in: Ostbairische Grenzmarken. Passauer Jahrbuch für Geschichte, Kunst und Volkskunde 13 (1971), S. 176–183.

Bauerreiß, Romuald, Pie Jesu. Das Schmerzensmannbild und sein Einfluß auf die mittelalterliche Frömmigkeit, München 1931.

Bleibrunner, Hans, Andachtsbilder aus Altbayern, München 1971.

Browe, Peter, Die eucharistischen Wunder des Mittelalters (Breslauer Studien zur historischen Theologie NF 4), Breslau 1938.

Brückner, Wolfgang, Die Verehrung des Heiligen Blutes in Walldürn. Volkskundlich-soziologische Untersuchungen zum Strukturwandel barocken Wallfahrtens (Veröffentlichungen des Geschichts- und Kunstvereins Aschaffenburg 3), Aschaffenburg 1958.

–, Der kaiserliche Bücherkommissar Valentin Leucht. Leben und literarisches Werk, in: Archiv für Geschichte des Buchwesens 3 (1960), Sp. 97–180.

–, Historien und Historie. Erzählliteratur des 16. und 17. Jahrhunderts als Forschungsaufgabe, in: ders. (Hg.), Volkserzählung und Reformation, Berlin 1974, S. 13–123.

–, Geistliche Erzählliteratur der Gegenreformation im Rheinland, in: Rheinische Vierteljahrsschrift 40 (1976), S. 150–169.

Caro, Georg, Sozial- und Wirtschaftsgeschichte der Juden, Frankfurt 1920 (Reprint: Hildesheim 1964).

Dobrzeniecki, Tadeusz, Mediaeval Sources of The Pieta, in: Bulletin du Musée National de Varsovie VIII (1967), S. 5–24.

Dünninger, Josef, und Schemmel, Bernhard, Bildstöcke und Martern in Franken, Würzburg 1970.

Dünninger, Hans, Unsere liebe Frau vom Schönenberg bei Ellwangen und Notre Dame de Foy, in: Ellwangen 764–1964. Hrg. von Viktor Bupp, Ellwangen 1964, S. 833–840.

–, s. oben Lit.-Verz. II.

Eberl, Angelicus, Geschichte der bayerischen Kapuziner-Ordensprovinz 1593–1902, Freiburg 1902.

Eckert, Wilhelm Paul, und Ehrlich, Ernst Ludwig, Judenhaß – Schuld der Christen?! Versuch eines Gesprächs, Essen 1964.

EM = Enzyklopädie des Märchens. Hrg. K. Ranke, H. Bausinger, W. Brückner, M. Lüthi, L. Röhrich, R. Schenda, Bd. 1, Berlin–New York 1975/77. Bd. 2/ Lf. 1–2, 1977.

Emmerich von Hall, Marianischer Liebswecker ... zu denen vornehmsten marianischen Gnaden-Bildern, Augsburg 1748.

Emminghaus, J. H., Vesperbild, in: Lexikon der christlichen Ikonographie, IV, Freiburg 1972, Sp. 450–456.

Encyclopaedia Judaica = Encyclopaedia Judaica. Das Judentum in Geschichte und Gegenwart, 10 Bde., Berlin 1928/34.

–, Encyclopaedica Judaica, 16 Bde., Jerusalem 1971/72.

Engel, Wilhelm, Die Würzburger Bischofschronik des Grafen Werner von Zimmern und die Würzburger Geschichtsschreibung des 16. Jahrhunderts, in: Veröffentlichungen der Gesellschaft für fränkische Geschichte, I. Reihe, Fränkische Chroniken 2, Würzburg 1952.

Falk, Valentin Alois Franz, Heiliges Mainz oder die Heiligen und Heiligthümer in Stadt und Bisthum Mainz, Mainz 1877.

Freudinger, Kurt, Aus der Vergangenheit der Stadt Röttingen an der Tauber, Nürnberg 1954 (Reprint 1975).

Fries, Lorenz, Geschichte, Namen, Geschlecht, Leben, Thaten und Absterben der Bischöfe von Würzburg und Herzöge zu Franken, Bd. 1, Würzburg 1848 (Reprint 1963).

–, Historie der Bischöfe von Würzburg, in: J. P. Ludewig, Geschichtsschreiber von dem Bischoffthum Würzburg, Frankfurt 1713, S. 374–866.

Gebhard, Torsten, Die marianischen Gnadenbilder in Bayern. Beobachtungen zur Chronologie und Typologie, in: Kultur und Volk. Festschrift für Gustav Gugitz, Wien 1954, S. 93–116.

Gemeindechronik der katholischen Kirchengemeinde St. Josef in Lohr am Main (Pfarrarchiv).

Gengenbach, Pamphilus, Ein Beitrag zur deutschen Literaturgeschichte der Reformationszeit. Hg. von Karl Goedeke, 2 Bde., Hannover 1855/56.

Gielen, Josef J., De Wandelende Jood in Volkskunde en Letterkunde, Amsterdam 1931.

Goedeke, Karl, s. Gengenbach, Pamphilus.

Gravenkamp, Curt, Marienklage. Das deutsche Vesperbild im 14. und im frühen 15. Jahrhundert, Aschaffenburg 1948.

Grimm, Jacob, Weisthümer. 6. Teil, bearbeitet von Richard Schröder, Göttingen 1869 (Reprint Berlin 1957).

Günter, Heinrich, Legenden-Studien, Köln 1906.

–, Die christliche Legende des Abendlandes, Heidelberg 1910.

–, Psychologie der Legende. Studien zu einer wissenschaftlichen Heiligen-Geschichte, Freiburg i. Br. 1949.

Gugitz, Gustav, Österreichs Gnadenstätten in Kult und Brauch. Ein topographisches Handbuch zur religiösen Volkskunde, 5 Bde., Wien 1955/58.

Gumppenberg, Wilhelm, Idea Atlantis Mariani, Trient 1655.

–, s. Lit.-Verz. I.

Hartinger, Walter, Die Wallfahrt Neukirchen bei heilig Blut. Volkskundliche Untersuchungen einer Gnadenstätte, in: Beiträge zur Geschichte des Bistums Regensburg 5 (1971), S. 23–240 mit 20 unpag. Anlagen.

HDA = Handwörterbuch des deutschen Aberglaubens. Hg. von Hanns Bächtold-Stäubli, 10 Bde., Berlin–Leipzig 1927/42.

Herrmann, Gisela, Das Frevelmotiv in den österreichischen Kulterzählungen. Mag.-Arb., Frankfurt/Main 1974.

Himmelstein, Franz Xaver, Die Juden in Franken, in: Archiv des hist. Vereins von Unterfranken 12 (1853), Bd. 2, S. 125–188.

Höfling, Georg, Beschreibung der Stadt Lohr im Untermainkreise mit ihren Merkwürdigkeiten und den älteren darauf Bezug habenden Urkunden, Würzburg 1855.

Hönlein, Hans, Lohr und die Juden, in: Heimatland, Beilage zur Lohrer Zeitung 15 (1956), Beilage 1 (Januar); Beilage 2 (Februar).

Hoffmann, Hermann, Die Würzburger Judenverfolgung von 1349, in: Mainfränkisches Jahrbuch 5 (1953), S. 91–114.

Hoppe, Alfred, Des Österreichers Wallfahrtsorte, Wien 1913.

Jacobs, P. Arsenius, Die Rheinischen Kapuziner 1611–1725. Ein Beitrag zur Geschichte der katholischen Reform, Münster 1933.

Jacobus de Voragine, Legenda aurea. Aus dem Lateinischen übersetzt von Richard Benz, Heidelberg 1955 (^{1}1925). Lat. Ausg. Theodor Graesse, Breslau ^{2}1890 (Reprint Osnabrück 1965).

Jedin, Hubert (Hg.), Handbuch der Kirchengeschichte, Bd. III: Die mittelalterliche Kirche. Vom kirchlichen Hochmittelalter bis zum Vorabend der Reformation, Freiburg–Basel–Wien 1968.

Judentum im Mittelalter. Ausstellungskatalog Schloß Halbturn (hg. von der Landesregierung Burgenland), Eisenstadt 1978.

Kampmann, Wanda, Deutsche und Juden. Studien zur Geschichte des deutschen Judentums, Heidelberg 1963.

Karfreitag, Paul Willibald, Geschichte und Beschreibung vom Engelberg, Bamberg o. J.

Kolb, Karl, Das Madonnenland. 500 Madonnen im Taubergrund, Würzburg 1970.

–, Franken-Madonnen im Wandel der Jahrhunderte, Würzburg 1975.

–, Mariengnadenbilder. Marienverehrung heute, Würzburg 1976.

–, Käppele. Rokoko-Kleinod in Würzburg, Würzburg 1976.

Kretzenbacher, Leopold, Das verletzte Kultbild. Voraussetzungen, Zeitschichten und Aussagewandel eines abendländischen Legendentypus (Bayerische Akademie der Wissenschaften, Phil.-hist. Klasse, Sitzungsberichte 1977, H. 1), München 1977.

Kriss, Rudolf, Die Volkskunde der Altbayerischen Gnadenstätten, 3 Bde., München-Pasing 1953/56.

Kriss, Rudolf und Rettenbeck, Lenz, Wallfahrtsorte Europas, München 1950.

Kriss-Rettenbeck, Lenz, Das Votivbild, München 1958.

–, Bilder und Zeichen religiösen Volksglaubens, München 1963 (2. Aufl. München 1971).

–, Ex Voto. Zeichen, Bild und Abbild im christlichen

Votivbrauchtum, Zürich–Freiburg i. Br. 1972.
Krönig, Wolfgang, Rheinische Vesperbilder aus Leder und ihr Umkreis, in: Wallraf-Richartz-Jahrbuch 24 (1962), S. 97–192.
Kunst um 1400 am Mittelrhein. Ein Teil der Wirklichkeit. Ausstellung im Liebighaus-Museum alter Plastik, Frankfurt 1975.
Kunstdenkmäler, s. Feulner (Lit.-Verz. II).
LdM = Lexikon der Marienkunde. Hg. von K. Algermissen, L. Böer u. a., Bd. 1, Regensburg 1967.
Loewe, Heinrich, Die Juden in der katholischen Legende, Berlin 1912.
Michel, Lothar, Der Gang der Reformation in Franken, Erlangen 1930.
Müller, Aegidius, Das Heilige Deutschland. Geschichte und Beschreibung sämmtlicher im deutschen Reiche bestehender Wallfahrtsorte, Köln 1888 (2. Aufl. 1897).
Mussafia, Adolf, Studien zu den mittelalterlichen Marienlegenden, in: Sitzungsberichte der Kais. Akad. der Wiss. in Wien. Phil.-Hist. Cl. 113, 115, 119, 123, 139, Wien 1887–98.
Neubauer, Adolf, und Stern, Moritz (Hg.), Hebräische Berichte über die Judenverfolgungen während der Kreuzzüge (Quellen zur Geschichte der Juden in Deutschland II), Berlin 1892.
Neuhardt, Johannes, und Schütz, Wolfgang, Die Pieta, Freilassing 1972.
Passarge, Walter, Das deutsche Vesperbild im Mittelalter, Köln 1924.
Pinder, Wilhelm, Die dichterische Wurzel der Pieta, in: Repertorium für Kunstwissenschaft 42 (1920), S. 145–163.
Pfeiffer, Georg (Hg.), Fränkische Bibliographie. Schrifttumsnachweis zur historischen Landeskunde Frankens bis zum Jahre 1945 (Veröffentlichungen der Gesellschaft für fränkische Geschichte), Würzburg 1969.

Pölnitz, Sigmund Frhr. v., Die bischöfliche Reformarbeit im Hochstift Würzburg während des 15. Jahrhunderts (Würzburger Diözesangeschichtsblätter 8/9), Würzburg 1941.
Poncelet, Albert, Index Miraculorum B. V. Mariae quae saec. VI–XV latine conscripta sunt, in: Analecta Bollandiana 21 (1902), S. 241–360.
RDK = Reallexikon zur deutschen Kunstgeschichte. Hg. von Otto Schmitt u. a., Bd. 1–6, Stuttgart 1937–73. Bd. 7/Lf. 76, München 1975.
Reiners-Ernst, Elisabeth, Das freudvolle Vesperbild und die Anfänge der Pieta-Vorstellung, München 1939.
Roth, Elisabeth, Die Kirchen der Pfarrei Schmerlenbach (Kunstführer Nr. 764), München–Zürich ²1967.
–, Kloster Schmerlenbach 1218–1803. 750. Gedenkjahr seiner Gründung, in: Spessart 5 (1968), S. 3–13.
Ruf, Alfons, Sendelbach und seine Kirche. Eine ortsgeschichtliche Studie, o. O. / o. J.
Ruland, Ignaz, Fränkisches Volkssagenbuch, Würzburg 1879.
–, s. oben Lit.-Verz. I.
Salfeld, Siegmund (Hg.), Das Martyrologium des Nürnberger Memorbuches (Quellen zur Geschichte der Juden in Deutschland III), Berlin 1898.
Schaub, Sebastian Eugen, Wiesenfeld, das alte Pfarrdorf in Franken. Beiträge zu einer Dorfgeschichte, Selbitz 1959 (Manuskript, Gemeindeverwaltung Wiesenfeld).
Schegelmann, Alfons Maria, Geschichte der Saekularisation im rechtsrheinischen Bayern Bd. 1, Regensburg 1903.
Schemmel, Bernhard, »Das heilich stöcklein gegen Frankkenbron betreffent«. Zum Verhältnis von Bildstock und Kapelle, in: Würzburger Diözesangeschichtsblätter 32 (1970), S. 171–180.
Schneider, Frieda Carla, Die mittelalterlichen deutschen Typen und Vorformen des Vesperbildes (Diss. Kiel 1925), Rendsburg 1931.

Schöffel, Paul, Herbipolis Sacra. Aus dem Nachlaß hg. v. W. Engel, Würzburg 1948.

Schönmüller, Philipp, Lohr und die Juden, in: Heimatland. Beilage zur Lohrer Zeitung 16 (1957), Nr. 10 (Oktober); Nr. 11 (November).

Schreiber, Christian (Hg.), Wallfahrten durchs deutsche Land. Eine Pilgerfahrt zu Deutschlands heiligen Stätten, Berlin 1928.

Schroubek, Georg, Wallfahrt und Heimatverlust. Ein Beitrag zur religiösen Volkskunde der Gegenwart (Schriftenreihe der Kommission für ostdeutsche Volkskunde 5), Marburg 1968.

Schubert, Ernst, Die Landstände des Hochstifts Würzburg (Veröffentlichungen der Gesellschaft für fränkische Geschichte, Reihe IX, 23. Bd.), Würzburg 1967.

Schwarz, Stefan, Die Juden in Bayern im Wandel der Zeiten, München–Wien 1963.

Schwietering, Julius, Zur Geschichte des deutschen Vesperbildes, in: Zeitschrift für deutsches Altertum 60 (1923), S. 113–118.

Stabat Mater = Stabat Mater. Maria unter dem Kreuz um 1400. Ausstellung im Salzburger Dom, 1. Juni bis 15. September 1970. Veranstaltet vom Salzburger Domkapitel, Salzburg 1970.

Stein, Friedrich, Geschichte der Stadt Lohr, Lohr a. M. 1898.

Strobl, Andreas, Sinnbilder, Ehrentitel und Lobsprüche ... Mariae, Augsburg 1709.

Suffrian, Johannes, Die Entwicklung der deutschen Pieta-Darstellung. Diss. (masch.), Jena 1949.

Tubach, Frederic C., Index Exemplorum. A Handbook of Medieval Religious Tales (FF Communications 204), Helsinki 1969.

Walzer, Albert, Wallfahrtskirchen mit eingebautem Baum, in: Württembergisches Jahrbuch für Volkskunde 1955, S. 90–116.

Wendehorst, Alfred, Das Bistum Würzburg, Teil 2: Die Bischofsreihe von 1254 bis 1455 (Germania Sacra NF 4), Berlin 1969.

Wimmer, Erich, Maria im Leid. Die Mater dolorosa insbesondere in der deutschen Literatur und Frömmigkeit des Mittelalters. Diss. (Teildruck), Würzburg 1968.

Zimmermann, Gerd, Patrozinienwahl und Frömmigkeitswandel im Mittelalter, in: Würzburger Diözesangeschichtsblätter 20 (1958), S. 24–126; 21 (1959), S. 5–124.

Bildnachweis

Umschlagbild: Karl Kleiner
Abb. 1: Karl Kolb
Abb. 2, 6, 12, 13, 14, 15, 30, 36, 37: Klosterarchiv
Abb. 3: aus Karl Kolb, Frankenmadonnen
Abb. 4, 5, 25, 42, 45, 46, 47, 48, 50, 52, 53, 54, 55, 58, 59: H. Rustler
Abb. 7, 8, 9, 10, 11, 16, 17, 18, 19, 20, 21, 22, 29, 31, 32, 38, 40, 56, 57: Slg. Hofmann, Priestersem. Würzburg
Abb. 23: nach dem Expl. der Staatsbibliothek München
Abb. 24: nach dem Exemplar des Priesterseminars Mainz
Abb. 26, 27, 28: Max-Walter-Archiv, Würzburg
Abb. 33: Germanisches Nationalmuseum Nürberg
Abb. 34: nach dem Expl. der Zentralbibliothek Zürich
Abb. 35: Roland Scheiner (Luftbild, zur Veröffentlichung freigegeben vom Luftverkehrsamt Nürnberg unter Nr. P 4036/1-11)
Abb. 39, 44, S. 165: Otto Madre
Abb. 41: Ewald Rhein
Abb. 43: Alois Döring / Karl Kolb / Robert Plötz
Abb. 49 und S. 151: R. und P. Pracher
Abb. 60, 61: Fred Rausch

In der Reihe LAND UND LEUTE, Veröffentlichungen zur Volkskunde, sind weitere Bände erschienen:

Wolfgang Brückner
Gnadenbild und Legende
112 Seiten, 2 Farb- und 30 Schwarzweißabbildungen, Pp.
Kultwandel in Dimbach

Während der Restaurierung des mittelalterlichen Marienbildes von Dimbach bei Münsterschwarzach sind neben einer höchst seltenen Datierung, 1398, weitere aufschlußreiche Beobachtungen gemacht worden. Dies hat der Autor zum Anlaß genommen, der damit in Zusammenhang gebrachten Wallfahrtslegende philologisch genauer nachzugehen sowie die Kultgeschichte der Wallfahrt anhand bislang unbeachteter Archivalien aufzudecken.

Heinrich Mehl
Fränkische Bildstöcke in Rhön und Grabfeld
136 Seiten, 172 Fotos, Pp.
Frommer Sinn und kulturelles Erbe

Aus systematisch-wissenschaftlichen Erhebungen stammt das reiche und vorzügliche Bildmaterial, anhand dessen der Verfasser am Beispiel eines großen Landkreises im nördlichen Unterfranken sein Thema eindringlich zu illustrieren versteht. Der übersichtlich gegliederte Text beschreibt sorgfältig die einzelnen Bildstöcke und informiert Beschauer wie Leser gleichermaßen. So gewinnen Geschichte, Erscheinungsformen und Lebenszusammenhang dieser religiösen Denkmale vielfältige, flüchtigen Betrachtern bislang verborgen gebliebene Aspekte.

Christoph Daxelmüller
Krippen in Franken
124 Seiten, 50 Abbildungen, davon 6 farbig, Pp.

Dies ist die erste zusammenfassende Darstellung zum Thema Krippen in Franken. Sie beruht auf umfangreichen Studien zum kirchlichen und häuslichen Gebrauch der Krippe in den drei fränkischen Bezirken Bayerns. Der Autor beschränkt sich nicht auf Kunstbetrachtungen, sondern er zeigt die Lebensgeschichte des Krippenbrauchs in Franken auf: seine geistigen Wurzeln, die Spiegelungen des Frömmigkeitswandels und dessen konkrete Auswirkungen bis zum heutigen Tage. Nicht nur Krippen *aus*, sondern vor allem *in* Franken werden dem Leser vor Augen geführt.

Echter Verlag Würzburg